골목 도쿄

공PD의 아주 깊숙한 일본 이야기

공PD의 아주 깊숙한 일본 이야기

공태희 지음

페이퍼로드

차례

	여는글
006	도쿄의 골목, 취향의 천국

016	미안해, 심야식당은 없어요_신주쿠 골든가
032	고독한 미식가, 그것도 없어요_닌교초
082	에도 제일 번화가_니혼바시
108	'긴자 오브 긴자'의 지하골목_긴자4번가

120	내 맘대로 오뎅 랭킹

124	세계술집유산_신주쿠 오모이데 요코초
140	전철 따라 술꾼 골목_시부야 논베 요코초와 신바시 고가철로
162	술집과 식당의 절묘한 밸런스, 이자카야

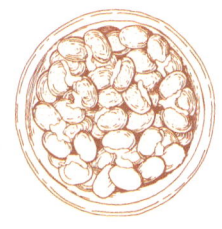

198	이자카야 B급 구루메 대격전
208	서서 마시니까, 다치노미야
232	닮은 듯 다른 맛, 한식과 일식
260	알고 먹으면 더 술술 넘어가는 술!
284	멀지만 가까운 이웃나라
316	일본, 우리의 오래된 미래

닫는글
324	추신: 우리가 여행을 하는 이유
333	부록: 공피디 따라 도쿄 골목 탐험

여는글
도쿄의 골목, 취향의 천국

여러분은 도쿄에 도착하면 제일 먼저 무엇을 하고 싶으신가요?

〈심야식당〉을 찾아보고 싶으신가요?
고로 씨의 발자취를 따라 〈고독한 미식가〉 투어?
아키하바라秋葉原의 메이드 카페 체험?
한국인과 중국인에게 성지순례가 된 돈키호테 쇼핑?
우라야스浦安의 도쿄 디즈니?
옛 정취가 물씬 넘치는 카와고에川越에서 즐기는 장어찜요리?

어디라도 좋지만 저에게 가장 흥미진진한 도쿄는 골목입니다. 몇 번이고 거듭 찾아간 동네, 그리고 아직 가보지 못한 동네의 낯선 골목길. 그런 골목이 있는 도쿄를 정말 좋아합니다.

한국에서도 인기 있는 드라마 〈심야식당〉, 일본어로 신야쇼쿠도しんやしょくどう;深夜食堂라 읽는 그 심야식당은 골목길에 있습니다. 물론 원작 만화나 드라마 〈심야식당〉 모두 가상의 공간에서 벌어지는 일을 다루고 있습니다. 그런데 밤이면 사람들이 모여드는 그 심야식당이 위치한 골목은 실제 모델이 있습니다. 신주쿠新宿 가부키초歌舞伎町의 골든가ゴールデン街;고루덴가이라고 읽는다로, 이름에 '거리 가街'가 붙었으니 꽤나 큰 길인 것 같지만, 사실은 작고 아담한 골목이지요. 어른 두 명이 어깨를 딱 붙이고 걸으면 꽉 찰 정도의 작은 골목입니다. 이 골목은 신주쿠의 가장 큰 길인, 야스쿠니대로靖国通り에서 불과 30여 미터 정도 떨어져 있습니다.

골목길은 도쿄 어디에나 있습니다. 도쿄는 우리나라의 도시들에 비해서, 아니 일본의 타 지역 대도시에 비해서도 상대적으로 큰 길이 적습니다. 왕복 4차선이면 도쿄에서 어엿한 대로 취급을 받습니다. 주요 중심가도 왕복 4차선이 대부분입니다. 6차선이 넘는 도로는 손에 꼽을 만큼 적습니다. 대신 어디에나 골목길이 넘쳐납니다. 차량이 다니는 길은 부족하지만 사람이 다니는 길은 모자라지 않습니다. 이게 도쿄와 서울의 가장 큰 차이 중 하나일 겁니다.

작고 소중한 골목술집, 골목식당

도쿄의 골목은 어엿한 생활공간입니다. 그리고 도쿄의 골목에서는 다양한 취향이 존중받습니다. 이 책은 다양한 취향이 펄떡펄떡 살아 널뛰는 도쿄의 골목길을 같이 다녀보자며 처음부터 마지막까지 권할 겁니다.

우리의 골목은 먹자골목이나 카페골목처럼 특정 상품과 상권으로 골목의 성격이 제한되는 경우가 많습니다. 최근 익선동이 서울의 골목길 핫플레이스로 떠올랐습니다. 여기에는 선뜻 동의하기 어려운 점이 있습니다. 골목길은 무엇보다 그 동네 사람들의 생활공간이어야 합니다. 골목의 주인은 당연히 그 동네 사람들이어야 하고요.

익선동의 부상은 여느 핫플레이스의 성장과정과 크게 다르지 않았습니다. 가로수길이 죽어가는 압구정 상권의 대체재를 찾던 솜씨 좋은 부동산 기획이었던 것처럼, 익선동 역시 카페 골목길을 테마로 삼은 또 다른 부동산 기획의 산물처럼 보입니다. 개발이 나쁜 것만은 아니지만,

골목과 골목길이 각광받기 시작하면 정작 그곳에 살고 있던 사람들이 가장 먼저 골목에서 쫓겨납니다. 이래서야 대체 누굴 위해 개발이 필요한 것일까요.

일본의 부동산 개발은 우리보다 역사가 길고 스케일도 장대합니다. 롯뽕기六本木의 마천루 미드타운ミッドタウン의 건설과 임해 매립지인 오다이바お台場의 폭풍 성장에는 눈이 다 휘둥그레집니다. 재미있는 점은 루뽕기의 미드타운이나 오다이바의 근-미래적 복합 쇼핑몰 아래를 벗어나자마자 펼쳐지는 여러 갈래의 골목길입니다. 뽐내듯 서 있는 고층 복합건물과 근-미래적 디자인이 빛나는 곳에도 평범한 사람들이 평범하게 살아가는 공간은 필요하니까요. 하지만 역시 신도심의 골목길이라 세련되기는 마찬가집니다. 상업지구와 주거지구를 명확히 구분한 탓에 사람 사는 맛은 떨어지지요.

역시 최고의 골목길은 오래된 동네의 오래된 골목길이 아닐까요? 1층에는 가게가 있고, 2층에는 가게 주인가족이 3대째 살아가고 있는 그런 골목길 말입니다. 제가 이야기하고 싶은 일본의 진짜 모습은 그런 골목길과 거기 무심한 듯 서 있는 술집 이자카야居酒屋와 동네식당들입니다. 정갈한 분위기가 요리에 그대로 녹아드는 매력 만점인 곳. 무뚝뚝한 중년 아저씨가 반말을 섞어 응대하는 모양새가 또 박력 만점인 곳. 미인 오카미상おかみさん;가게 여주인이 나긋한 목소리로 술과 음식을 내주는 곳도 제법 풍류가 넘치죠.

동네식당과 이자카야 주제에 나마 마구로生マグロ;생 참치나 최고급 일본 소고기和牛;와규라 읽는다인 마츠자카 와규松坂和牛를 쓰는 배포 큰 가게도 있

습니다. 전문점이라면 100그램에 1만엔(약 10만원) 이상을 받아도 당연한 그런 고급 식재료지만, 동네식당과 이자카야니까 동네 주민들이 감당할 수 있을 정도로 가격을 떨어뜨립니다. 물론 저렇게 호화스런 식재료를 사시사철 제공할 수는 없는 법이죠. 특정 요일이나 이벤트 기간에 오랜 시간 자신의 가게를 찾아준 단골들에게 마진을 붙이지 않고, 혹은 조금만 붙여서 서비스하는 겁니다.

동네식당이라고 말했지만 가게에 따라 동네에 따라 요리의 다양함은 정말 놀랍습니다. 야키도리焼き鳥;꼬치구이나 오뎅おでん처럼 메인을 확실하게 정한 가게, 해산물 계열이 주력인 곳. 마스터(가게 주인)의 고향 요리를 테마로 지역향토 요리를 선보이는 곳 등등.

그렇다고 일본의 골목과 골목상권이 천국이라는 얘기는 아닙니다. 사실 일본도 우리와 크게 다르지 않죠. 우리보다 먼저 초고령사회에 접어들었고 인구 절벽도 이미 시작됐습니다. 대도시를 벗어나 중소도시로 가면 텅텅 빈 아케이드 상가를 어렵지 않게 찾을 수 있습니다. 아예 마을 전체가 사라진 고스트 타운도 있죠. 이제는 일본 전국 어디를 가더라도 흔하게 볼 수 있는 풍경입니다.

골목이 골목으로 살아남는다는 건 건강한 도시생태의 지표와 같은 일입니다. 그런 점에서 도쿄의 골목은 확실히 축복입니다. 여전히 번성하는 도쿄 같은 대도시에서는 서민들이 일상을 영위하는 골목길도 살아남을 수 있으니까요. 생각해보면 이건 조금 슬픈 일이기도 합니다. 대도시가 아니고서는 골목이 살아남을 수 없다는 얘기니까요. 도쿄의 골목이 여전히 건재한 반면 역시 대도시인 서울의 골목은 하루가 다르게 사라지고 있습니다. 서울과 도쿄, 사소하게 보이는 이 차이는 의외로 두 거대도시가 지닌 다양성의 차이를 만들어냈습니다. 도쿄의 다양한 취향의 총합은 확실히 우리보다 커 보입니다.

도쿄, 취향이 반짝반짝

한 나라가 아니라 전 세계의 수도라고 부를 수 있는 도시는 단연코 뉴욕이겠죠. 뉴욕은 전 세계 도시 중 가장 다채로운 취향을 자랑하는 곳입니다. 다양한 욕망이 다양한 취향으로 발현되는 곳이죠. 뉴욕에서라면 거의 모든 전 세계의 식재료를 손쉽게 구할 수 있습니다. 신라면 정도가 아니라 안성탕면을, 그냥 고추장이 아니라 초고추장을 구할 수 있는 레벨입니다. 이 정도는 굳이 한인마트를 찾지 않아도 됩니다. 뉴욕 어디에나 널려있는 아시안 마켓에 가면 너무 쉽게 구할 수 있습니다. 하지만 뉴욕에서 갑자기 국물 떡볶이 세트를 사서 만들어 먹고 싶어지면요? 많고 많은 한국라면 중에서 하필 사리곰탕면을 봉지라면과 컵라면 두 종으로 모두 먹어야 마음의 안정을 되찾을 것 같다면요?

일본에서는 가능합니다. 특히 도쿄라면 더욱 그렇습니다. 북미나 유럽의 진귀한 식재료는 물론 한국의 특이한 식재료까지 충실하게 갖추고 있는 곳이 도쿄입니다. 신오쿠보新大久保 같은 한류 거리가 아니라도, 최고 번화가인 긴자銀座의 고급 백화점 미츠코시三越가 자랑하는 지하 식품매장이 아니더라도, 일본의 이마트라고 할 수 있는 이온몰イオンモー

ル;Aeon mall 같은 대형 슈퍼마켓이 아니라도 괜찮습니다. 어지간한 규모의 동네 슈퍼마켓에 가도 사리곰탕면과 비빔면 정도는 언제나 한국인을 반갑게 맞아줍니다. 그런 곳이 전국에 즐비한 곳이 일본이고, 그중 으뜸이 도쿄입니다.

도쿄의 다양한 취향이 가장 잘 집약된 곳은 역시 백화점 음식 코너입니다. 여기서는 스웨덴이 자랑하는 진미, 차라리 우리의 삭힌 홍어가 향기롭게 느껴질 정도로 악취를 자랑하는 청어절임인 수르스트뢰밍을 살 수 있습니다. 그 와중에 건너편 매대에는 에도시대부터 이어진 유서 깊은 노포老鋪의 간식, '팥앙금으로 부린 마법'인 도라야키どら焼き;동그란 모양의 구운 팥빵를 버젓이 팔고 있습니다.

취향의 다양함에서 우리는 아직 도쿄에 다다르지 못했습니다. 사실입니다. 식재료를 예로 들었지만 식재료 대신 패션, 인테리어, 공구, 키친웨어, 문구, 사무용품 그 어떤 것을 대입해도 도쿄의 다양성은 엄청납니다. 그 점에서는 뉴욕도 능가할 정도이죠. 일본인은 마치 디자인에 목숨을 건 사람들처럼 보입니다. '아무리 기능적으로 훌륭해도 디자인이 예쁘지 않다면 필요 없어'란 느낌이라고나 할까요. 훌륭한 디자인은 사용자에게 취향의 증진을 선물합니다.

스스로 자신의 취향을 잘 알고 있다고 자부하는 사람들이 있죠. 그런 이들조차 도쿄에서라면 평소에 상상하지도 못할 정도로 튀고 낯선 디자인의 제품을 만나게 됩니다. 우리가 일상에서 흔히 사용하는 스테이플러를 예로 들어보죠. 일본제 오리지널 문구 디자인의 기발함에는 혀를 내두를 정도입니다. 당연히 일본제 스테이플러의 디자인과 색감은 우리의 상상을 초월합니다. 스테이플러 심을 사용하지 않는 제품까지 나왔을 정도로 기능적으로도 멋집니다. 문서에 하트 모양이나 굵은 화살표 모양으로 구멍을 내는데, 신기하게도 문서를 제법 잘 묶어줍니다. 감탄이 절로 나옵니다. 우리는 스테이플러 심의 종류라고는 크기별로 차이만 있지, 색상은 은회색 한 가지만 있는 게 당연하다고 생각했습니다. 그런데 노란색, 하늘색 심지어 블링블링 핫핑크를 자랑하는 스테이플러 심을 만나게 됩니다. 당연히 비싼데도 손이 갑니다. 득템한 블링블링 핫핑크 스테이플러 심을 사용하다보면 어느새 깨닫게 되죠. 아… 나는 컬러풀한 스테이플러 심을 사랑하는 사람이었구나….

네, 도쿄는 별걸 다 깨닫게 해주는 곳입니다. 이제 그 도쿄 이야기를 해보려고 합니다.

꽃 가득한 신사 옆 골목, 고루덴가이

〈심야식당〉은 멋지다. 원작 만화도 좋지만 드라마와 극장판 영화는 더 멋지다. 드라마의 오프닝은 정말 인상적이다. 스즈키 츠네키치鈴木常吉가 부르는 오프닝 송 '오모이데思ひで;추억'. 단숨에 테마 멜로디 연주를 시작하는 기타의 스틸 스트링에 맞춰 오프닝이 시작되면, 카메라는 신주쿠 서쪽 출구부터 야스쿠니 대로를 따라 가부키초로 향한다. 바로 그때 보컬이 시작된다. 일체의 기교와 멋을 뺀 목소리로 읊조리듯 노래를 시작한다. 4분의 3박자 리듬, 적당히 구슬픈 멜로디에 딱 어울리는 가사도 낭만 백점.

君が吐いた白い息が 今ゆったり風に乗って
(기미가 하이타 시로이 이키가 이마 유쿠리 카제니 놋테)
그대가 뱉은 하얀 숨결이 지금 느긋하게 바람에 실려

이 보컬 8마디가 지날 때 카메라는 가부키초의 입구를 알리는 형형색색의 네온간판을 비춘다. 그 길을 조금 지나 가부키초의 명물 하나조노 신사花園神社가 있다. 벚꽃 시즌이면 아름답기 그지없는 이 신사 앞에 작은 골목이 있다. 몇 십 미터 남짓 골목 양 옆으로 오래된 2층 건물이 가득하다. 하나같이 어딘가 수상쩍고 남루해 보이는 건물들. 마치 80년대 드라마 배경으로 지은 세트가 아닐까 싶을 만큼 세월의 무게가 고스란히 보인다. 이 골목이 심야식당의 배경인 골든가, 일본어로 '고루덴가이'다.

수상쩍기로 일본 최고인 가부키초

신주쿠는 수상쩍기로 일본 최고다. 가부키초는 이런 신주쿠의 뒷골목에서도 단연 넘버원이다. 가부키초는 좋게 말해 일본 최대의 향락가로, 인간의 욕망이 사회가 정한 최소한의 룰과 도덕의 경계를 넘나들며 발현되는 곳이다. 일본 현행법이 정한 경계에 아슬아슬하게 걸쳐 있지만, 도덕적으로는 용납되기 어려운 종류의 일이 서비스 산업으로 둔갑한 곳이다. 그것도 일본 최대 규모로 몰려 있다. 한마디로 수상쩍고 위험하기 짝이 없는 동네.

치안 면에서는 일본 역시 우리처럼 생활 안전은 문제없다. 다른 나라를 여행할 때처럼 내가 걷고 있는 길에 어떤 사람들이 있는지, 누가 따라오는 건 아닌지 신경 쓸 필요가 없다. 하지만 가부키초를 여행하고 싶다면, 반드시 겸손해야 한다. 몇 번 찾고 나서, '뭐 별로 위험하지 않잖아'라고 생각하는 건 위험하다. 다시 말하지만 가부키초는 반드시 겸손을 양손에 들고 여행해야 하는 곳이다.

수상쩍고 위험하기 짝이 없다고 했지만 가부키초가 매일 강력사건이 빈번히 일어나는, 무법천지라는 말은 아니다. 대신 어리숙한 외국인은 물론 일본인 술꾼들조차 온갖 국적을 자랑하는 호객꾼에게 낚여 낭패를 당하는 일은 자주 벌어진다.

많은 선진국이 그렇지만 일본은 8시면 많은 상점들이 문을 닫고, 10시면 동네 술집도 문을 닫는다. 도쿄에서도 가부키초와 롯뽕기 정도만이 새벽까지 영업을 하는 초매머드 상권이다. 새벽까지 거리도 환하고 인파가 골목 곳곳에 넘쳐난다. 여느 일본의 거리처럼 안전해 보인다. 어둡다거나 음습한 곳도 없다. 게다가 순찰차도 꽤 자주 눈에 띈다. 겉보기에는 조금도 위협적이지 않다. 새벽까지 방심한 채 골목을 배회하기 딱 좋은 환경이다.

그렇지만 가부키초는 절대 호락호락하지 않다. 술김에 호기롭게 화려한 뒷골목을 찾았다가 시원하게 '호갱님'이 되는 일이 다반사다. 가부키초의 호객꾼은 말끔하게 실크 셔츠나 슈트를 차려 입는다. 심지어 외국인 호객꾼도 많다. 일본어는 물론 영어도 유창하게 하는 외국인이다. 윌 스미스를 닮은 외모에 우리말로 "형님, 어디가요?"를 외치는 호객꾼도 심심찮게 만날 수 있다. 잘 차려 입은 데다 매너도 좋고 말솜씨도 젠틀하다.

'이거 재밌잖아? 도쿄 한복판에서 윌 스미스를 닮은 외국인이 우리말로 말을 다 걸어주고 말이야'라는 생각이 든다. 그러면 딱 호객꾼에게 낚이는 셈이다. 그 재미있는 외국인 손에 이끌려 가게에 들어간다. 가게 안은 사치스러울 정도로 인테리어가 화려하다. 그리고 잠시 동안 만든 즐거운 추억은 딱 거기까지.

맥주 두 병에 위스키 한잔을 마셨는데, 가격은 도쿄 왕복 항공편과 숙소 2박을 더한 값을 너무도 편안하게 넘어간다. 안타까운 마음에 젠틀하게 초청해준 윌 스미스 형님을 찾아보지만 소용없다. 두 번 다시 만날 수 없는 그리운 분이다. 지갑도 탈탈 털리고 영혼도 덤으로 탈탈 털릴 수밖에….

가부키초는 그런 곳이다. 초심자 관광객은 말할 것도 없고, 일본에

골든가의 낮 풍경. 드라마 〈심야식당〉의 골목과 정말 닮아 있다. 심야식당의 마스터가 당장이라도 2층 창문을 열고 고개를 내밀 것 같다.

어느 정도 단련된 외국인 관광객조차 가부키초 먹이사슬에서는 최하층이다. 그러니 일본 최대의 환락가를 방문할 때는 겸손한 마음으로, 견학을 수행하는 마음을 지녀야 한다. 게다가 이 '호갱님 특구'에서는 드물지만 절도나 폭력사건도 종종 일어난다. 이래저래 조심해야 한다.

골든가는 그 수상한 가부키초에서 조금 외곽에 위치해 있다. 후미졌다고는 말하기 어려운 위치지만, 골목만 보면 화려한 가부키초와는 어울리지 않게 어둡다. 골든가는 80년대까지만 해도 핫 플레이스였다. 신주쿠에서도 음주 문화로 나름 유행의 최첨단을 걷던 곳이었다. 당시 세계를 주름잡던 일본 일류기업 상사맨들은 2차 회식장소로, 은밀한 비즈니스 밀담 장소로 골든가를 자주 찾았다. 그 골든가의 영락은 일본 경제의 버블 붕괴의 여파를 가장 잘 상징한다.

버블시대의 영광은 지나갔지만

지금의 골든가는 '골든'이라는 이름과 달리 조금 어둡고 쇠락한 느낌이 든다. 느와르에서 보는 것 같은 비장미가 넘치거나, 퇴폐적이고 원초적 욕망이 꿈틀대는 그런 뒷골목은 아니다. 그보다는 오래된 단골들이 가게 주인과 사이좋게 늙어가는 그런 뒷골목이다. 그런 골목에서 간판이나 겉모습만으로는 도무지 정체를 알 수 없는 가게들이 영업 중이다. 과거의 영광을 뒤로한 채, 오랜 단골과 호기심 가득한 새 손님을 근근이 받아가면서 말이다.

최고급 샴페인 돈 페리뇽을 위스키와 섞어 마실 만큼 호기롭던 버블 시절에 골든가의 술집은 대부분 멤버십 전용이었다고 한다. 일본의 멤버십 운영방식은 나름의 룰이 있어서 돈을 낸다고 덥석 입회할 수 있는 게 아니다. 가게의 단골 중에서도 굉장히 굉장하고 대단히 대단하게 믿을 만한 손님이 소개와 보증을 동시에 해야 새로운 멤버로 입회할 수 있었다. 돈이면 뭐든 가능한 게 아니라는 점에서는 제법 풍류가 있다. 고루하게 느껴질 정도로 전통을 고집하는 모습은 고지식하기도 하고.

고급 가게만 멤버십으로 운영되는 것도 아니다. 취향의 천국인 도쿄

골든가의 밤 풍경. 자기 개성을 뽐내는 작은 간판들이 불을 밝히고 있다. 간판만으로는 어떤 성격의 업소인지 짐작도 할 수 없지만, 그것이 기대를 품게 만들기도 한다.

답게 고객의 취향을 철저하게 보호하겠다는 강한 의지로 다양한 업종의 다양한 가게가 회원제를 고집하고 있다. 지금도 골든가의 가게 중 몇 곳은 여전히 회원제로 운영되고 있다. 일부러 허들을 높이는 느낌은 아니다. 가게의 오랜 단골들에게 아늑함을 제공하는 뜻이다. 오랜 단골들이라면 가게 주인과의 유대감은 말할 것도 없이, 다른 단골들과의 관계도 우리가 상상하는 이상으로 친숙하다.

술을 한잔 하고 싶은데, 혼술하기 싫은 날이라면 멤버십 가게가 정답이다. 가게를 다닌 햇수만큼 정은 깊어질 대로 깊어졌을 테니까. 오랜 단골이 기껏 마음먹고 가게를 찾았는데 이미 뜨내기손님으로 가득 찼다면 싫은 기분이 드는 건 당연하겠지. 스스로 오랜 단골이라고 생각하는 가게를 상상해보면 쉽게 납득할 일이다.

현재 골든가의 가게는 스낵바snack bar가 대부분이다. 일본어로는 스낵바에서 바를 떼어내어 '스나쿠スナック'라고 부른다. '스나쿠'는 일본 어디에나 흔히 있다. 역을 중심으로 생활이 이루어지는 일본답게, 역 근처라면 반드시 스나쿠와 라멘가게 그리고 편의점 정도는 있게 마련이다. 스나쿠는 주택가 밀집지역의 골목길에도 있고, 수상쩍기로 일본 최고인 가부키초의 골든가에도 있다.

스나쿠는 접객원이 있는 술집이다. 접객원이 있다고 하니 또 불온한 상상을 할 수 있지만, 말 그대로 접객을 할 뿐이다. 스낵바답게 요리는 시원찮고 술값은 비싸다. 결국 영업을 위해서 마진율이 높은 술을 마구 주문해주는 단골을 만드는 것밖에는 정답이 없다.

골든가에는 스나쿠인데도 멤버십을 유지하는 가게가 있다. 이 수상쩍은 가게에서 정말 재미있게 술을 마신 경험이 있다. '오카마おかま'● 라 불리는 여장남자가 주인으로, 접객원들도 모두 여장남자인 스나쿠다. 분명 퇴폐적일 거야 하는 의심이 일지만, 사실은 매우 유쾌한 가게다.

● 오카마는 원래 성소수자에 대한 멸칭으로 시작했지만, 지금은 여장남자를 지칭하는 말로 많이 쓰인다. 일본에서 여장남자를 반드시 트랜스젠더로 해석하면 곤란하다. 외과적 수술을 통한 트랜스젠더를 뜻하는 일본식 조어로는 뉴하프(ニューハーフ)가 있다. 오카마는 멸칭으로 시작한 단어니 외국인은 가급적사용하지 않는 편이 좋다.

골든가에서의 피날레, 여장남자 스나쿠

이 수상쩍고 유쾌한 가게에 데려다 준 사람은 히라바야시^{平林} 상^{さん;우리} ^{말의 씨에 해당하는 말}. 나보다는 몇 살 손위 형님으로 현지 여행사의 고참 인바운드 직원이다. 일본의 메이저 민영 방송사가 주최한 아시아 각국 초청 컨퍼런스에 참여했었는데, 그때 우리 쪽 인원의 인바운드 업무를 총괄했던 팀장이었다. 히라바야시 상의 여행사는 매년 연말에 전 직원이 단체로 해외 시장조사와 연수를 빙자한 여행을 다니는데, 마침 그해 방문지가 서울이었다.

히라바야시 상에게 한국 도착 첫날, 회사 전원이 단체 식사를 할 수 있는 한식당을 주선해달라는 부탁을 받았다. 응? 여행사 고참 직원이 내게 회식 섭외를 부탁한다고? 한국의 인바운드 직원이나 협력사에 문의하면 될 일인데? 하지만 우리가 어떤 민족인가. 부탁을 받으면 매몰차게 거절할 수 없는 유전자를 지닌 민족이 아니던가.

일본인이 좋아하는 한식 스타일을 잘 알고 있었으니, 자신 있게 곱창전골 노포를 소개했다. 덤으로 숙소부터 직접 길 안내를 자처했다. 우리 식으로는 당연한 접대 절차겠지만, 일본인의 시각으로는 지나치게 친절해 보일 수 있는 일이다. 오히려 수상할 수도 있다. 거기에 한술 더 떠 곱창전골 노포의 사장님에게 평소보다 덜 맵게 부탁했다. 특히 마늘은 반드시 곱게 간 후, 채에 거르고 물로 씻어 향을 날려달라는 주문까지 했다. 일본인도 마늘 맛은 좋아하지만 냄새 때문에 잘 먹지 않으니까. 모처럼의 한국여행인데 마늘 냄새로 회식을 즐기지 못할 수는 없는 일 아닌가. 당연히 저녁 회식은 대호평이었다. 몇 십 명이나 되는 일본인 직원들에게 한국식 폭탄주 제조법 전수는 덤.

그 일을 계기로 히라바야시 형님과 더욱 각별해졌고, 도쿄에 가면 만나는 지인 중 한 명이 되었다. 이 형님은 섬세하고 배려심이 깊지만 보통 일본 아저씨들과 달리 성격이 호쾌하다. 술을 마셔도 꼭 3차는 기본이고. 손님이 음식 값이나 술값을 못 쓰게 하는 것도 꼭 한국 사람을 닮았다.

히라바야시 형님과 신주쿠 일대에서 술을 마시면 언제나 골든가까지 가서야 끝장이 났다. 자신의 단골가게에서 피날레를 해야 한다는 게 일본 술꾼의 어엿한 신념이다. 그런 신념 아래 데려가는 곳이 심야식당의 골목을 꼭 닮은 골든가의 스나쿠였다.

일단 외관은 별다를 것 없지만, 문을 열고 들어가면 조금 충격. 한국에 일드붐의 불을 지폈던 〈노다메 칸타빌레〉●의 코믹 캐릭터 다케나카 나오토竹中直人를 닮은 가게 주인! 그런데 이 아저씨, 여장을 하고 있었다. 게다가 차려입은 옷은 곱디고운 여성용 유카타浴衣.

조금 경계심이 일었지만 생각보다 유쾌한 곳으로, 퇴폐적인 분위기는 전혀 아니었다. 오히려 가벼운 할로윈 코스프레 느낌이랄까. 사장님 외 접객원도 두 명 있었는데, 역시 여장남자 스타일로 두 사람 다 소녀소녀한 유카타를 입고 있었다.

● 노다메 칸타빌레(のだめカンタービレ)는 인기 만화를 원작으로 2007년 후지테레비가 리메이크한 드라마 시리즈로, 당시 인기 절정의 우에노 주리(上野樹里)가 사가현 출신의 음대생이자 4차원 소녀 노다 메구미를 연기했다. '노다 메구미'의 '칸타빌레', 그래서 노다메 칸타빌레다.

수상한 밤, 재미난 밤

가게를 찾은 시간이 워낙 심야라서 손님은 우리가 전부였다. 다케나카 나오토 사장님과 히라바야시 형님은 가게가 떠나갈 듯 반갑게 인사를 주고받았다. 나는 한 발 뒤에서 엉거주춤 인사할 타이밍도 놓친 채 어색한 미소만 날리고 있었다. 히라바야시 형님은 멀뚱멀뚱한 나를 두고 잠시 화장실행. 먼저 적막을 깨뜨린 건 사장님.

"오니상おにいさん●! 술은 뭐로 할 거야?"
잠시 말문이 막힌 내 대답.
"(우리말로) 어… 그게… 그러니까요…"

다케나카 나오토를 닮은 사장님과 유카타를 곱게 차려입은 형님들은 내가 일본어를 못한다고 생각한 모양이었다.

"외국인인가?"
"히라바야시 상의 외국인 손님 아니겠어요?"
"한국인이지?"
"한국인은 군대를 다녀와서 그런지 체형이 달라요."
"그러네, 일본 남자 같지 않게 몸통이 두껍잖아요."

● 오니상은 오빠나 형 등 손윗사람을 부르는 존칭으로, 여기서는 손님을 부르는 오갸쿠사마(お客く様) 대신 친근감을 넣어서 부르는 호칭으로 사용되고 있다.

"이봐요… 다 알아듣는다고요. 그리고 그렇게 말씀하시는 형님도 체형은 저랑 비슷하신데요. 혹시 해병대라도 나오셨어요? 저는 겨우 육군 운전병 만기전역자일 뿐인 걸요. 그리고 군대에서는 주로 청소와 세차와 높으신 별님들의 하인을 했습니다만…."

뭔가 일본어로 말대꾸를 하지 않으면 오히려 내가 실례를 범할 수도 있구나 생각했을 때, 히라바야시 형님이 마침내 구원등판. 형님은 나와 다케나카 나오토 사장님을 번갈아 바라보면서 이야기를 시작했다.

히라바야시 형님은 그 가게의 가장 오랜 단골 중 한 명이었다. 심지어 주머니가 가벼운 대학생 시절부터 여장남자 사장님이 운영하던 다른 가게를 자주 다녔다고 한다. 사장님은 몇 번이고 가게를 옮겨 다니다 십 수 년 전부터 신주쿠 일대에서 그나마 임대료가 저렴한 편인 골든가에 둥지를 틀었다고. 히라바야시 형님은 자택이 있는 사이타마埼玉에서 먼 곳에 가게를 냈다고 불만이라는 얘기도 덤으로 들려줬다. 사장님도 기세 좋게 술병을 갈아치우면서 내게 골든가와 가부키초 뒷골목 소문들을 들려줬다.

"정말이지 망할 동네라니깐! 이제 일본도 글러먹었어. 망해가는 나라라니까."

이상하게도 일본인은 남녀노소를 가리지 않고 이 표현을 자주 쓴다.

"여기 호스트 녀석들은 일본 최고로 시건방진 애송이들이야. 호스티스들은 또 어떻고? 요새는 18살을 겨우 넘긴 녀석들도 수두룩하다니까."

일본의 18세는 투표 가능 연령인데 또 주류 구입은 20세부터 가능하다. 2018년에 성인 연령을 18세로 내리려는 민법 개정안이 국회 계류 중이고, 통과될 경우 2022년부터 성인의 권리가 18세부터 보장된다. 한마디로 일본에서 만 18세는 대체로 어엿한 성인으로 간주한다.

"오니상~! 이 수상쩍은 동네는 처음이야?"
애송이 호스트와 다케나카 나오토 사장님은 몇 번을 물었다. 수상쩍은 골목의 수상쩍은 가게에서 수상쩍은 주인과 종업원들이 수상쩍은 손님을 궁금해했다. 재미난 밤이었다.

드라마의 심야식당, 현실의 심야식당

생각해보면 〈심야식당〉의 주인장도 수상쩍기는 마찬가지다. 동네식당 주인의 한계치를 넘는 절도 있는 몸동작. 사연을 짐작하기 어려운 얼굴, 그 한 가운데의 긴 흉터. 단골들에겐 상냥하지만, 말 못할 과거가 있을 것 같다.

드라마와 영화의 주인공은 일본의 대표적 연기파 배우인 고바야시 카오루小林薫로 골든가의 분위기에 너무나 잘 어울리는 캐스팅이다. 모두가 하루를 마치는 시각이면 골든가 어느 구석 2층에서 담배를 물고 자신만의 하루를 시작할 것 같은, 딱 그런 모습을 연기할 수 있는 몇 안 되는 배우 중 하나다.

가게의 운영시간은 밤 12시에서 아침 7시까지. 심야식당의 배경을 가부키초로 잡은 건 너무도 당연한 일이다. 24시간 영업이 일상인 우리 시각에서는 심야영업이 대단해 보이지 않는다. 하지만 일본의 인건비는 우리보다 훨씬 높고(그래 봐야 평범한 선진국 수준이다. 우리 갈 길은 여전히 멀다), 특히 도쿄의 최저임금은 일본 최고 수준이다. 이런 환경에서 우리처럼 24시간 영업을 하기는 정말 어렵다. 게다가 심야근무는 연장수당에 할증이 붙는다. 매출이 어지간하지 못하면 심야영업을 하지 않는 편이 돈 버는 길이다.

도쿄에서도 심야영업이 가능한 곳은 몇 군데 없다. 부도심 중에서도 매머드 급이어야 가능하다. 신주쿠는 도쿄 최대의 부도심이다. 도쿄역을 넘어 일본 최대의 철도 환승역이기도 하다. 신주쿠보다 큰 상권은 일본에 없다. 자연히 새벽까지 사람들로 가득하다. 일본의 살벌한 택시비 대신 새벽까지 술을 마시다 첫차를 타고 귀가하는 부류도 많다. 새벽까지 영업이 기본인 업종이 최대로 몰려있는 곳, 신주쿠. 인간의 욕망이 법이 정한 테두리와 통상의 도덕 사이에서 아슬아슬하게 분출되는 곳, 가부키초. 이곳이라면 심야영업이 자연스럽다.

가부키초의 사람들은 보통 사람들이 잠에 취해 있을 시간에 하루를 시작한다. 새벽 12시나 1시는 이 사람들에게는 점심시간이거나 하루의 첫 끼니를 챙겨야 하는 시간인 셈이다. 낮과 밤을 바꾸어 생활하는 사람들로 가득한 가부키초에 모여드는 사람들이라면 저마다 스무고개 같은 사연이 넘쳐나지 않을까. 이런 가부키초라면 심야에만 영업을 하는 식당의 설정이 전혀 어색하지 않다. 실제로 가부키초의 가게들은 심야영업이 기본인 곳이 많다. 그런데 왜 가부키초에 '심야식당' 같은 식당이 없는 걸까?

〈심야식당〉에는 돼지고기 된장국 정식 외에 정해진 메뉴가 없다. 대신 재료가 있다면 손님이 원하는 메뉴를 만들어준다는 설정이다. 이 점이 〈심야식당〉을 특별하게 만든 매력 포인트다. 한국인 시청자라면 '장인이 넘쳐나는 일본이니까, 동네식당도 뭔가 특별하구나!'라고 방심하며 넘어갈 수도 있다.

현실에 이런 식당이 있고, 그 가게 주인장이 "가능하면 뭐든 만들어주는 게 영업방침"이라 말했다 치자. 식당을 운영하고 있거나 경험이 있는 사람이라면 어떻게 평가할까? 신랄하게 말한다면, '냉장고의 재고를 어떻게든 처리하겠다는' 의도로 해석될 수도 있지 않을까?

어쨌든 골든가를 닮은 골목길 설정을 빼고 〈심야식당〉의 대부분은 판타지다. 드라마적 상상력과 낭만이 지나치게 반짝일 뿐으로, 신주쿠 가부키초만이 아니라 일본 전국 어디에도 이런 식당은 없을 것이다. 〈심야식당〉은 수상쩍기로 일본 제일의 가부키초 골든가라는 배경에, 합법과 불법의 경계에서 아슬아슬하게 하루를 견뎌내는 서민들의 고단한 삶이 만들어낸 판타지다. 거기에 코바야시 카오루라는 걸출한 배우의 이미지가 더해져 만들어진 리틀 파라다이스다. 마치 무릉도원의 21세기 일본판 서민버전 같은 느낌이다.

여기서는 가게와 손님의 경계가 불분명하고, 가족도 아니면서 서로에 대해 속속들이 알고 있다. 서로가 서로를 알뜰하게 챙기지 못해 기를 쓰는 모습을 일본 특유의 정으로 잘 포장했다. 이 부분이야말로 일본인에게 역시 엄청난 판타지다. 그 사실은 오히려 일본인이 더 잘 알고 있다. 그렇기 때문에 일본에서도 〈심야식당〉은 원작인 만화와 드라마, 영화까지 큰 성공을 거뒀다.

'심야식당'이 없다고 말하는 건 골든가에 이런 식당이 없다는 것, 그리고 일본 어디에도 '심야식당' 같은 분위기를 내는 마스터와 손님의 조합은 없다는 것이다. 혹시 또 모르지. 원작 만화와 드라마 그리고 영화에 깊은 감명을 받은 로맨티스트가 '심야식당' 같은 가게를 만들겠다고 덤볐는지는.

약삭빠른 일부 여행상품들이 〈심야식당〉과 〈고독한 미식가〉를 카피로 만들어 전면에 내세우는데, 속아서는 곤란하다. 여행상품 설명에서 '심야식당'을 발견하면 그대로 걸러버리시는 편이 좋다. 한국 시청자들이 〈심야식당〉에 매력을 느낀 건, 식당 밖 골목이 아닌 ㄷ자 카운터에 서 있는 마스터와 손님들의 이야기였다. ㄷ자 카운터는 골목식당과 동네 이자카야의 상징이다. 한국인에게는 '아 정말 일본이구나!'를 체감할 수 있는 강력한 일본식 인테리어다. 하지만 드라마는 드라마일 뿐이다.

그렇다면 현실에서 찾을 수 있는 '심야식당'은 어떤 모습일까? 드라마의 낭만을 걷어낸 현실의 심야식당 말이다. 가부키초라는 위험천만한 동네 말고, 어두운 밤길에 윌 스미스를 닮은 형님을 만나지 않아도 되는 편안하고 평화로운 그런 동네의 식당 말이다. 일본에는 그리고 도쿄의 골목에는 생각보다 많이 현실판 '심야식당'이 있다.

아… 물론 좀처럼 심야에 영업은 하지 않는다.

고독한 미식가,
그것도 없어요

닌교초

피맛골을 돌려줘

우리말의 '골목'은 자주 '낙후'의 의미와 결부되어 사용된다. 또는 가끔씩 추억과 향수를 떠올리는 매개체로 사용되는 정도. 우리는 세계에서 유래를 찾아보기 어려울 속도로 개발에 개발을 거듭했다. 앞 세대의 개발의 기억이 채 끝나기도 전에 다시 대규모 개발이 시작되었다. 그 탓에 현재 도시에는 어엿하게 골목으로 부를 만한 공간 자체가 얼마 남아 있지 않다.

골목의 골목격인 '뒷골목'은 음습하고 비열한 이미지다. 가로등도 제대로 들어오지 않을 것 같은 느낌. 사람이 없으면 정말 무서운데, 사람이 있으면 한결 더 무서운 공간. 어쨌든 피해가고 싶은 곳. 이런 기분은 아저씨도 마찬가지다. 더구나 어두운 골목길을 걷는데 여성이 앞에 있으면 아저씨도 바짝 긴장한다. 혹시라도 앞서 가는 여성에게 겁을 주고 싶지 않으니까. 결국 길이 급해도 슬그머니 뒤로 돌아 반대방향으로 가게 되는 경우가 종종 있다. 누군가에게 겁먹고 싶지 않은 만큼, 누군가를 겁주고 싶지는 않으니까.

골목식당이나 골목가게라고 하면 낡은 주제에 맛도 물건도 변변치 않은 모습이 바로 연상된다. 하지만 골목길에 진짜 맛집이 숨어 있기도 한다. 물론 흔한 경우는 아니다. 오랜 역사를 지닌 노포들은 여전히 골목길 어느 한 구석을 지키고 있다. 하지만 노포가 사라지기 전에 골목 자체가 먼저 사라져버렸다.

피맛골은 조선시대 지체 높으신 '나으리'들이 지날 때마다 머리를 조아려야 했던 백성들이 걸음을 재촉할 수 있던 일종의 임시 피난길이었다. 나리들은 말을 타고 지나다녔으니, 백성들이 나리를 태운 말을 피하는 골목이라 해서 붙여진 이름이 피맛골이다. 사람들이 자주 지나다니니 그 자리에 음식점 등 가게가 생기는 건 당연했던 일이다.

피맛골은 해방 이후 전쟁을 거치면서도 건재했었다. YMCA 뒷골목부터 인사동까지 좁은 골목길은 수많은 사람들의 청춘 그 자체였다. 누추한 골목길의 허름한 술집에서 변변찮은 안주와 술을 들이키면서 만들어냈던 그 추억의 장소가 지금은 사라져버렸다. 피맛골 자리에는 D타워와 그랑서울이라는 복합건물이 들어서 있다. D타워와 그랑서울은 멋지다. 하지만 피맛골의 역사를 계승하진 못했다. 세대의 추억을 말살시키고 기억의 단절을 가져온 대신 멋지고 세련된 복합건물을 얻었다. 멋진 미래를 위해 반드시 과거를 지워야만 했을까?

우리는 도시를 확장시키고 도시의 높이를 키웠다. 그곳에 어엿한 골목, 번듯한 골목이 들어갈 공간은 만들지 않았다. 생각하지도 않았다. 서울의 어엿한 골목, 피맛골은 그렇게 사라졌다.

오래됐다고 모두 노포는 아닙니다만

노포를 무엇이라 정의하면 좋을까? 역시 시간이 가장 중요한 것 같다. 우리 기준에서는 적어도 30년은 운영되어야 노포라고 부를 수 있다. 그리고 다음 조건으로는 공간이다. 30년을 운영했는데, 가게 자리가 계속 바뀐다면 노포라고 부르기 힘들다. 그건 장사가 신통찮았다거나, 장사가 잘된 나머지 권리금을 왕창 받고 남에게 넘긴 것이겠지. 자신의 가게 자리를 장삿속으로 포기해서는 노포라고 부를 수 없다.

공간이 정말 중요하다. 댐을 지어 동네 자체가 수몰되거나 자연재해를 입어 전면 재건해야 했다거나 하는 등의 이유로 가게의 처음 위치가 바뀌는 건 이해된다. 하지만 이런 경우는 어떨까? 인기를 얻어 전국 체인을 만들고, 본점 위치를 변화가 큰 길로 이전했다면 어떨까? 노포로 선뜻 수긍하기 어렵다. 가게의 역사는 시간과 공간이 함께 만드는 것이다. 공간이 바뀐다는 점은 아무래도 서운하기 마련이다.

가장 중요한 건 역시 맛이다. 후대가 개량한다고 해도 어디까지나 시대의 흐름에 바뀐 입맛을 반영하는 수준에 그쳐야 한다. 단순히 선대가 남긴 음식 맛만 계승해서는 안 된다. 음식에 녹아 있는 철학도 계승해야 한다. 직계가 대를 이었다고 음식 종목이 바뀐다면 노포라고 부를 수는 없는 노릇이다.

돈을 벌고 싶은 마음은 당연하겠지만, 무분별한 프랜차이즈 창업 시도는 노포의 자격을 떨어뜨린다. 음식점이 잘 되면 자의에 의해 타의에 의해 전국에 지점을 내고 싶은 욕망에 사로잡히기 마련이다. 자신이 만든 음식이 전국에 인정받기 원하는 승부욕, 거기에 더해 돈을 더 벌고 싶은 마음이야 자연스러운 욕심이겠지.

그런데 문제는 맛이라는 품질의 균질함을 지키는 게 생각보다 어렵다는 것이다. 노포의 맛은 대량복제가 어렵다. 본점이 아니면 그 맛이 유지되기 어렵다. 똑같은 레시피를 가지고 있어도, 조리과정에서 생기는 아주 작은 차이의 총합은 그대로 맛의 변화로 이어진다. 조리는 기본적으로 과학의 영역이다. 화학과 물리학 실험과 크게 다르지 않다. 총 20단계의 실험 공정을 거친다고 할 때 겨우 몇 번의 계량 실패와 실험 순서의 실수는 전혀 다른 결과물로 나타날 수밖에 없다.

음식점 주인은 대체 뭘 위해서 노포를 운영하는 걸까? 역시 맛에 대한 철학과 고집인 것 같다. 맛과 전통을 지키기 위해서라면 필요 이상의 돈은 필요 없다는 철학과 그 철학을 가족이나 일하던 사람이 계승해 대를 이어가는 것. 그야말로 자본주의 사회에서는 꿈만 같은 동화다. 돈이 권력이고 신분이며 힘의 전부로 보이는 세상에 이런 동화가 가능하다는 건 정말 멋지지 않은가? 대다수 사람들이 지고의 가치로 여기는 돈보다도 더 중요한 게 있다는 걸 우아하게도 증명하고 있으니 말이다.

노포를 정말 멋지게 만드는 건 손님의 역할도 크다. 대를 잇는 건 가게 주인만이 아니다. 엄마아빠의 손을 잡고 가게를 찾은 아이들이 자라나서, 다시 자신의 자녀를 노포에 데리고 온다. 주인도 대를 잇고 손님도 같이 대를 이어간다. 이런 시간이 같은 공간에서 켜켜이 쌓이는 건, 정말 멋진 일이다. 대를 이어가는 주인과 손님이 만들어내는 시간과 공간의 축적, 사람들이 노포에 열광할 수밖에 없는 이유다.

도쿄에는 멋진 노포들이 가득하다. 일본에서 노포의 조건은 보다 까다롭다. 역사 있는 노포로 인정받으려면 80년이 기준점이다. 80년은 적어도 3대가 대를 이어 가게를 운영해 나갔다는 말로, 한 세대마다 각자 자신의 인생 전부를 가게에 걸고 그 시간이 적어도 3대는 이어졌다는 뜻이다.

노포는 거의 예외 없이 골목에서 시작했다. 후대에 노포로 추앙받는 명점도 개점 당시의 시작점은 동네의 작은 가게였다. 위치를 옮기지 않았다면 노포는 여전히 원점인 골목에 있을 수밖에 없다.

이런 골목에 심야식당은 없지만, 개성 만점의 식당은 있다. 서민의 삶을 보석처럼 빛나게 만드는 식당과 이자카야가 있다. 그것도 오래 오래, 때로는 대를 거듭해 동네와 함께 늙어가고 역사가 되가는 노포들이 있다. 뜻있는 주인과 요리사들이 사명감과 긍지로 하루하루 동네사람들이 피곤한 삶을 따스하게 위로해주는 가게들이 있다. 손님조차 대를 이어 단골이 되어가는 노포. 그리고 그런 노포를 만들어준 골목.

이제부터 도쿄의 오래된 골목을 조용히 걸어보고 싶다.

골목식당의 자격

-

골목을 뜻하는 일본어로는 먼저 '로지^{路地}'가 있다. 보다 서민적이고 문학적인 표현으로 '좁은 길'을 뜻하는 '호소미치^{ほそ道}'도 있다. 뒷골목에 해당하는 일본어는 '우라도리^{うらどおり; 裏通り}' 또는 '우라미치^{うらみち; 裏道}'다. 뒤 혹은 안쪽을 뜻하는 '우라^{うら;裏}'에 길을 뜻하는 '도리^{通り}' 또는 '미치^{みち;道}'가 결합된 복합어다.

어떤 말이든 큰 길 사이사이를 연결하는 통로로서의 의미일 뿐 특별히 부정적인 느낌은 없다. 골목은 실제 보통 일본 사람들이 삶을 영위하는 공간이다. 집을 나서 일터로 향하는 공간이기도, 일터에서 지친 몸을 쉬러 집으로 가는 길에 소소한 즐거움을 찾아 잠시 샛길로 빠지는 공간이기도 하다.

일본은 한 장소에서 대를 이어 살아가고 있는 사람의 숫자가 상당하다. 50년대 베이비붐과 60년대 초고도 성장기를 거치며 형성된 대규모 주택단지에 이사 갔던 세대가 여전히 그곳에서 노년을 보내고 있는 경우도 많다. 그런 시간이 켜켜이 쌓이면, 대도시 안에서도 골목길이 사라지지 않는다. 도쿄도東京都의 인구는 1,300만 명이다. 여기에 카나가와, 사이타마, 치바 등 인근 수도권 전체 인구를 합하면 3,500만 명이 조금 넘는다. 이 엄청난 규모의 메가시티에서 사람들이 대를 이어 관계를 이어가는 골목길은 여전히 사라지지 않았다.

한 장소, 한 지역에서의 평균거주기간이 길다는 것은 자영업이 지속하기에 유리한 조건이다. 오랜 시간 같은 공간에서 생활한 사람들이 갖는 유대감이 있다. 이 유대감의 긍정적 효과는 지역 단위의 독특한 문화를 만드는 것은 물론 지역 경제에도 좋은 영향을 미친다. 오랜 시간 잘 알고 있는 사람들을 대상으로 가게를 운영한다면, 품질은 높이고 가격 상승은 억제하려는 노력이 자연스럽다. 반대로 오랜 단골가게가 어려움에 처한다면 어떻게든 도움을 주려는 게 인지상정이다. 이런 공간에서의 골목상권 유지는 우리보다 편안하다. 자연스레 안정된 골목상권은 골목식당을 어느새 노포로 만들어 간다.

일본의 번화가는 역을 중심에 놓고 발전한다. 역은 교통의 중심지일 뿐만 아니라 생활의 중심지다. 상권 중 최고의 상권이니 당연히 임대료가 비싸다. 비싼 임대료를 감당하기 어려운 가게는 자연스레 동네 골목과 이면도로 상권으로 후퇴한다. 우리 같으면 필망의 테크트리를 탄 격일 텐데, 의외로 이런 가게들이 씩씩하게도 많이 살아남았다.

주택가 안쪽으로 조금 더 들어간 곳에 자리 잡은 골목 가게들. 그런 식당과 이자카야는 그 동네에서만 느낄 있는 정서가 모이고 표출된다. 주인도 손님도 한 동네에서 몇 십 년이나 살아왔다. 그런 시간이 쌓이면 확실히 사람들이 만들어내는 관계의 문화가 만들어진다. 동네 사람들이 단골이 되고 단골이 또 다른 단골을 만들어낸다. 선순환을 통해 사람이 만나고 정을 나눈다.

그런데 이 과정이 단지 인간관계로만 성립될 수 있을까? 동네식당이, 이자카야가 만드는 음식이 형편없어도 선순환이 일어날 수 있을까? 역시 가장 중요한 것은 품질이다. 그리고 좋은 동네식당이라면 몇 가지 조건이 더 붙는다.

프랜차이즈 식당과는 확실히 다른 맛.
계절을 나타내는 절기 메뉴 구비.
가격은 번화가보다 확실히 저렴할 것.
걸어서 5분 정도면 도착할 수 있는 곳.
차려입지 않아도 드나들기 편할 것.

우리는 이런 식당을 동네 골목길에서 만나본 경험이 거의 없다. 만일 이런 식당이 동네에 있다면, 그것만으로 큰 축복이다. 도쿄와 일본이, 우리보다 대단하다는 이야기가 아니다. 그들이 우리보다 훨씬 먼저 대규모 도시개발을 하고서도 여전히 골목길이 있다는 이야기를 하는 것뿐이다. 도쿄의 번화가와 대로에는 눈부신 네온 아래 뽐내듯 서 있는 훌륭한 가게가 많다. 그런데 그런 가게만 훌륭한 것이 아니라 도쿄 곳곳의 골목길에 있는 동네식당도 충분히 멋지다. 그게 조금 부럽다는 것뿐이다.

고독한 머, 아니 대식가입니다만

〈심야식당〉과 더불어 한국에서 일본 음식 드라마의 쌍두마차로 인식되는 〈고독한 미식가〉. 이 묘한 인기 만발 드라마를 한줄 평으로 한다면 어떻게 될까?

'시대의 화두인 혼밥을 전면에 내세운 생활 걸작 드라마'
이 정도로 정리할 수 있지 않을까? 조금 길게 말해보면 아래와 같을 것이다.

넋을 빼앗는 스토리라인의 전개 없음.
그 흔한 불륜이나 갈등도 없음.
가게는 평범하기 짝이 없음.
음식은 수수하기 짝이 없음.
가끔씩 머나먼 이국풍의 이색 요리도 등장함.

트레이닝 바지를 입은 채 들어가도 어색할 것 같지 않음.
어쨌든 서민 친화적으로 문턱 낮음.

그런데 정신을 차리고 보면 카메라가 클로즈업하는 음식에 신경을 온통 뺏기고 만다. 한 입, 크게도 먹는 고로 상에게 더 많이 먹어달라고 재촉하고 있다. 게다가 2018년 기준으로 벌써 7번째 시즌이다. 최근 일본 드라마 중 드물게도 무병장수를 이어가고 있다.

적어도 드라마 〈심야식당〉에는 가부키초 골든가라는 독특한 공간이 있다. 일본 최대의 환락가 가부키초. 인간의 욕망이 법의 테두리와 도덕 사이에서 아슬아슬 줄타기를 하며 발현되는 그런 공간이 주는 확실한 매력이 있다. 신데렐라처럼 밤 12시에 문을 여는 주제에 막상 화려한 변신과 반전은 없는 가게. 주인도 찾아오는 손님도 모두 굴곡 많은 인생을 살아온 듯한 얼굴을 하고 있다. 포스 넘치는 손님들이 각 에피소드마다 절절하고 가슴 시린 사연을 풀어낸다.

〈심야식당〉의 주제는 식당과 음식인 것 같지만, 사실은 아니다. 식당은 사연 많은 사람들이 아무 때고 찾아들 수 있는 공간적 설정으로서 사용될 뿐이다. 얼핏 보면 음식이 주인공 같기도 하다. 드라마에서는 음식을 어떻게 만드는지 충분히 짐작할 수 있게 조리과정을 꼼꼼하게 보여준다. 그것도 모자라 드라마 막판에 레시피를 따로 설명한다. 하지만 음식 역시 식당과 손님의 매개체로 사용될 뿐이다. 드라마가 클라이맥스로 치달으면서 요리와 식당은 슬그머니 사라진다. 가장 중요한 순간은 언제나 에피소드의 사연을 만들어내는 주인공이 차지한다. 그리고 예외 없이 음식을 서로 나누어 먹으며 화기애애한 엔딩.

반면 〈고독한 미식가〉는 정말 이상한 드라마다. 일단 주인공이 아저씨다. 일본이나 한국이나 인기 없기로 으뜸인 아저씨. 이름은 고로 상이다. 이름도 너무 평범하다. 장남은 이치로, 차남은 지로, 삼남은 사부로, 이런 식으로 5번째 남자 아이의 이름을 '고로'라 짓는다. 이름부터 지극히 평범한 아저씨임을 강조했다. (그래서 '이노가시라'라는 특이한 성을 준 걸까?) 너무 평범한 아저씨면 곤란했을까? 그나마 직업은 조금은 세련된 이미지로 포장 가능한 인테리어 수입업자로 설정했다.

〈고독한 미식가〉의 주인공은 마츠시게 유타카松重豊. 〈고독한 미식가〉의 영향 때문인지 한국 팬에게는 조금 코믹한 이미지인데, 사실은 정극에서 잔뼈가 굵은 중견배우다. 기타노 타케시 감독의 〈아웃레이지〉 시리즈에 야쿠자 역할로 고정 출연했다. 재미있는 건 드라마 〈심야식당〉에도 골목 야쿠자 역할로 출연했다는 것. 문어 비엔나 소시지 에피소드의 주인공을 맡았고, 그 여세를 몰아 〈심야식당〉의 극장판에도 출연했다. 이로써 현재 한국인이 가장 사랑하는 음식 소재 일본 드라마 2관왕에 등극했다.

〈고독한 미식가〉의 내용은 단순하다. 엄청나게 대식가인 아저씨 한 명이 에피소드마다 엄청난 양의 음식을 먹어치우는 것이 전부다. 고로 상은 잘 생기지도 그렇게 멋있지도 않은 주제에 또 엄청난 식욕의 소유자시다. 가게 한 곳에서 3~4인분은 후딱 해치우신다. 그것도 세상에 다시없을 진미를 맛보는 것처럼, 게걸스럽게도 먹어대신다.

드라마로서 〈고독한 미식가〉는 평범하다. 그냥 평범함이 아니라 무시무시하게 평범한 나머지 비범하게 느껴질 정도의 평범함이다. 이렇게 평범한 주제에 지루할 틈을 주지 않는다. 드라마 말미에는 가게의 이름과 주소가 간략하게 소개된다. 결국 구글맵을 켜고 가게의 정확한 위치를 검색하고야 만다. 소개되는 가게라고 해봐야 일상을 살아가는 사람들이 아무 때고 만날 수 있는 정도로 평범하기 그지없는데 말이다.

그런데 평범하게 평범한 이 드라마에 이상야릇한 아련함이 있다. 묘하다고 할까 정직하다고 할까, 오늘도 하루를 열심히 살아가는 아저씨의 허기와 식탐이 이런함을 만들어낸다고 할까, 고로 상이나 우리나 특별할 것 없는 보통 사람들이다. 그런 보통사람의 연대감이 만들어내는 아련함이랄까. 그렇게 감정이입이 되는데, 어느새 정신을 차리고 보면 고로 상에게 감정이입을 하는 게 아니라 음식에 과몰입한다. 아마도 이게 인기의 비결이겠지.

〈고독한 미식가〉의 진짜 주인공은 고로 상이 아니라 식당과 음식이다. 우리는 고로 상보다는 고로 상이 먹는 음식에 열광한다. 드라마를 넋 놓고 보다보면 음식 장면에서 당장 그 식당으로 달려가고 싶어진다.

일본이니까 혼술! 혼밥!

일본은 혼밥과 혼술의 천국이다. 이게 참 재밌다. 일본은 서구 선진국처럼 개인과 개인의 관계에 쿨한 나머지 혼밥과 혼술의 천국이 된 게 아니다. 일본 역시 선진국 특유의 상냥함이 있긴 하지만, 우리와 같은 동양문화권이다. 일본의 집단 내 인간관계는 우리만큼 복잡하고 불편하다. 일본인은 "공기를 읽지 못하는 말과 행동"이란 표현을 자주 쓴다. 말 그대로 순간순간 상대의 분위기를 잘 읽어서 본심을 파악하지 않으면 인간관계가 어려워진다는 뜻이다. 공기를 계속해서 읽지 못했다간 스스로를 심각한 위험에 빠뜨릴 수도 있다는 경고다. 초등학생들도 '인간관계'라거나 '사회생활'을 입에 버젓이 올리는 나라가 일본이다. 끊임없이 타인에게 폐를 끼치는 행동을 조심해야 하는 건 일본에서 미덕이 아니라 디폴트, 즉 기본 값이다.

이런 일본이라서 혼밥과 혼술의 식문화가 자리잡을 수 있었다. 숨 막히는 사회생활과 조직문화에서 혼밥과 혼술이 잠시나마 탈출하는 피난처로 받아들여지는 것이다. 최근 들어서는 우리도 이렇게 바뀌고 있다. 혼밥과 혼술이 지닌 나름의 합리성이 전 세대로 전파되고 있는 것 같다. 회식도 업무의 연장이라는 산업화 시대의 주장이 이제는 조금씩 꼰대의 역사 너머로 사라지고 있는 참이다. 하지만 불과 10여 년 전만 해도 대중식당에서의 혼밥은 인간관계의 포기자처럼 보일 정도였다.

'세상에 저 사람은 밥 한 끼 같이 먹어줄 친구도 없나봐…'
'얼마나 배가 고팠으면 식당을 다 혼자서 찾아왔을까. 쯧쯧…'

지금은 직장인도 학생도 다양한 이유로 혼밥을 선호한다. 우리가 혼밥을 선호하는 이유는 천 가지도 넘는다.

불편한 사람과 같은 테이블에 앉기가 싫어서
내가 먹기도 싫은 음식만 골라 주문하는 선배 꼴이 보기 싫어서
친하지 않은 후배에게 선배라고 밥을 사는 호갱은 되기 싫어서
오늘은 아무에게도 방해받고 싶지 않아서
오늘은 어쩐지 식당보다 삼각김밥 하나 입에 물고 멍 때리고 싶어서
오늘은 내가 만들어 싸온 건강 도시락을 나 홀로 즐기고 싶어서

    일본인은 집단 내의 인간관계가 가장 어렵다고 말한다. 학교, 회사, 동호회, 지역모임 등 인간관계는 생각보다 어렵다. 어째 친해지고 싶은 사람보다 멀리하고 싶은 사람이 점점 많아진다. 친해지고 싶은 사람은 좀처럼 곁을 안 내주고, 친해지기 싫은 인간만 악착같이 달라붙는다. 이런 관계 속에서 부대끼다보면 적어도 밥만큼은, 나 홀로 마음 편히 먹고 싶은 곳에서, 먹고 싶은 메뉴를 찾아 즐기고 싶어진다.

    그렇다고 턱없이 비싸고 고급진 메뉴를 바라는 것도 아니다. 교통비가 비싼 도쿄에서는 조금 멀리 이동하는 것만으로도 교통비가 식사 가격에 육박한다. 사철私鉄을 이용하고 버스까지 갈아타야 한다면 확실히 식사 가격보다 비싸진다. 당연히 걸어갈 수 있는 거리면 좋고, 적어도 전철 기본요금 안에서 움직일 수 있기를 바란다.

    〈고독한 미식가〉는 이 틈을 기가 막히게 파고들었다. '적어도 밥 먹을 때만큼은 누구의 눈치도 보지 않고 편하게 맛있는 음식을 즐기고 싶다'라는 소박한 소망에, 걸어서 찾아갈 수 있는 '골목식당'을 결합했다. 죽기 전에 반드시 맛봐야만 하는 유명 점포가 아닌 게 오히려 포인트

다. 우리 동네식당이 아니면 일단 차분하게 체크해 놓으면 된다. 혹시라도 그 지역을 가게 되면, 기쁜 마음으로 찾아가면 그만이다.

　드라마에서 소개하는 식당은 당연히 모두 실재한다. 혹시라도 행렬이 있을까 딱히 걱정도 없어 보인다. 일본 최대의 음식 정보 사이트인 타베로그●食べログ; https://tabelog.com를 검색해 봐도, 상위에 랭크되어 있는 곳은 별로 없다. 상위에 없는 건 한편 신뢰가 간다. 요즘 핫한 가게가 꼭 맛집이거나 좋은 식당은 아닐 수도 있기 때문이다. 타베로그를 참고할 때 실패하지 않는 비결은 비교적 오랜 기간 좋은 평가를 받은 가게를 선택하는 것이다. 그리고 반드시 자신의 혀를 믿을 것. 마지막으로 만일 실패했다면, 좋은 공부가 되었다고 생각하며 실망하지 않으면 그만이다.

　〈고독한 미식가〉에 등장하는 식당은 대를 이어가는 장인이 발휘하는 혼신의 맛, 이런 것과는 조금 거리가 있는 가게들이다. 그런데 이게 더 매력적이다. 우리가 혼밥을 바랄 때는, 평범한 동네 사람들이 어깨에 잔뜩 기합을 넣고 만드는 맛 딱 그 정도를 기대하는 것이니까.

●타베로그는 네티즌들이 직접 평가를 남기는 구루메(グールメ;미식가) 사이트로 각 지역별로 운영되며 대중식당, 고급 레스토랑, 이자카야 등 모든 종류의 식당 정보가 모여 있다. 대중들이 직접 별점을 주고 댓글을 올리는 평가 방식인 만큼, 현재 인기 있는 가게의 추세를 알기에 적합하다. 그러나 타베로그 상위 랭크 가게들이 반드시 맛있는 것은 아니다. 최근 평점만 보고 고르면 낭패를 보기 쉽다.

에도-도쿄 박물관에서 넋을 잃다

〈덴푸라 나카야마^{天ぷら 中山}〉는 닌교초^{人形町}에 있는 평범한 튀김덮밥집이다. 가게 이름에 이미 덴푸라가 들어가 있으니 튀김이 메인인 건 당연하다. 그리고 덴푸라 뒤에 나카야마라고 되어 있으니 나카야마 상이 처음 문을 열었거나 지금 운영하고 있을 것이 틀림없다. 3대째 그 동네에 살고 있는 한 일본 역사 덕후의 소개로 그곳을 알게 되었다. 나카야마는 현실에서 만나는 혀실파 심야식당이다. 물론 심야영업은 하지 않는다.

닌교초는 도쿄의 오래된 동네로, 도쿄의 발상지인 니혼바시^{日本橋}와 매우 가까운 곳이다. 니혼바시가 정문이라면 닌교초는 뒷마당 같은 느낌이다. 한국인들에게 다소 낯선 지명인 닌교초는 덕후들의 성지인 아키하바라와 도쿄에서 가장 오래된 철도역인 도쿄역^{東京駅}의 중간 어디쯤에 있다. 닌교초는 도쿄에서 가장 세련된 지역인 긴자에서도 가깝다. 맘먹고 걷자면 충분히 걸어갈 수 있을 정도다.

아키하바라와 도쿄역 그리고 긴자라는 초 유명 관광지에서 가까운데도 외국인 관광객이 그 동네들처럼 많지는 않다. 최근에는 도쿄의 옛길을 걸어보려는 외국인이 니혼바시와 닌교초를 많이 찾는다지만, 그래도 역시 외국인에게 각광받는 지역은 아니다. 막상 방문해 보면 생각보다 꽤나 매력적인 곳인데도 말이다.

닌교초에서 스미다강^{隅田川}을 건너가면 료고쿠^{両国}라는 동네가 나온다. 이곳에 도쿄의 옛 생활상을 방대한 양의 각종 미니어처와 레플리카로 충실히 전달하는 에도-도쿄 박물관^{江戸東京博物館}이 있다. 근엄하고 진

에도-도쿄박물관의 전시 풍경. 에도-도쿄박물관이 있는 료고쿠 지역과 건너편을 잇는 다리를 재현해 놓았다. 다리 위와 상가 지역의 수많은 인파와 흥청거리는 강변 풍경에서 에도시대의 활기를 느낄 수 있다.

지한 분위기의 박물관은 아니지만, 역사 덕후가 도쿄 여행을 한다면 방문 리스트 최상위로 안심하고 추천할 수 있는 곳이다.

도쿄를 소개하는 방송 프로그램의 사전 취재로 이 박물관을 찾은 적이 있다. 그 과정 중에 친해진 사람이 박물관에 실습 나와 있던 대학원생, 우에하라 마사토 上原雅人 상. 이미 석사 논문을 마치고 박사과정을 기다리고 있던 늦깎이 대학원생이었다.

우에하라 상과는 연배가 비슷했다. 30대 중반의 나이에 잘 다니던 대기업을 박차고 대학원에서 에도, 옛 도쿄 역사를 다시 전공했다고 한다. 기본적으로 역사 덕후에, 오래된 물건을 보면 정신이 나가버리는 골동품 덕후. 게다가 요리 덕후 기질까지 둘이서 죽이 제법 잘 맞았다.

우에하라 상에게 박물관 소개를 받던 중, 에도시대 어느 요릿집을 재현한 전시실에 시선이 꽂혔다. 요리 덕후에게 음식점 주방은 언제 봐도 설레는 공간이다. 프로 요리사들의 몸놀림과 도구를 볼 수 있는 곳. 게다가 그게 과거라면 두근거림은 배가 된다.

아… 잠시 넋이 나갔었네. 아무 말 없이 이렇게 전시물만 보고 있으면 실례겠시.

웬걸, 고개를 돌리니 우에라하 상도 나와 같은 시선이었다. 게다가 나보다 게걸스러운 시선으로 주방을 보고 있었다. 역사 덕후들은 과거를 재현한 미니어처를 만나면 잠시 넋을 잃는다. 그리고 자신의 지식 창고에 축적된 데이터와 전시물을 비교한다. 맞으면 박수를 치고 조금이라도 틀리면 온갖 트집을 잡아 박물관을 욕한다. 우리 둘 다 역사 덕후에 요리 덕후였다. 에도시대 큰 길에 있을 법했던 평범한 대중식당의 부엌을 충실히 재현한 모습을 만났으니, 목을 빼고 경건하게 바라봐주어야 했다. 줄지어 서 있는 모습이 안정감을 주던 작은 풍로, 큼지막한 도마에 무쇠 주물 부엌칼인 데바^{出刃}까지 골고루 탐욕스런 시선을 옮기던 그때, 우에하라 상이 박물관 학예실에서 실습중인 에도시대 전공 대학원생다운 안내 멘트를 날렸다.

"에도시대는 일본 역사에서 외식산업이 급속히 발전되기 시작한 때

였습니다.″

한국에서 온 역사 덕후는 허리를 세우고 대답했다.
"에도시대에도 현대의 미슐랭 가이드 같은 책이 있지 않았나요? 인기 가게의 위치와 대표 요리를 표기한 안내 책들이요. 그 이름이 뭐였더라⋯.″

영민한 우에하라 상은 이 대목에서 저 외국인이 역사 덕후이자 요리 덕후라는 것을 확신했다.
"오오! 잘 아시네요! 그런 책은 많이 있습니다. 마침 이 박물관에도 몇 권 있어요!″

에도시대는 약 200년간 지속되었다. 이 기간은 일본에서 최초로 평화가 오래 지속된 시기였다. 평화와 번영은 당연히 학문과 예술을 꽃피우게 한다. 그리고 요리도 덤으로 발전시킨다. 평화를 바탕으로 농업과 공업 등 물산이 풍부해지고 생산력이 높아지면 그에 따라 물류 유통망과 상업이 발전한다. 상업이 발전하면 자연히 도시로 인구가 집중된다. 사람이 많아지면 자연스레 외식문화가 정착된다. 에도시대 200년은 이 모든 걸 축약한 시기였다.
요리가 발전하면 주식재료는 물론 부재료도 발전한다. 요리에 필요한 간장, 미림 같은 조미료의 발전과 요리에 곁들일 다양한 일본주도 덩달아 발전했다. 일본인은 기록을 좋아한다. 에도시대 후기에 출간된

요리책만 200여 권이 넘는다. 에도시대가 얼마나 평화롭고 번영을 구가했던 시기인지 증명하는 생활 역사 증거인 셈이다. 어느 요릿집이 자신들 유파의 구전口傳과 비전祕傳을 엮어 요리책을 내면, 그것에 화답하듯 다른 요릿집에서 새로운 책을 내고 유파를 창조한다. 마치 고수들이 무술을 겨루는 듯한 모습이었다. 외식업계의 도장 깨기 레이스라고나 할까. 에도시대는 그런 시절이었다.

유통이 발달하고 식재료의 종류가 증대하면서, 과거에는 지방 영주인 다이묘代名 같은 높은 분들이나 드시던 고급요리가 대중에게 확산되었다. 이 점은 현대와 똑같다. 최고급 식재료를 사용하는 혁신적 요리법이 나타나면, 상류층이 가장 먼저 이를 즐긴다. 그러다 어느 정도 세월이 흐르면 중산층과 서민에게도 조금씩 퍼져나간다. 상류층은 또 다른 혁신적 조리법으로 새로 등장하는 최상급 식재료를 즐기겠지만.

에도가 급속하게 대도시로 발전한 시기는 정확하게 요리가 발전한 시기와 일치한다. 자연스레 고급 요릿집인 료테이料亭;요정부터 충실한 식사를 기본으로 하는 테이쇼쿠야定食屋까지 부자나 서민들이 각자의 형편에 따라 즐길 수 있는 다양한 요릿집이 발전했다. 요정이라는 말에 색안경을 끼고 볼 필요는 없다. 일본에서 요정은 고급 요릿집을 의미한다. 한국에서 요정이 퇴폐적인 이미지로 굳어진 건 부패한 정치인과 권력자들이 밀담을 요정에서 나누었기 때문이다. 요정은 죄가 없다.

일본인들이 흔히 먹는 테이쇼쿠定食;정식는 밥과 국, 반찬으로 이루어진 상차림을 뜻한다. 이렇게 정식을 취급하는 가게를 테이쇼쿠야라고 불렀다. 일본인은 일품요리와 정식을 엄격하게 구분한다.

또 에도시대 거리 곳곳에는 서민들이 즐겨 이용했던 포장마차가 하나의 문화로 자리 잡았다. 이를 야타이屋台라고 부르는데, 지금도 여전히 일본인은 포장마차에 열광한다. 거리의 포장마차에서는 바쁘게 일하는 에도사람들을 위해 각종 패스트푸드가 발명되기도 했다. 지금은 일본을 대표하는 요리인 스시도 거리의 포장마차에서 시작한 간편 요리였다. 물론 스시는 금세 고급요리로 신분상승을 했다. 에도시대는 일본이 자랑하는 튀김기술, 아직 우리가 도무지 따라잡지 못하는 그 조리 기술이 찬란하게 꽃피우던 시절이기도 하다. 서양에서 전래된 기름으로 튀길 수 있는 모든 재료를 튀겨먹기 시작한 시절이었다.

19세기 도쿄 구루메 가이드북

식당이 넘쳐나던 시대였으니, 그 정보를 한곳에 모은 안내책자가 만들어지는 건 자연스러운 흐름이었다. 에도 최고의 번화가인 니혼바시와 그 뒷마당 같은 닌교초에 매일 같이 에도사람들과 전국에서 몰려든 사람들이 넘쳐났다. 이들을 대상으로 한 식당과 식품 관련 도매상에 대한 정보를 담은 가이드북이 여기저기서 출판되었다.

우에하라 상이 내게 보여준 에도시대 요리책은 작명이 정말 그 시대다웠다. 〈江戶流行料理通〉. 에도+유행+요리통. 이 제목을 현대적으로 재해석하면 어떤 느낌일까? 우선, '에도'를 '도쿄'로 고쳐보자. 유행은 한국인이 좋아하는 영어 표현인 '트렌드'로 고친다. 요리는 그대로 써

〈에도유행요리통〉과 본문 모습. 아래 본문은 1822년 간행된 〈에도유행요리통〉 1권의 한 장면으로, 야오젠 2층 다다미방에 모인 4명의 문화인들이 술과 음식을 즐기는 모습을 담았다. 당대 유명한 화가였던 쿠와가타 케이사이(鍬形蕙齋)의 그림이다.

도 좋고, '구루메' 또는 '미식'으로 써도 좋을 것 같다. 어떻게 될까. 〈도쿄 트렌드세터 미식 가이드〉 또는 〈트렌드세터를 위한 도쿄 구루메 가이드〉. 제법 그럴듯하다. '에도+유행+요리통'을 현대적으로 재해석하면 이런 느낌일 것이다. 독자 낚시 꽤나 해보신 출판사 사장님과 편집자가 만든 최신 레스토랑 가이드북 같다.

〈에도유행요리통〉은 1822년에 처음 1권이 나온 이래 1835년 마지막 4권이 간행되기까지 13년에 걸쳐 집필한 당대 요리 안내서의 걸작이다. 이 시기는 전문 요리인을 위한 조리서가 본격 출판되던 시기였

가쓰시카 호쿠사이의 대표작 〈가나가와 해변의 높은 파도 아래〉

다. 전문서적은 전문서적대로 호황이었고, 그것과 함께 대중을 상대로 한 요리점 안내서적과 요리 안내서도 활발하게 출간되었다.

〈에도유행요리통〉은 대중을 위한 요리와 요리점 안내서다. 이런 멋진 기획을 한 사람은 당대 에도 최고급 식당이었던 고급 요정 야오젠八百善의 4대 주인 쿠리야마 젠시로栗山善四郎다. 추측해보면 〈에도유행요리통〉은 자신의 식당을 알리고픈 마음에서 시작했을지도 모른다. 고급 요정이라고 모두 책을 만들어 내지는 않았으니, 약간의 허세 정도는 있었겠지. 허세를 부리려면 이왕이면 당대 최첨단의 유행을 모두 책에 넣어 새로운 외식문화를 만들고 싶은 마음이 아니었을까? 이 책에는 고급 요정의 요리법에서 조리기구의 사용법까지 상세히 기술되어 있다.

거기에 당대 유명 문인의 단편과 요리 감상평을 추가했다.

심지어 19세기 유럽 인상파에 강한 영향을 주었던 그 유명한 우키요에浮世繪● 화가 가쓰시카 호쿠사이葛飾北齋도 삽화를 그려 넣었다. 가쓰시카 호쿠사이는 에도시대 최고의 우키요에 화가 중 한 명으로, 그의 대표작인 〈가나가와 해변의 높은 파도 아래神奈川沖浪裏〉는 한국에서도 유명하다. 어쩌면 전 세계에서 가장 유명한 일본 그림이지 않을까. 일본을 한 번도 가보지 않았던 사람이라도 이 그림은 어디선가 보았을지도 모른다.

이런 건 멋지다. 에도시대 최고급 요정의 주인이니 손꼽히는 부자가 틀림없다. 이런 사람이 당대를 대표하는 지식인, 예술인들과 협업을 통해 대중을 상대로 최첨단 콘텐츠를 만들었다. 물론 자신의 식당을 어필하기 위한 광고 전략이지만, 결국 당대 최첨단 콘텐츠를 에도시대 보통 사람들의 부엌에까지 확산시킨 것이다. 이런 광고 전략이라면 꽤나 유쾌하지 않은가? 현대 한국의 재벌가의 왕자님, 공주님들은 결단코 따라하지 못할 유쾌한 전략이다. 지금도 어떤 나라의 어떤 부자들은 이렇게 풍류 넘치게 문화에 투자하는데 말이다. 역시 인간이란 기술이 발전해도 어느 시대나 생각하고 살아가는 모습은 비슷한 거구나. 슬며시 웃음이 나왔다. 이런 점에서 각 시대의 모습을 담은 박물관은 역사 덕후에게 테마파크만큼 재미있는 곳이다.

● 에도시대에 성립한 그림의 한 장르이다. 본래 우키요(浮世)란 말에 '현대풍' '당대' '호색' 등의 뜻이 있어 당대의 풍속을 그리는 풍속화를 말한다. 사람들의 일상생활과 풍물 등을 많이 그렸다. 붓으로 그린 그림을 비롯해 여러 방식의 그림을 포함하지만 현대에는 주로 다색의 목판화를 지칭하는 경우가 대부분이다.

덕후들에게 국적은 없다

"우에하라 상, 이 박물관은요. 저에게는 정말 테마파크 같은 곳이네요."

    이건 진심이었다. 실제 그 장소에서 실제 과거로부터 온 물건을 눈앞에 놓고 그 모습을 상상해보는 것. 역사 덕후에게는 마블 코믹스 영화를 보는 것보다 백만 배는 즐겁다.
    "좋아하신다니 저도 기쁩니다. 콘 상(일본인이 내 이름을 부르면 정말 이렇게 들린다)은 역사를 좋아하시니까, 니혼바시부터 이곳까지의 거리를 맘에 들어 하시겠어요."

    니혼바시는 에도의 시발점이자 당대의 중심지였다. 그때만 하더라도 내가 아는 건 그 정도였다. 한국에서 온 역사 덕후는 에도시대 역사 덕후에게 에도시대 고물품 정보를 물어봤다.

    "골동품이나 에도시대 진품을 사기 위해 가끔 간다진보쵸^{神田神保町}를 뒤집니다만, 신통치는 않네요. 혹시 추천해주실 장소가 있을까요?"

    간다진보쵸는 고서적과 중고서적 그리고 고물상으로 유명한 곳이다. 그런데 에도 덕후의 대답은 다른 곳을 가리켰다.

    "닌교초에도 그런 가게가 꽤 있어요. 괜찮으시면 제가 소개해드려도 좋습니다만…."

"닌교초요? 저는 처음 들어본 곳이군요."

이미 이야기했듯 닌교초는 에도시대 최대 번화가인 니혼바시에서 매우 가깝다. 당대 최대 번화가의 뒷골목 같은 느낌으로, 당연히 닌교초는 에도의 최대 유흥가로 발전했다. 우에하라 상은 닌교초에서 3대째 살고 있는 토박이였다. 마침 당시 내 숙소도 닌교초에서 전철로 딱 한 정거장 거리였다. 교통의 요지 도쿄역이나 긴자와도 매우 가까운 동네인데, 전철로 두세 정거장 떨어져 있다고 숙소 가격이 절반 넘게 떨어지는 고마운 동네, 가야바초茅場町에 우연히도 숙소를 마련했던 참이었다.

그 동네에 또 내가 막 재미를 들인 선술집이 있었다. 허름한 동네 주점을 뜻하는 선술집이 아니라, 정말로 서서 술을 마시는 선술집이다. 일본어로 '다치노미야立ち飲み屋'라고 부르는데 가게에는 말 그대로 의자가 없다. 테이블이 없으니 작은 공간에 많은 사람들이 들어갈 수 있고, 서서 먹고 마시니 회전율이 높다. 보통 가게의 절반에서 비싸봐야 70% 정도의 가격으로 먹고 마실 수 있는 것도 좋지만, 일본의 대중 음주문화를 체험하는 것으로는 이만한 게 또 없다. 그런 저런 이유로 막 재미를 붙여가던 다치노미야 체험에 마침 그 동네 사람을 앞세울 수 있다는 게 즐거웠다. 한국에서 사전 취재 온 프로듀서와 유서 깊은 에도시대 전공자는 만난 지 네 시간 만에 가야바초의 이름도 없는 선술집(진짜 이름이 없다)에서 건배를 외쳤다. 몇 순배가 돌고 내가 말을 건넸다.

"우리 이제 서로 경어는 그만 쓸까?"

아뿔싸! 서로 말을 편하게 하자는 제안은 좋았는데, 이걸 반말로 해 버리고 말았다. 역시 한국인의 성급함이란.

우에하라 상은 남자였다.
"그럴까? 까짓 거 그러자고!"

도원결의 기념으로 시원하게 다시 건배. 우에하라 상의 빈 잔을 다시 채웠다.

"마사토 군君이라고 불러도 괜찮아?"
"그럼, 그렇게 불러주니 기쁜데."

일본어에서 '군'은 쓰임새가 폭 넓다. 우리말로는 '자네'에 해당하는데, 손윗사람이 아랫사람을 부를 때 이름 뒤에 붙여 쓴다. 그런데 여자 후배에게는 잘 쓰지 않는다. 꼭 나이의 상하만을 엄격히 따질 때 쓰는 것도 아니다. 손아래 사람이 손윗사람에게 애칭으로 쓰는 경우도 허다 하다. 오히려 친한 형에게 또박또박 이름을 부르며 그 뒤에 '상'을 붙이 는 것은 정이 없어 보일 수도 있다.
'군'은 '기미'로도 읽는데, 이때는 완전 반말이다. 친하지 않은 경우 라면 단단히 빈정 상할 수 있는 표현이다. 이런 걸 생각하면 복잡하다.

그냥 이름 뒤에 '상'을 붙여 부르는 게 우리 같은 외국인에게는 속 편하다. 정말 친해지고 난 후, 뒷일은 두 사람이 알아서 하면 되고.

이렇게 우에하라 상은 만난 지 다섯 시간 만에 마사토 군이 되었다.

"나는 콘 상을 어떻게 부르면 좋아?"
"공 상이라고 성을 부르는 건 딱딱하잖아. 이름으로 불러줘."
마사토 군보다 내가 약간 손위 연배였다.
"그럼, 테히 상? 이걸로 좋아?"

일본인에게 '희'라는 이중모음의 정확한 발음을 기대하면 실례다. 한국인이 아리가또 고자이마스ありがとうございます의 '자ざ'를 정확히 발음하기 어려운 것과 같다. 자신 있게 인사를 건넨 것 같은데 일본인이 단박에 한국인임을 짐작했다면, 바로 '자' 발음이 지극히 외국인 같아서다. 그렇다고 실망하지 말자.

우리는 외국어를 배우면서 발음과 문법에 지나치게 신경 쓴다. 특히 영어가 그렇다. 발음이 이상할까봐. 문법이 틀리면 창피할까봐. 중요한 건 커뮤니케이션이다. 소통에 정확한 발음과 문법이 반드시 필요한 건 아니다. 중요한 건 소통을 하고 싶은 진정성이 아닐까? 내가 이 사람과 나누고 싶은 콘텐츠가 확실하다면, 떠듬떠듬해도 문법이 엉망이어도 얼마든지 근사한 소통을 할 수 있다. 내가 하고 싶은 이야기가 있고, 그 주제에 대해 내 생각이 확실하다면 외국어는 큰 장애가 되지 않는다.

오히려 하고 싶은 이야기가 명확하지 않기 때문에 대화가 어려워지는 것이다.

해장은 역시 튀김! 응?

마사토 군과 테히 상은 두 군데 가게를 더 돌고, 고구마소주와 보리소주와 나마겐슈生原酒와 레몬 추하이酎ハイ, 가쿠하이角ハイ•와 여러 가지 잡다한 안주를 먹었다.

"테히 상, 마지막으로 뭐 좀 먹을까?"
"또 먹어? 배부른데?"
"술을 마셨잖아. 밥을 먹은 건 아니니까."

설마 해장국이라도 먹자는 건가?

"아하, 해장을 하자는 거지?"
"한국에도 해장문화가 있어?"
"그럼, 그건 우리가 몇 수 위야."

● 나마겐슈는 여과를 거치지 않은 일본주의 원주(原酒)로, 알코올 도수가 높고 맛이 진하다. 추하이는 쇼추+하이보루의 줄임말로 일본 소주에 과즙과 탄산음료를 섞은 일본식 칵테일이다. 가쿠하이는 산토리의 각진 병 위스키에 탄산음료를 섞은 술을 말한다. 일본에서는 주로 술자리 마지막 주문으로 시킨다.

"꼭 가보고 싶다. 한국에."

"와봐야지. 우리 국립중앙박물관은 정말 엄청나다고. 그 주변 음식은 더 엄청나."

"한국의 국립박물관에는 어떤 게 있어?"

"뭐가 있긴! 2,000년 한국 역사가 있지."

이봐, 이봐, 그럼 일본의 국립박물관에는 뭐가 있겠어?

"한국도 역사가 오래되었으니까…. 그런데 주변 음식이 대단해?"

"말도 마! 거기서 노포 소리를 들으려면 50년은 넘어야 한다니까."

"오오! 기대되는데? 그렇다면 오늘은 우리 동네의 노포로 가자고. 내가 안내하겠어!"

노포 소리를 했던 게 화근이었다. 물론 국립중앙박물관 인근의 이촌동에는 노포가 많다. 한국전쟁 이후 문을 열어 지금까지 몇 대에 걸쳐 영업을 하는 노포들도 있다. 문제는 에도의 발상지인 닌교초와 니혼바시의 노포들은 80년은 넘어야 노포로 대접받는다는 것이었다. 80년 넘은 노포들이 발에 채일 정도로 많은 본고장 노포의 최대 밀집지역에서 어설픈 자랑을 한 셈이다.

나는 일단 골동품 덕후답게 노포 마니아다. 두바이 같은 신세계를 좋아하는 사람이 있듯, 오래된 거리를 걷는 것을 좋아하는 사람이 있는데 그게 바로 나다. 특히 오래된 건물과 골목길에는 사족을 못 쓴다. 모든 노포에는 세월이 켜켜이 쌓여 있다. 20년 넘은 식칼, 30년째 쓰는 도마, 50년 지난 장식 선반. 이런 걸 보면 사족을 못 쓴다.

가끔 처음 문을 열었던 노포를 처분하고, 새 건물에 번듯하게 이사한 뒤 "몇 십 년 역사를 자랑하는 어쩌고저쩌고"를 외치는 가게가 있는데. 아무래도 기분이 처진다. 노포가 노포로 존재하는 이유는 어디까지나 세월의 흔적이 공간에 묻어나는 그 자연스러움 때문이다. 무근본의 최신식 인테리어로 도배한 곳을 온전한 노포로 인정할 수 없는 이유다. 그러니 마사토 군에게서 노포 소리를 듣자마자 가슴이 설렐 수밖에.

"노포? 라멘집이야?"
"아니! 텐동天丼;튀김덮밥집이야."
"응? 라멘이 아니라 텐동이라고?"

응? 해장으로 튀김을 먹자고? 그게 해장이 되기는 해?

보통 도쿄 토박이의 해장 음식은 깔끔한 도쿄식 쇼유라멘醬油ラーメン이다. 쇼유라멘은 비교적 깔끔한 맛이 특징인데, 최근에는 규슈九州에서 출발해 일본 전국을 강타하고 있는 돈코츠라멘豚骨ラーメン에 밀려 인기가 떨어지고 있다. 돈코츠라멘은 돼지 뼈가 유화될 정도로 푹 고은 진한 육수 맛이 특징이다. 해장으로는 깔끔한 쇼유라멘이 최고지만, 굳이 쇼유라멘이 아니어도 술자리가 파한 후의 해장음식의 열에 아홉은 라멘이었다.

그런데 텐동을 먹자고? 술을 잔뜩 마셔 속이 부대끼고 있는데도? 알

닌교초의 골목식당 나카야마의 외관.

코올에 상처 입은 위벽을 국물로 코팅하는 게 아니고? (사실은 코팅 안 됩니다. 그냥 기분 탓이에요. 해장은커녕 다량의 지방과 탄수화물을 흡입해 위벽에 또 다른 자극을 줄 뿐입니다.)

아무리 노포라도 이건 너무하잖아! 노포에 가면 해장이 저절로 되냐고? 마사토 군? 이제 막 친해진 주제에 해장음식을 맘대로 고르다니, 적어도 손님인 내게 두 번은 물어봐야 하는 게 아니냐고? 마사토 군!

80년 노포의 맛, 나카무라 튀김집

마사토 군이 안내한 집이 닌교초의 노포 나카야마였다. 이 가게는 〈고독한 미식가〉 시즌 2의 두 번째 에피소드에 소개된 집이다. 방송에 나왔다지만 외관은 소박하기 그지없다. 가게 앞에는 에어컨 실외기가 있고, 그 위에 빗자루와 낡고 녹이 살짝 슨 함석 쓰레받기가 놓여 있다. 그냥 놓인 게 아니라, 바람에 날아갈까 조그만 돌로 살짝 눌려져 있다. 가게 주인의 소박한 성정이 그대로 묻어나는 장면이다. 이런 노포라면 믿을 수 있다.

입구에 붙어 있는 노렌のれん;포렴 중앙에 덴푸라라고 적혀 있다. 노렌은 그 가게의 얼굴이자 자부심이다. 노렌을 아무렇게나 보관하는 가게는 없다. 영업이 시작되면 제일 먼저 하는 일이 노렌을 현관에 내거는 것이다. 영업시간이 끝나면 제일 먼저 노렌을 걷어 가게 내에 소중히 보관한다. 가게와 함께 세월을 견뎌가는 상징이 노렌이다. 노렌을 천천히 읽어보면 그 가게의 성격을 어느 정도 짐작할 수 있다.

나카야마의 노렌은 별다른 장식도 색깔도 없다. 하얀, 하지만 세월의 흔적이 묻어나는 흰 바탕 가운데 '덴푸라'를 적어 놓고, 가게 이름 나카야마는 왼쪽 귀퉁이에 조그맣게 적어 놨다. 이것만 봐도 가게의 간판 메뉴 덴푸라에 대한 자부심이 오롯이 느껴진다.

이 가게의 창업은 1930년대라고 한다. 무려 80여년 된 노포. 우리 기준으로는 상상하기 어려운 노포다. 일본의 노포 기준은 대개 30년에서 시작한다. 적어도 한 세대를 지나야 노포로 인정할 수 있다는 이야기다. 우리 기준에도 30년이면 훌륭한 노포다. 일본에서는 60년이라고 하면 묻지도 따지지도 않고 맛집으로 숭배하는 분위기도 있다.

역시 마사토 군과 가게 주인 할아버지는 잘 아는 사이였다. 마사토 군의 이야기로는 자기도 아버지 손에 이끌려 어려서부터 자주 들렀다고 한다. 대를 이어 다닐 정도의 맛이라니. 이건 역시 닌교초 같은 오래된 동네가 아니면 힘들 일이겠지.

마사토 군은 오랜 단골이나 할 수 있을 것 같은 대사를 날렸다.

"늘 먹던 것, 두 개 주세요!"

오오! 이건 좀 멋지다. 나도 단골이 돼서 따라하고 싶을 정도. 다음엔 내가 일행을 데리고 와 멋지게 날리고 싶은 멘트. 그러려면 내가 단골이 되어야겠지. 뭐, 일단 먹어보고 나서 결정할 일.

눈썹이 희끗희끗해진 할아버지가 대답했다.

"쿠로동黑丼; 검은 덮밥 말이지?"

쿠로동? 검은 덮밥? 분명 튀김 고명이 올라가는 것 같은데, 검다고? 오징어 먹물이라도 쓰는 걸까? 그렇겠지! 오징어 먹물 파스타처럼 소스를 까맣게 만드는 걸까? 하기야 파에야에도 먹물을 쓰긴 하니까. 그런데 음식이 까매지는데? 까만 음식이 맛있을까? 뭔가 이상한데? 아니야, 잠깐, 우리 짜장면도 까맣잖아. 그런데 짱 맛있잖아. 그러고 보면 외국인에게 짜장면은 먹어보기 전까지는 무섭게 느껴질 수도 있겠는데?

역시 낯선 음식은 먹어보기 전까지는 진가를 모른다. 텐동은 텐동인데, 일단 튀김 고명이 푸짐하고 호쾌하다. 튀김덮밥에 빠져서는 안 될 새우는 대하 급으로 두 마리씩이나 있다. 편의점의 쩨쩨한 냉동새우 사이즈를 생각하면 곤란하다. 적어도 13cm의 대하 급이다. 새우튀김이 맛없을 리 없다. 이 정도 만으로도 충분히 행복할 텐데, 주연급 튀김 고명이 계속 이어진다.

다음 선수는 그날그날 조금씩 바뀐다는 흰살 생선튀김. 그 뒤로 야채 튀김이 수줍게 숨어 있다. 무려 가지 튀김인데, 튼실한 가지를 사선으로 넓고 얇게 잘랐다. 수분이 많은 야채는 튀김이 어렵다. 당연히 튀김옷도 얇게 입혀야 한다. 그러고 보니 지금까지 나온 튀김은 모두 튀김 시간이 제각각이다. 역시 나카야마의 마스터 할아버지는 튀김장인임에 틀림없다. 피날레도 확실하다. 무려 붕장어 튀김. 씹어보니 붕장어의 식감과 특유의 살맛이 확실히 느껴진다. 이 모든 튀김 고명이 수북이 쌓여 있다니. 질도 질이지만 양에 압도당했다.

가격은 1,000엔이 살짝 넘는데, 새우 두 마리에 붕장어 튀김이 있는

나카야마의 간판 메뉴 쿠로텐동.

걸 생각하면 오히려 이득을 본 느낌이다. 닌교초가 아니면 불가능한 가격이다. 마음을 진정하고 젓가락을 들어본다. 튀김이 모두 까맣다. 이유는 튀김 위에 뿌린 간장양념 때문이다. 간장이니까 짭짤한 텐데, 데리야키 소스처럼 개성 강한 단맛이 섞여 있다. 나름 밸런스가 잘 잡힌 단짠단짠의 세계.

기분 좋은 젓가락질이 밥을 향해 내려간다. 밥에도 양념이 잘 배어 있다. 오히려 밥과 같이 먹으니 간이 딱 좋은 상태다. 새우튀김을 한 입 먹은 후의 기름진 입 안을 간장양념이 밴 쌀밥으로 씻어낸다. 이거 맛이 괜찮다. 해장이고 뭐고 맛있으니까 밥이 술술 넘어간다.

같이 곁들여 나온 반찬은 심플하기 그지없다. 작은 바지락으로 국물을 낸 미소시루와 일본식 무절임 다쿠앙 그리고 채소절임이 전부다. 그런데 상성이 좋다. 튀김집의 미소시루답게 간이 세지 않고 은은하다. 다쿠앙도 채소절임도 약한 간에 식감이 정말 아삭하다. 튀김으로 기름진 입안을 개운하게 해줄 뿐만 아니라 흰쌀밥과의 궁합이 정말 좋다. 이 정도면 몇 그릇이라도 먹을 수 있을 것 같다.

튀김과 곁들임 반찬을 맛있게 먹다보니, 미처 깨닫지 못한 게 있다. 쿠로텐동이 정말 맛있게 느껴졌던 가장 근본적 이유는 밥맛이었다. 튀김이 까슬한 대신 밥알이 부드럽다. 그런데 부드러우면서 간장 양념이 잘 배어나올 정도로 탄성이 있다. 대체 어떻게 해야 이 정도로 밥을 지을 수 있을까? 튀김 고명이 올라가도 무너지지 않을 정도의 탄성에 까슬해진 입안을 부드럽게 감싸줄 정도의 식감이란.

무엇 하나 화려하지 않다. 정갈하긴 하지만 세련되었다고 말할 정도는 아니다. 음식도 식기도 인테리어도 모두 그렇다. 그런데 맛있다. 눈물을 펑펑 쏟을 만큼, 이걸 모르고 살아온 지난 세월이 한스러울 만큼 맛있는 건 아니다. 그런데 맛있다. 평범한데 비범하다. 나카야마가 미슐랭 스타를 받지는 못하겠지만, 적어도 이것만큼은 분명히 말할 수 있다. 나카야마는 동네 요리사가 또는 서민식당의 셰프가 도달할 수 있는 가장 먼 지점의 일상 요리다. 동네에 이런 가게가 있다는 건 정말 큰 축복이다.

사장님, 오늘 마사토 군이 단골 하나를 더 만들었어요.

그후 새 단골은 닌교초의 고물상이나 골동품 가게를 찾는 대신 나카야마만 찾아가게 되었다는 이야기.

방송 맛집을 믿지 마세요

〈고독한 미식가〉는 만화가 원작이다. 드라마는 2012년 가을부터 TV 도쿄에서 방영을 시작했다. 일본에서 드라마를 잘 만드는 걸로 자부심 넘치는 방송사는 후지테레비와 NTV로 불리는 니혼테레비 그리고 부동의 강호 TBS다. 원래 〈고독한 미식가〉는 후지테레비에서 방영될 수 있었는데, 갈등도 복선도 없이 '아저씨가 밥 먹는 이야기'가 전부여서 편성 계획이 취소되었다고 한다.

결국 〈고독한 미식가〉는 시청 점유율에서 TBS와 NTV에 한참 떨어지는 도쿄 지역방송사인 TV 도쿄에 낙점되었다. TV 도쿄는 이 드라마를 회당 300만엔(3,000만원)이라는 초절전 예산으로 만들었고, 거짓말처럼 시청률 대박을 쳤다. 일본에서 드라마 제작비가 편당 300만 엔이면 초저예산으로 분류된다. 하기야 이건 우리 기준으로도 저예산이다. 최근 국내 드라마 제작비는 A급 주연배우 1명의 회당 출연료가 3,000만원에서 7,000만원 선이다. 국내의 어지간한 예능 프로그램도 최저 제작비가 5,000만원 정도 된다. TV 도쿄에 박수를 보내며 부디 오래오래 만들어 달라는 덕담을 전하고 싶다. 그 김에 고로 상 출연료도 조금 올려줬으면 좋겠다.

우리나라에서는 바로 이듬해부터 수입해 방영을 시작했고, 일본만큼 단숨에 화제에 올랐다. 그 전부터 인기를 모으고 있던 〈심야식당〉과 함께 주춤했던 일드 붐을 하드캐리해 투톱의 반열에 올랐다.

어느 날, 마사토에게서 라인 메신저가 왔다. 일본 최대의 메신저 프로그램은 네이버 라인이다.

테히 상, 봤어? 〈고독한 미식가〉?
    봤어. 봤고 말고!
나카야마가 나왔어! 쿠로텐동!
    그러게! 쿠로텐동!
우와! 놀라버렸어!!!!ww
    나도 놀랐어! ㅠㅠ

테레비에 나오는 식당은 대단한 곳이라고 생각했는데 ww
　　^^ 나카야마는 대단한 곳 맞아!
응~ 하지만 조금 충격
　　우리 또 같이 가자!
그래야지. 그러자고, 그런데…
거기 행렬이 생겨버렸어.
그것도 아주 길게…
　　응? 그 정도는 아니었잖아?

물론 나카야마는 훌륭한 노포다. 가게의 역사도 깊고 맛도 평균 이상이다. 〈고독한 미식가〉에서 소개되는 가게의 평균치보다 높은 점수를 주기에 아깝지 않다. 보통 드라마에 소개되는 가게는 하나같이 허들이 높지 않다. 오히려 친서민적인 편이었다. 역 근처에서 도보 10분 정도에 위치한 가게만 소개했던 점을 보면 확실하다. 일본인에게 기차와 기차역은 일상 그 자체라 해도 과언이 아니다. 도쿄를 비롯해 일본의 크고 작은 도시는 모두 역을 중심으로 생활공간이 형성되어 있다. 자동차가 생활의 중심인 한국에 비해 기차역이 생활공간의 중심인 일본이 상대적으로 인간적으로 느껴지는 건 그래서다.

이 사실 하나만으로도 드라마 제작진이 제시하고 싶은 좋은 식당의 기준이 짐작되지 않을까? 기존 미디어에 등장한 자극적이고 화려한 식당보다 드라마의 주인공인 중년 아저씨의 허기를 편하게 채울 수 있는 동네식당. 역 근처에 있지만, 역과 직결된 아케이드 상가에 있는 가게가 아니다. 역을 나오자마자 만날 수 있는 비교적 찾기 쉬운 가게가 아니다. 걸어서 5분 이상은 가야 하는 동네 골목길의 평범한 동네식당. 굳이 기를 쓰고 찾아가야 할 필요 없이 배가 고플 때 알아서 척하고 나타나는 그런 곳.

문제는 드라마를 보고 행렬이 생겼다는 점이다. 원래 인기 있는 가게이긴 한데, 시도 때도 없이 행렬이 생길 정도는 아니었다. 이럴 때 생각나는 말. "일본인은 혀가 뇌에 붙어 있다." 일본인이 스스로를 비꼴 때 자주 쓰는 표현이다. 잡지나 텔레비전 방송 같은 미디어의 정보에 너무도 쉽게 좌지우지되는 일본인이 자조적으로 스스로를 비웃을 때 사용한다. 어떻게든 대중 미디어에 소개가 되면 너도나도 찾아가 행렬을 만들어버리는 습성을 비꼬는 말이다.

손님이 많아지면 가게는 반드시 좋은 것일까? 그렇지 않다. 감당할 수 있는 이상으로 손님이 몰려들면, 맛은 필연적으로 떨어지게 된다. 수십 년 같은 맛을 유지해 온 노포도 마찬가지다. 여러 시행착오를 거쳐 완성형의 레시피를 만들어냈는데, 그 레시피를 지키는 게 어려워진다.

요리는 지독히 논리적이고 과학적 프로세스에 의해 만들어진다. 제아무리 완성형 레시피라도 요리의 로직이 어느 단계에서라도 흔들리면 맛이 변한다. 여러 양념과 재료를 복합할 때, 계량 실패는 단순하지만 치명적이다. 조리의 프로세스가 변하는 건 돌이킬 수 없는 결과를 만들어낸다. 먼저 삶다가 절반 정도 익었을 때, 볶으면서 불맛을 입히면서 건져올려야 하는 조리과정이 있다고 치자. 손님이 몰려들어 바쁜 나머지 바로 삶기를 생략하고 바로 볶는다면 식감 자체가 변한다. 그렇다고 미리 삶고 볶기를 반복해 산더미처럼 만들어 놓았다면, 볶음 과정을 거치면서 손님상에 오를 그 짧은 시간 동안 잔열로 익어갈 속이 완전히 익게 된다. 요리에서 필망의 지름길인 오버쿡킹 over cooking이다. 메인의 식감이 변하면 애써 준비한 소스도 양념도 곁들임도 고명도 소용없다. 주연이 망했는데 조연이 영화를 살릴 순 없다.

사실 〈고독한 미식가〉에서 소개하는 식당의 대부분은 맛집이라기엔 조금 무리가 있다. 그저 동네 사람들의 허기를 오랜 세월동안 달래준 든든한 이웃식당, 이런 정도로 해석하는 편이 좋다. 아주 맛있는 가게가 소개된다기보다는 오랜 세월 인근 주민들에게 지지받고 있는 곳들이 소개되는 적이 많다. 기본적으로 단골이 전체 손님의 50% 이상을 차지하고 있는 곳들이다.

문제는 '일본인의 혀는 뇌에 붙어있기 때문에' 드라마에 소개되는 가게는 어김없이 대기 행렬이 생긴다는 점이다. 심지어 〈고독한 미식가〉 맛집 찾기 가이드북까지 출판되었다. 사람마다 가치가 다르니까 확실한 목적지를 정하고 떠나는 여행을 탓할 생각은 없다. 이 책은 한국에도 번역 출판되었다. 벌써 7년 넘게 시즌을 거듭하고 있는 만큼, 한국 팬들도 점점 대담해지는 듯하다. 이른바 〈고독한 미식가〉 순례코스에 동참하는, 성지를 찾아 오늘도 일본행 비행기에 몸을 싣는 열혈 팬들도 많은 것 같다. 그분들의 열정에는 고개가 숙여지지만, 제발 맛에는 큰 기대를 하지 않기 바란다.

행렬이 길어진다고 맛집은 아닙니다
—

행렬이 길어지면 길어질수록 오랜 단골이 발길을 돌리게 된다. 단골이 사라진다는 건, 오랜 시간 유지했던 그 가게 고유의 맛이 증발해 없어진다는 이야기나 마찬가지다. 실제 넘치는 행렬을 감당하지 못해 폐업한 가게가 몇 곳 있다. 시즌 1의 2화에 나온 생선조림 정식 전문의 와쇼쿠테이는 2018년 1월 폐업했다. 4화에 나온 시즈오카식 오뎅 전문의 Loco Dish는 2013년 2월에, 10화에 생강 구이 계란과 후라이 덮밥으로 출연했던 세키자와식당은 2014년 5월에 폐업했다. 그 외에도 몇 곳이 더 폐업했는데 방송과 폐업과의 연관 관계가 분명치 않은 곳도 있다.

드라마의 대대적 흥행과 그것의 부작용으로 폐업을 한 가게가 생겼다는 것은 제작진에게 충격이었다. 선의로 시작한 드라마 촬영이 동네 식당의 폐업을 가져온 셈이니까. 시즌 2 방영 이후 가게의 선정에 더 신중해졌고, 반드시 가게에 일시적으로 손님이 증가할 수도 있다는 점을 양해받는다고 한다.

자신이 좋아하는 드라마에 나온 장소를 찾아다니는 건 흥미진진하다. 여행에 주제가 확실하면 그만큼 기대감 충족이 쉬운 법이다. 하지만 동네식당을 찾아다니겠다면, 몇 가지 다짐이 필요할 것 같다. 오랜 단골인 동네 주민에게 위화감을 주지 않았으면 좋겠다. 모처럼의 여행이니 가게 구석구석과 음식을 몇 십 장이고 사진으로 남기고 싶겠지만, 지나친 호들갑은 역시 동네 주민에게는 위화감이 된다. 여행을 게임의 퀘스트나 미션, 아니면 자신의 블로그와 SNS에 모으는 디지털 트로피의 재료처럼 생각하지 않았으면 좋겠다. 또 반드시 맛있는 가게가 아닐 확률이 높은데 기를 쓰고 찾아가서 일부러 실망하지 않았으면 좋겠다. 드라마가 소개하는 공간이 꿈과 낭만을 이야기하고 있다고 해서, 환상적인 맛도 같이 보장하지 않을 수도 있다는 걸 알았으면 좋겠다. 〈고독한 미식가〉의 주인공 마츠시게 유타카가 직접 자신의 드라마를 평가했던 말을 곱씹어보면 도움이 되지 않을까? "그저 아저씨가 밥 먹는 이야기일 뿐입니다."

지나친 겸손으로 보이는 이 말이 〈고독한 미식가〉의 대히트의 비결이다. 일본이나 한국이나 하루에도 수십 차례 온갖 미디어에서 맛집이 소개된다. 막상 찾아가보면 실망스러운 곳이 대부분이다. 어쩌다 진짜 맛집도 소개되지만 극소수다.

맛집을 찾는 요령은 의외로 간단하다. 식당에 "무슨무슨 방송과 신문에 나온 집"의 홍보물이 붙어 있다면 일단 의심해도 좋다. 그것도 딱 하나의 매체에만 출연했을 뿐인데, 자료를 정성스레 식당 안팎으로 도배했다면 믿고 걸러도 좋다. 그 집이 맛집이라는 증거라기보다는, 신문이나 방송에 소개되었던 시기에 단지 그 식당의 섭외가 쉬웠을 뿐이라는 얘기일 수 있다. 지나치게 단정적이지만, 이 업계 사람이 하는 얘기니까 어느 정도 믿어도 좋다.

반대로 누구도 이의를 제기하기 어려운 진짜 맛집을 상상해보자. 노포를 상상하면 더 좋다. 진짜 맛집의 실내엔 미디어에 출연했던 홍보물이 거의 없을 확률이 높다. 이런 저런 섭외는 계속 들어오지만, 사장님이나 셰프가 정중히 거절한다. 뜻있는 사장과 요리사가 운영하는 가게라면 단기간에 반짝 손님이 늘어나는 걸 반기지 않는다.

좋은 가게는 매일매일 식재료 수급에 공을 들이는데, 일정한 품질을 유지하기 위해서 반입량을 적절히 조절한다. 재고율을 떨어뜨리는 것은 물론 그날그날 재료를 소진해, 쓸데없는 재고를 남기지 않는 것이 좋은 식당 운영의 기본이다. 하루 동안 평균 손님수를 계산해, 가게에서 수용할 수 있는 최대와 최적의 손님수를 산정한다. 최대 손님이 방문하는 날이라도 음식의 질을 떨어뜨리지 않도록 최소한의 조리시간 유지를 면밀히 관리한다.

반짝 손님이 늘어나면 식자재 반입량을 급격히 늘려야 하고, 조리 시간은 짧아진다. 당연히 음식의 질을 평소처럼 유지하기 어렵다. 그렇다고 재료량을 평소처럼 고집하면, 줄을 섰다가 헛걸음하고 돌아가는 손님이 많아진다. 반대로 손님이 줄면 재고는 늘어나고 다음날의 손님은 신선도가 떨어진 재고로 만든 음식을 먹어야 할지도 모른다. 좋은 가게는 이런 점까지 신경 써야 한다. 음식의 질은 물론 접객까지 섬세하게 배려하는 게 진짜 좋은 식당의 조건이다.

아무리 최고 수준의 요리사와 최상급 식자재를 소유한 음식점이라도 수용 가능한 손님의 수는 정해져 있다. 최고 수준의 요리사일수록 하루에 소화해낼 수 있는 요리의 양을 지키려 노력한다. 명점이라고 입소문이 나고 손님이 많이 찾게 될수록 요리와 서비스의 수준이 떨어지게 되는 악순환 구조에 빠지기 쉽다.

이렇게 생각하면 명점을 만드는 가장 중요한 조건은 소비자라고 할 수 있다. 과잉정보에 쉽사리 휩쓸리지 않는 소비자가 많아질수록 명점은 늘어날 것이다. 〈고독한 미식가〉는 의도하든 그렇지 않든 이 점을 파고들었다. 행렬이 늘어설 정도로 대단한 가게는 피했다. 배가 고프면 아무 때나 편하게 들어갈 수 있는 식당. 그러면서도 역에서 가까운 접근성. 대단한 메뉴는 아니지만 동네식당에서 기대할 수 있는 정도의 만족감. 아무 때나 편하게 먹을 수 있지만, 기본적인 만족감은 얻을 수 있는 동네식당을 찾았다.

이게 가능한 이유는 역시 일본 동네식당의 힘이다. 동네식당은 기본적으로 단골 위주의 영업을 할 수 밖에 없다. 한 동네에서 적어도 십 수 년 이상을 살아가는 일본이니까 단골이 제일 중요하다. 번화가의 식당이라면 영업방식이 다르다. 주로 뜨내기손님을 상대해야 하고, 그때그때 유행에도 뒤처지면 곤란한 것이 번화가의 영업방식이다. 골목식당은 단골 위주의 장사를 하는 만큼, 맛과 가격을 일정 수준으로 유지해야 오랜 시간 살아남을 수 있다.

닌교초의 또 다른 100년 노포, 고하루켄

〈고독한 미식가〉에 소개되어 마사토 군과 나를 깜짝 놀라게 했던 닌교초의 나카야마는 일본의 골목식당이 가져야 할 미덕을 모두 지녔다. 골목식당이 도달할 수 있는 가장 먼 지점까지 도달한 가게다.

그 누구도 이의를 제기하기 어려울 정도의 유서 깊은 노포. 3대를 이어 가게를 지키는 장인정신. 창업부터 지금까지 변함없는 대표 메뉴.

하지만 시대의 흐름에 맞게 개량은 게을리 하지 않았다. 동네식당이 구현할 수 있는 최고 수준의 요리를, 동네 주민이 선뜻 부담할 수 있는 가격으로 제공해오고 있다. 나카야마 같은 가게는 수수하지만 굉장한 골목식당이다.

나카야마가 닌교초가 아니라 롯뽕기 미드타운이나 오다이바 같은 신도심에 새롭게 문을 연 가게였다면 이런 조건을 기대하는 건 불가능했겠지. 신도심답게 유행의 최전선에 있어야 했겠지. 세련된 손님이 특별한 날에 찾는 식당에 수수한 메뉴와 인테리어는 상상도 할 수 없다.

나카야마가 있는 닌교초에서는 50년 정도는 노포 취급도 못 받는다. 나카야마처럼 80년 이상 된 노포들이 지극 평범한 동네식당처럼 태연하게 있는 곳이 바로 닌교초다. 심지어 100년 넘는 식당도 즐비하다.

100년 전인 1910년대의 도쿄는 양식당 창업 붐이 일던 시기였다. 일본이 국운을 걸고 치렀던 러일전쟁에서 승리하고 아시아 각 지역으로 제국주의 야망을 불태우던 시절이었다. 사회적으로도 모든 분야에서 자신감이 넘쳤다. 아시아 최초로 서양문물을 적극 도입해 여기까지 이뤄냈다는 자부심도 컸다. 덩달아 육식과 밀가루 위주의 서양음식에 대한 대중적 확산이 본격화된 시기였다. 거리 곳곳마다 양식당 창업이 붐을 이뤘다. 일본 역사상 처음으로 가장 많은 육류 소비가 이뤄진 때였다.

일본은 전통적으로 육식을 금지했었다. 생선은 많이 먹었지만, 닭이나 돼지는 기르지도 않았다. 육고기는 산과 들에서 사냥으로 잡은 정도만 소비할 수 있었다. 오죽하면 어쩌다 한번 먹는 별미였을 뿐인 멧돼지를 '산고래'●라고 부르며 먹을 정도였다.

1910년대에 육식은 유행의 최첨단을 달리는 요리였다. 의식이 깨인 요리사와 뜻있는 주인들은 서양에서 시작한 각종 고기 요리를 일본식으로 재해석해 독창적 메뉴 라인업을 구축했다. 양식당이라고는 하지만, 조금 캐주얼한 느낌으로 일본풍을 가미했던 스타일의 양식, 우리가 경양식輕洋食이라 부르는 장르가 탄생한 시기이다. 육식을 취급하는 가게들은 당연히 당대에 돈이 되는 상권에 문을 열었다. 닌교초는 그 시대까지는 도쿄의 최대 도심 중 하나였다.

나카야마는 일식 튀김양식인 덴푸라를 취급한다. 이런 나카야마보다 더 긴 역사를 자랑하는 양식당이 닌교초에 있다. 무려 1912년에 문을 열었다. 100여 년 전에는 당대 최고의 힙 플레이스인 양식당 고하루켄小春軒이다. 나카야마가 닌교초의 조금 엉뚱한 골목길에 숨어 있다면, 이 가게는 큰 길에 있다. 당대에 나름 핫플레이스였음을 위치에서도 짐작할 수 있다. 고하루켄 역시 나카야마처럼 지금도 동네 사람들에게 아낌없이 사랑받는 식당이다.

고하루켄의 대표 메뉴 역시 서양요리가 일본식으로 변형을 거친 것들이다. 처음 문을 열 때는 최첨단으로 여겨졌을 것들이지만 이제는 일본을 대표하는 가정식 메뉴가 되었다. 오므레츠オムレツ;오믈렛, 가츠동かつ

● 육고기를 금지했던 풍습 탓에 사냥해서 잡은 멧돼지를 산에서 고래를 잡았다는 의미로 '산고래'라고 불렀다. 소나 돼지 같은 육고기보다 고래 고기를 먹는 비율이 비교할 수 없이 높았던 시절의 이야기다. 일본인의 고래 식용은 역사적으로도 오래되었다. 식용 고래 포획을 금지한 국제조약에 따라 과거처럼 대규모 고기 소비는 불가능해졌다. 하지만 학술연구 등 조사 포경 명목으로 매년 일정 양을 포획해 여전히 다양한 형태로 고래 고기를 소비하고 있다.

메이지 45년(1912년) 창업한 서양요리(西洋御料理) 식당 고하루켄의 외관. 메이지 시대 대표적인 정치가인 야마가타 아리토모(山県有朋)의 전속 요리사였던 코지마 타네사부로(小島種三郎)와 그 일가의 수석 하녀였던 하루(春) 상이 결혼해 문을 연 가게로, 각자의 이름 한 글자씩을 따서 이름을 지었다.

丼;돈까스 덮밥, 멘치까스メンチカツ;민스 커틀릿, 에비후라이エビフライ;새우튀김 등등이다.

지금 시각으로 보면 하나같이 수수하고 평범한 일본 가정식처럼 보이지만, 고하루켄이 문을 연 건 1912년이다. 그때 이런 음식은 도쿄에서 누릴 수 있는 최고의 사치이자 첨단 유행이었다. 그로부터 100년이 넘게 지난 현재 일본 양식당은 프로방스, 시칠리아, 케이준처럼 점점 세분화되고 있다. 그럼에도 고하루켄은 현재까지 3대와 4대가 나란히 100여 년 전의 맛을 지키고 있다. 이 사실을 주방 앞에 자랑스럽게 편액해서 벽에 걸어 놓았는데, 1대부터 4대 주인까지 이름을 적어 놓은 빛바랜 종이를 보면 왠지 가슴이 뭉클해진다.

고하루켄의 대표 메뉴는 특제 모둠 튀김토쿠세이 모리아와세;特製盛合せ인데 양이 어마어마하다. 대하 급 새우가 두 마리에, 민스 커틀릿, 크로켓, 흰 살 생선튀김에 오징어구이에 꼬치구이까지 얹어준다. 가격은 1,400엔. 도쿄 물가를 생각하면 믿을 수 없이 저렴한 가격이다.

여기에 새우가 한 마리만 들어가고 몇 가지를 뺀 메뉴가 새우튀김 모둠에비후라이 모리아와세;エビフライ盛り合わせ인데, 가격은 1,100엔이다. 두 가지 대표 메뉴는 어느 쪽이라도 술안주로 좋다. 두 명이 나눠 먹어도 아주 넉넉한 양이다. 실제 특제 메뉴를 안주 삼아 술잔을 부딪치는 손님이 꽤 있다.

노포라고 아쉬운 점이 없는 건 아니다. 오래전 스타일을 고집스럽게 유지한 탓에 최근의 튀김 전문점의 미치도록 바삭한 식감과 촉촉한 속살의 맛의 레벨에는 미치지 못한다. 맛이 없다고 말할 수는 없지만, 끊임없이 진화하는 현대인의 입맛을 사로잡기에는 조금 부족한 게 사실이다. 쇼와시대의 향수를 자극하는 맛이라고 할까. 손님은 대개 아버지의 손을 잡고 따라왔던 꼬마들이 다시 어른이 되어 아이들을 데리고 오는 오랜 단골들이 많다. 이자카야가 아닌 식당임에도, 동네의 술꾼들이 자주 모이는 장소다. 그도 그럴 것이 저 정도 가격으로 저렇게 푸짐한 안주를 즐길 곳이 또 어디 흔치는 않으니까.

도쿄의 물가는 살벌하다 못해 살인적이다. 하지만 도쿄도 사람들이, 평범한 서민들이 훨씬 더 많이 사는 곳이다. 닌교초는 부동산 지가가 도쿄 내 최고 수준인 도쿄역과 긴자가 바로 코앞인 곳이다. 전철로도 모두 몇 정거장 거리다. 그런 긴자에서 출발해 닌교초까지 오면 그 살인적인 물가가 거짓말처럼 떨어진다. 이게 닌교초만의 특징은 아니다. 제 아무리 살벌한 물가로 악명 높은 도쿄지만 중심지에서, 부도심에서, 유명 관광지에서 조금 떨어진 동네로 이동하면 된다. 말 그대로 도쿄 어디서라도 가능하다. 생각해보면 놀랄 일도 아니다. 서울의 유명 관광지인 명동과 청담동의 물가는 살벌하지만, 명동 너머의 청파동과 청담동 너머 영동대교 맞은편의 물가를 비교해보면 고개가 끄덕여지는 일이다. 오래된 세계, 도쿄의 오래된 골목에서 만나는 동네식당은 반갑기 그지없다.

도쿄에는 하루가 멀다 하고 마천루가 들어선다. 뉴욕과 시카고에 뒤지지 않는 스카이라인이다. 그런데도 도시의 마천루 사이사이에는 여전히 옛 길이 숨어 있다. 옛 길과 함께 느긋하게 나이 들어가는 오래된 식당을 찾는 건, 도쿄 같은 오래된 세계에서 만날 수 있는 큰 즐거움이다. 도쿄의 즐거움은 이런 식당과 골목에 있다. 닌교초를 떠나 다음 골목으로 가보자. 닌교초의 앞마당, 니혼바시다.

일본 도로의 원점

일본의 도시재생 모범사례는 손에 꼽기 어려울 정도로 많다. 우리는 재개발이라 하면, 구도심을 허물고 고층의 복합건물을 짓는 것만 생각하기 쉽다. 이런 개발의 가장 큰 문제는 개발의 수혜가 원 거주민에게 돌아가지 않고, 오히려 높아진 부동산 가격이 원 거주민을 쫓아내는 부작용이다. 그래서 구도심 개발을 반대하는 사람이 반드시 생길 수밖에 없다. 도시재생에는 이래저래 복잡한 문제를 원만히 해결해야 하는 어려움이 따른다.

니혼바시는 도쿄의 원도심 도시재생의 모범사례로 자주 등장한다. 과거 근대화 시절의 유산은 보존하면서, 필요한 부분의 개발도 과감하게 동시에 진행했기 때문이다. 말하기는 쉽지만 많은 사람들의 동의와 이해가 필요한 지난한 일이다.

일본은 다행히 이런 대규모 부동산 개발에 필요한 지역민 동의 절차에 참고할 좋은 사례가 많다. 특별한 전략은 아니다. 오랜 시간 진심 전력으로 개발 이익이 지역민에게도 충분히 돌아간다는 확신을 심어주는 것뿐이다. 도쿄 최대의 개발사업인 롯뽕기 힐즈와 롯뽕기 미드타운 건설은 지역민 설득에만 수십 년이 걸리기도 했다. 이런저런 도심 재생사업의 노하우를 통해 또 한 번 멋지게 변신에 성공한 지역이 니혼바시다.

도쿄는 일본을 대표하는 도시이자 일본의 상징이다. 이 글로벌 메가시티가 일본의 공식 수도로 자리 잡은 것은 160여년 정도로 생각보다 짧다. 오랜 역사를 지닌 동아시아 국가들에서 수도의 역사가 채 200년도 되지 않는다는 건 이례적인 일이다. 서울이 수도 역할을 한 지 700여 년이 되어 가고, 북경도 명나라 때부터만 계산해도 650여 년에 이른다. 다만 도쿄는 그 전부터 정치와 행정의 수도 역할을 해왔다.

한적한 어촌에 지나지 않았던 에도는 도쿠가와 막부가 자리를 잡은 후, 가장 중요한 도시로 급부상했다. 실제 권력은 막부의 수장인 쇼군에게 있었고, 도쿄는 쇼군이 머무르는 곳이었다. 권력의 정당성이자 상징성은 천황에게 있고, 천황은 공식 수도인 교토^{京都}에 머물렀다. 교토는 현재의 이름이고 당대에는 수도라는 뜻의 '쿄^京'라고 불렸다. 도쿄는 동쪽의 수도^{東京}라는 뜻으로 후대에 지어진 이름이다. 그때까지 도쿄는 에도라는 옛 지명으로 불리고 있었다.

당연히 당대 일본에서 가장 중요한 도로는 쇼군이 살고 있는 '에도'와 천황이 살고 있는 '쿄'를 잇는 길이었다. 에도에서 쿄로 이어지는 길은 '도카이도^{東海道} 가도'라고 불렀다. 일본인의 감각으로 '동쪽의 바다를 따라 이어지는 길'이라는 뜻이었다. 도카이도 가도의 에도 시작점이 바로 니혼바시였다. 현재 도쿄와 일본의 전국 각지 도시 사이의 거리를 측정하기 위한 도로의 기준점인 '일본국 도로원표'가 있는 곳이 또 니혼바시다.

도카이도 가도는 근대 이전까지 일본에서 가장 중요한 도로였다. 정치적 군사적 목적은 물론 경제 상업적으로도 일본 제일의 도로였다. 그 가도의 에도 쪽 시발점인 니혼바시는 사람과 물자가 빈번하게 이동하는 곳이었다. 당연히 니혼바시 인근은 에도 최대의 상업 중심지로 발전하였다.

우타가와 히로시게의 '니혼바시의 아침풍경'

에도시대의 활기, 니혼바시의 아침풍경

당대의 니혼바시를 묘사한 예술작품 중 걸작이 있다. 에도시대의 명 풍속화가 우타가와 히로시게歌川広重는 필생의 역작 〈도카이도 53경東海道五拾三次〉을 그렸다. 그중 전체 시리즈의 커버스토리에 해당하는 작품이 니혼바시의 아침풍경을 그린 작품(日本橋 朝之景)이다.

동틀 녘, 어디론가 향하는 지체 높으신 나으리의 행렬을 묘사했다. 다이묘 나으리가 틀림없이 교토로 향하기 위해 새벽에 니혼바시를 건너고 있는 모습이다. 발걸음을 서두는 다이묘의 행차 모습이 잘 묘사되어 있는 걸작이다. 그런데 어쩐지 주인공인 다이묘는 보이지 않고, 시장 상인들과 강아지의 뒷모습만 눈에 훤히 들어온다.

이 작품이 걸작인 것은 다이묘 행렬의 늠름한 모습을 정교하게 묘사하는 대신, 니혼바시를 중심으로 살아가던 에도시대 서민들의 활기찬 일상을 잘 표현한 데에 있다. 어시장에서 방금 매입한 물고기를 바구니에 담아 판매를 시작하는 상인들이 지체 높으신 나으리의 행차를 보고 황급히 자리를 비켜주고 있다. 바로 얼마 전까지 일본의 최대 종합 어시장은 긴자의 배후지에 위치해 있던 쓰키지築地 어시장이었다. 1923년의 관동대지진으로 원래 니혼바시 인근에 위치해 있던 시장들이 궤멸되고 난 뒤 쓰키지 공터에 모여든 것이 시작이었다. 관동대지진 이전까지는 니혼바시에 가장 큰 시장이 있었다. 에도시대에도, 그리고 에도가 도쿄로 개명한 이후로도 한동안 번성했었다.

나으리의 행차를 무엄하게도 신경 쓰지 않고 있는 건 강아지도 마찬가지다. 다이묘의 행차를 그림의 중심에 놓았지만, 정작 주인공은 상인과 강아지다. 그리고 진짜 주인공은 해 뜰 녘의 니혼바시 그 자체다. 니혼바시는 후일 목재다리에서 석재로 업그레이드되었지만, 이 풍경은 현재의 니혼바시와 크게 다르지 않다.

니혼바시 이름의 유래는 '다리 위 동쪽에서 해가 떠오른다'고 해서 니혼日本바시橋라고 지었다고 한다. 에도시대에는 맑은 날이면 다리 위에서 후지산도 보였다고 하는데, 상상해보면 꽤나 장관이었을 것이다.

한국전쟁으로 폐허가 된 국토와 급격한 개발로 200년 전의 모습은커녕, 20~30년 전의 모습도 기억하기 어려운 게 한국이다. 첨단도시 서울을 상징하는 강남은 70년대 이전에는 논과 밭과 약간의 산으로 이루어진 들판이었다. 도쿄도 비슷하다. 에도가 도쿄로 바뀐 이후, 관동

대지진, 태평양전쟁 시기의 대규모 공습, 아시아 최초로 올림픽을 개최한답시고 오랜 서민의 건물들을 마구잡이로 헐고 번듯한 새 건물을 지었던 일 등(이 일은 88년 서울 올림픽 때 우리도 똑같이 따라했다). 에도시대의 모습을 고스란히 간직한 도쿄를 찾기는 정말 어렵다.

현재 도쿄에서 가장 핫한 곳은 모두 메이지 유신 이후와 전후 60년대를 거치며 급속한 경제부흥과 함께 새롭게 탄생한 동네들이다. 우타가와의 우키요에에 낭만 만점으로 그려진 니혼바시는 현재 고가도로에 가려졌다. 지금은 어느 각도에서도 니혼바시의 아름다운 전모가 보이지 않는다. 대도시의 변화와 발전은 숙명이다. 아시아처럼 급격한 근대화와 현대화를 동시에 겪었던 곳이라면 더더욱 그렇다.

니혼바시는 도쿄의 가장 중요한 강인 스미다강으로 합쳐지는 지류인 니혼바시강日本橋川에 세워졌다. 에도시대 전국으로 뻗어나가는 가도의 에도 기점이었던 만큼, 에도는 니혼바시를 중심으로 발전했다. 니혼바시 거리가 에도의 중심지였다. 현대의 초매머드 부도심인 신주쿠는

니혼바시의 현재. 바로 위를 지나가는 수도고속도로 도심환상선(首都高速都心環状線)에 본래의 위용과 아름다움을 빼앗긴 모습이다. 국토교통성은 수도고속도로를 지하화 하는 방안을 검토하고 있다.

역참이 있던 교통 전진기지에 불과했었다. 이때는 시부야渋谷도 오모테산도表参道도 사람이 많이 살지 않던 평범한 서민 동네였다. 도쿄만의 대규모 간척사업으로 탄생한 오다이바는 말할 것도 없다.

긴자는 현대 도쿄를 대표하는 상징이자 도쿄의 심장 같은 곳이다. 역사적으로도 경제적으로도 문화적으로도 어느 다른 지역에 모자람이 없는 곳이다. 이런 긴자도 에도시대에는 니혼바시에서 걸어갈 수 있는 거리에 있는 변두리에 지나지 않았다. 에도를 대표하는 고급 요릿집은 당대 최고 상권이었던 니혼바시를 중심으로 들어섰다. 고급 요릿집보다 격이 낮은 가게는 니혼바시의 이면도로, 이를테면 긴자로 향하는 길 정도에 둥지를 트는 게 당연했다. 오히려 이 때문에 니혼바시 주변에 문을 열었던 많은 가게들 중 일부가 현재까지 살아남아 어엿한 노포가 될 수 있었다. 몇몇 가게는 에도시대에 탄생한 요리인 스시를 여전히 이어가고 있다. 그것도 도쿄 고유의 스타일 에도마에江戸前식 스시를 현대에도 계승하고 있다.

긴자의 스시 전쟁
-

글로벌 메가시티 도쿄에는 지역마다 특정 음식의 격전지가 존재한다. 단순히 한 종류의 음식점이 밀집되어 있는 음식특화골목이 아니라, 정말로 손님을 놓고 일대 승부를 벌이는 가게들의 서바이벌 라이브 오디션을 보는 느낌이다. 90년대 라멘의 최대 격전지는 단연 이케부쿠로池袋였다. 이케부쿠로는 신주쿠 못지않은 유동인구를 자랑하는 부도심이다. 그에 비해 임대료는 신주쿠보다 저렴했다. 저렴한 임대료와 대규모 유동인구는 신진 라멘 장인들이 선뜻 도전할 수 있을 정도로 매력적이었다. 자연히 이케부쿠로는 이른바 뉴웨이브 라멘 가게들이 하루가 멀다 하고 입점해 기존 가게와 치열한 경합을 벌이던 라멘 최대 격전지가 되었다.

라멘이 20세기 중반 이후 모던한 일본 대중요리를 상징한다면, 스시는 에도시대부터 이어진 고급요리의 상징이다. 그리고 스시 최대의 격전지는 단연코 긴자다. 역사적 배경은 물론 위치가 좋다 유서 깊은 니혼바시 어시장이 대화재로 소실되고, 어시장 상인들은 쓰키지 지역으로 터를 옮겼다. 긴자는 니혼바시와 쓰키지와 경계를 맞대고 있는 이웃 지역이다. 일본은 물론 전 세계 각지에서 잡은 진귀한 생선이 긴자 근처의 쓰키지 시장으로 모인다. 그 중 최상품은 가장 먼저 긴자 스시집의 사장님들과 매의 눈을 가진 스시 장인들에게 팔려 나간다.

스시에 도전하겠다면 한번쯤은 호기롭게 일본 최고 레벨의 긴자 스시에 도전하는 것도 좋다. 제대로 만든 스시는 정말 비싸다. 일본 요리의 정수니까 당연하다. 물론 회전초밥 가게의 100엔 스시도 얼마든지 맛있다. 다만 일본인이 상상하는 스시의 이미지는 회전 레일 위를 뱅글뱅글 따라 돌며 언제 만들었는지도 모른 채 접시 위에서 말라 가고 있는 모습이 아니라는 이야기를 하는 것뿐이다.

카운터석에 앉아 먹고 싶은 스시를 카운터 너머의 장인에게 주문한다. 스시 장인이 진지하게 만들어 도마 위에 올려주는 모습, 이런 풍경이 일본인이 그리는 전통의 스시집 풍경이다.

긴자는 살벌하다 못해 살인적인 물가로 악명 높다. 이런 긴자에서 스시 같은 고급요리를 먹겠다면 마음을 단단히 먹어야 한다. 더구나 배불리 먹기 전에는 절대 가게 문을 나서지 않겠다는 결심을 했다면, 정말 단단히 긴장해야 한다. 긴자의 스시 집은 대기업의 중역이나 번듯한 중소기업의 사장님, 적어도 고소득 전문직 정도는 돼줘야 편안하게 드나들 수 있는 곳이다.

일본 전통의 스시를 있는 그대로 체험하고 싶지만, 긴자의 물가는 부담스럽다. 그런데 정말 스시 장인이 운영하는 노포는 모두 긴자에만 있는 걸까? 그렇지 않다. 에도의 발상지인 니혼바시에 제대로 된 스시 노포가 없을 리 없다. 앞에서 이미 말했다. 니혼바시에 에도시대에 탄생한 요리인 스시를 여전히 이어가고 있는 집들이 있다고. 그것도 도쿄 고유의 스타일 에도마에식 스시를 현대에도 계승하고 있다고.

니혼바시의 130년 스시 노포
-

니혼바시는 에도시대 최고의 상권이었지만, 20세기 후반에 들어서는 한동안 퇴락한 곳이었다. 다른 지역에서와 같은 대규모 재개발에 실패했다. 니혼바시 거리 곳곳에 문화재가 있는 바람에 선뜻 투자에 나서는 개발사를 찾기 어려웠던 게 이유다. 그렇게 부침을 거듭하다 각고의 노력 끝에 부도심 재생사업에 성공하였다. 문화유산은 그것대로 보전하며, 필요하다면 일부를 희생해 대규모 복합빌딩을 척척 만들어냈다. 일본 유수의 고급 백화점인 다카시마야 같은 브랜드가 스토어 방식으로 입점하는 등 상권이 금세 살아났다. 바로 이곳에 니혼바시의 유서 깊은 스시 노포가 있다.

에도마에 노포 초밥집, 요시노스시 본점吉野鮨本店. 고급 백화점인 다카시마야의 니혼바시 스토어의 뒷골목에 있다. 뒷골목이라 했지만, 니혼바시에 긴자로 이어지는 길답게 꽤나 세련된 뒷골목이다. 정말 알기 쉬운 위치다. 다카시마야 정문에서 왼쪽으로 나와 골목길에 들어서자마자 큰 간판이 눈에 떡하니 띈다. 이름이 요시노스시 본점이니 지점이 있을 것 같지만 다른 지점은 없다.

요시노스시 본점의 개업은 무려 19세기 후반으로 거슬러 올라간다 1879년 포장마차에서 처음 시작했다고 한다. 지금은 스시가 일본을 대표하는 고급요리로 인식되지만, 에도시대 스시의 태동기에는 당대의 푸드 트럭에서 파는 스트리트 패스트푸드 같은 느낌이었다. 일에 바빠 정신없던 에도시대의 씩씩한 사람들이 바쁜 발걸음을 잠시 멈추고 허기를 채웠던 그런 포장마차가 지금 요시노스시의 원점이었다.

당대 최대의 어시장인 니혼바시 어시장이 바로 근처였으니, 요시노吉野 상의 스시 포장마차는 번창을 거듭했겠지. 지금은 무려 5대째의 요시노 마사토시吉野正敏 상이 가업을 이어가고 있다.

음식점이 100년을 넘게 같은 장소에서 몇 대를 이어가며 성업 중이라는 건 거의 기적에 가까운 일이다. 장사가 잘 되고 전국적 명성을 얻으면, 프랜차이즈 같은 사업 확장 욕심이 날 만도 하다. 그렇게 준 재벌의 반열에 오르게 되면, 태어나면서부터 왕자와 공주로 자라난 버릇없는 후대가 나오게 된다. 왕자님과 공주님들은 어느새 선대의 초심과 가풍을 망각한 채 몰락행 고속도로를 질주하기도 한다. 태어나면서부터 금수저였으니 절심함이 없다. 선대처럼 몸을 고단하게 놀려 일하고 싶지는 않다. 그렇다고 선대와 비교당하는 것도 싫다. 결국 선대가 쳐다보지 않았던 곳으로 눈을 돌리고 사업을 확장한다. 재벌 2세나 3세가 쉽게 빠지는 함정이다. 요시노스시는 140여년에 가까운 노포지만, 이 함정에 빠지지 않았다. 선대의 가르침 때문이다.

一生懸命、お客様に喜ばれるような 嘘を着かない正直な商売を心がけなさい

정성을 다해 고객이 즐거워하도록 거짓을 벗어버리고, 솔직한 장사를 마음에 새길 것

소박하기 짝이 없는 가르침이다. 무엇 하나 특별할 것 없이 짧은 정론이다. 이 정도의 노포라면, 이런 서민적 가르침 대신에 "우리 가게는 창업 OO년이 지난 노포로, 에도를 대표하는 스시집이고, 어쩌고저쩌고, 참치는 반드시 (일본)국내산 오오마 참치만을 고집하며 어쩌고저쩌고…"를 남발해도 이상할 게 없다. 사실 긴자의 유명한 초밥집이라면 어쩐지 사람을 주눅 들게 하는 이딴 문구를 잔뜩 써 놓기도 하니까.

긴자의 초밥집이라면 이 정도 허세는 용납된다. 진짜 불만은 허세가 아니라 가격이다. '대체 가격이 어느 정도일까…' 가뜩이나 가격이 궁금한데 가게 어느 곳에도 가격 정보가 없다. 고급 초밥집에서 가격을

묻는 것 자체가 풍류가 없어 보인다고 믿는 사람들이 제법 있다. 게다가 긴자 고급 초밥집의 장인들은 하나같이 무서운 얼굴이다. 가격이 얼마냐 물었다가는 제대로 촌뜨기 취급을 받을 것만 같다.

긴자의 초밥집은 어렵다. 스시를 즐기는 방식은 전통이자 정통의 주문순서가 있다고 한다. 맛이 슴슴한 흰살 생선부터 기름진 생선으로 옮겨가는 주문법이 정통 방식이라고 한다. 사람은 저마다 입맛이 있지 않은가⋯ 그런 건 조금 싫은데, 처음부터 장어나 참치 대뱃살처럼 기름진 초밥을 먹고 싶은데⋯ 주문이 촌스럽다고 초밥장인이 눈치라도 주는 것은 아닐까⋯ 이래저래 긴자의 초밥집은 신경 쓰인다.

문턱은 낮아도 고객 감동은 최고

요시노스시를 처음 들어갔던 날의 기억은 아직도 장기기억 저장 공간에 고이 모셔져 있다. 지인에게 스시 노포답지 않게 꽤나 캐주얼한 곳이라는 이야기는 몇 번이나 확인했다. 막상 도착하고 보니 외관은 영락없는 긴자의 스시집이었다. 긴자의 스시집처럼 밖에서 알 수 있는 정보라고는 노렌에 적힌 가게 이름이 전부였다. 유일하게 안심되는 건 노렌이 위압적이지 않았다는 정도.

머리 위로 살짝 치이는 노렌을 조심스레 걷었다. 떨리는 손에 살짝 힘을 주고 미닫이문을 살며시 열었다. 조심해서 열었는데도, 문 여는 소리가 제법 컸다. 어김없이 들려오는 인사소리. "이랏샤이마세!" 씩씩하기는 한데 위압적이지는 않았다. 기세등등하긴 한데 딱 기분 좋을 정도. 예약했다는 사실과 이름을 말하고 나서, 카운터석으로 안내를 받았다. 그제야 실내 모습이 겨우 눈에 들어왔다.

긴자의 가게들은 인테리어가 호화롭기 그지없다. 세련되고 멋있지만 지나친 정리정돈이 오히려 위압적이라고나 할까. 손님도 가게 분위기에 맞춰 절도 있게 주문을 하고 풍류 넘치게 스시를 먹어야 할 것만 같다고나 할까. 요시노스시는 달랐다. 서민적인 분위기인데, 동네식당처럼 지나치게 마음을 놓을 정도는 아니었다. 서민적인 분위기는 분명 맞는데, 안도감이 묻어나는 정갈함이 물씬 느껴졌다.

마음을 쓸어내리고서 가게의 디테일을 눈에 담는다. 먼저 눈에 들어오는 건 카운터석의 두터운 원목 테이블이었다. 적어도 몇 십 년은 족히 지나겠구나 하는 박력감이 넘쳤다. 세월의 흔적과 기품이 잘 느껴지는데, 은은하게 배어나오는 수수한 매력에 시선을 쉽게 돌릴 수 없었다. 아마 이런 게 노포 특유의 세월이 만들어내는 섬세함이겠지. 손님들이 식당에서 감동을 느낀다면 틀림없이 맛있는 요리만으로는 부족할 테지. 맛있는 음식을 만들고 접대하는 과정 전체를 관통하는 가게의 철학에도 감동을 받을 테지.

요시노스시는 친절하게도 홈페이지를 운영하고 있다. 지나치게 긍지 높은 고급 요릿집이나 유서 깊은 노포에게선 바라기 힘든 친절함인데, 홈페이지에 들어가면 제일 눈에 잘 보이는 곳에 띄워 놓은 문구가 또 완전 감동이다.

요시노스시의 홈페이지 첫 화면. 정성껏 스시를 만들고 있는 모습 아래 '요시노스시 본점이 자랑하는 일품'으로 토로 스시(トロ握り)를 등장시키고 있다. 요시노스시는 참치의 지방이 많은 부분인 토로를 스시로 처음 만들어낸 곳이다.

お寿司屋さんは敷居が高いという声をよく聞きます。

緊張して注文の仕方がわからないといった声もあります。

そのような方でも是非一度お越し下さい。

注文方法等でご不明な点がございましたら、なんでもお答え致します。

多くの方々に吉野鮨本店のお寿司を食べて頂きたい。楽しんで頂きたい。

それが私どもの願いです。

초밥집은 문턱이 높다는 소리를 자주 듣습니다.

긴장한 나머지 주문방법을 모르겠다는 말씀도 하시지요.

그런 분들은 꼭 한번 들러주시길 바랍니다.

주문방법이나 잘 모르시는 것이 있다면 무엇이든 말씀드리겠습니다.

많은 분들이 우리 가게의 스시를 드시고 즐겨주시는 것이 우리의 소원입니다.

정말 멋지다. 스시 최대의 격전지 긴자에 뒤지지 않는 스시집을 니혼바시에서 130년 이상 버텨온 관록에도 불구하고, 포장마차에서 시작한 선대의 가르침을 여전히 우직스럽게 이어가고 있다는 건 정말 멋지다.

일본의 스시는 고가의 음식이고, 고급 스시집의 주인과 장인들을 대할 때면 왠지 주눅 드는 게 당연하다. 일식에서 가장 중요하게 여기는 계절감, 소위 제철 음식에 대한 강박관념은 상상을 초월한다. 일류 레스토랑만이 아닌 동네식당에서도 제철감을 잘 살린 계절 요리를 내는 것을 너무도 당연하게 생각하니까.

손님보다 스시에 대해 정통하니까, 스시 장인이다. 손님은 잘 모르는 게 당연하니, 물어보면 그만이다. 그런데 주문방법과 순서를 생각하면 긴장하고 또 긴장하게 된다. 고급 초밥집에 간다고 생각하면, 식도락 잡지의 초밥 주문의 순서를 꺼내 읽고 또 읽는 것이 보통 일본인의 마음이다.

한국인이라면 '스시를 먹으러 가는데 긴장을 해? 왜지?'라고 생각하는 것도 당연하다. 일본인의 이런 마음은 보통 한국인이 어느 날 느닷없이 오성급 호텔 최고급 프렌치 레스토랑에 가게 되는 마음과 비슷하지 않을까? 고급문화와 고급요리가 일상은 아니더라도, '적어도 그 정도는 얼마든지 잘 알고 있거든요'라고 말하고 싶은 지극히 서민적이면서도 귀여운 허세력 말이다.

요시노스시의 스태프는 놀랄 만큼 부드러웠다. 그렇다고 패밀리 레스토랑 스태프처럼 억지로 짜낸 과잉 친절은 아니었다. 스시 노포를 찾는 손님의 긴장된 마음을 진정시켜줄 만큼의 적당한 친절함이었다. 스태프는 찻잔을 건네고 메뉴를 건네고 잠시 기다릴 줄 알았다. 바로 "주문하시겠습니까?"라거나 "주문을 결정하면 불러주세요."라고 하면서 자리를 떠나지 않았다. 바로 내 옆에 그대로 머물러 있었다. 그러면서 존재감을 강렬히 드러내지는 않았다. 마치 이렇게 말하는 것 같았다.

'손님처럼 긴장하시는 분을 많이 봤습니다. 필요하신 건 제가 먼저 말하고 제안할 테니까 이제 긴장을 푸셔도 좋습니다.'

이런 건 정말 고맙다. 고급 레스토랑에서 스태프가 메뉴판을 건네고 잠시 기다려주는 마음 말이다. 손님은 모처럼의 비싼 요리를 즐기는 것이니 그만큼 고민이 많아진다. 이것저것 물어보고 싶은데 혹시라도 무시당할까봐 차마 묻기를 망설이는 마음이 있다. 그걸 몰라준 채 메뉴를 결정하면 불러달라는 말만 남겨놓고 테이블을 훌쩍 떠나는 스태프는 역시 얄밉다.

달걀말이 초밥에서 익힌 '딱 잡힌 맛'

스시집에서는 역시 고민이 많아진다. 폼 나게 가게 측에 일임하는 오마카세お任せ를 외치고 싶지만, 역시 그건 무리다. 오마카세는 요리사에 대한 신뢰가 높은 일본의 독특한 문화다. 특정 메뉴를 주문하지 않고, 요리사에게 일임한다는 뜻이다. 요리사는 당일 반입한 최고의 식재료를 엄선해 그날 만들 수 있는 최고의 요리를 최선의 순서로 제공한다. 최

고의 재료는 언제나 시세를 반영한 시가이므로 가격은 정규 메뉴보다 훨씬 비싸다. 일부 스시집을 비롯한 고급 식당은 정규 메뉴 없이 오마카세만으로 운영되기도 한다. 역시 오마카세는 무리무리.

결국 가격이 저렴한 점심 특선 메뉴를 시켰고, 거기에 포함되지 않은 스시는 단품으로 몇 개 더 주문했다. 스시를 기다리는 동안 일본주에 안주용 사시미도 따로 주문했다. 오마카세를 외칠 정도의 팔자는 아니지만, 스시를 기다리면서 느긋하게 일본주를 마시는 정도의 풍류는 누리고 싶었다.

맛있냐고요? 저기요… 여기는 에도의 발상지 니혼바시의 스시집이라니까요. 그것도 130년이 넘은 노포 중 노포라니까요.

요시노스시의 가격은 살인적인 긴자의 물가에 비해 인간적이다. 품질은 거의 차이가 없는데 가격은 극적으로 떨어진다. 점심시간 니기리즈시_{にぎりずし;쥠초밥} 세트는 세 종류가 있는데 그중 가장 비싼 것이 세금을 포함해 3,300엔. 치라시즈시_{ちらしずし;스시 덮밥}도 2,700엔 정도다. 물론 저녁 시간에 호기롭게 오마카세를 외친다면 이곳에서도 가격은 상상할 수 없게 된다.

무엇을 주문하더라도 만족하겠지만 반드시 달걀말이 초밥을 추천하고 싶다. 스시집의 진짜 실력을 알려면 제일 먼저 달걀말이를 먹어야 한다는 말이 있다. 반은 맞고 반은 틀린 말이다. 보통의 달걀말이라면 먼저 알끈을 제거하고 노른자와 흰자를 잘 저어 섞은 후에, 고운 채에 걸러 기포를 없앤다. 이런 조리방법은 서양식 스크램블 에그를 만들 때도 사용되는 방식인데, 달걀을 구웠을 때 최대한 매끈한 질감을 유지하기 위해서다.

그리고 잘 알려진 대로 사각 팬에 1/3 혹은 1/4분량 정도 조금씩 구워 가면서 그 위에 달걀 물을 덮어 가는 식이다. 물론 달걀 물에 밑국물이 꼭 들어가야 하고, 밑국물은 여러 가지 감칠맛 재료를 써서 미리 만들어두어야 한다. 여기까지는 어지간한 레벨의 식당이라면 모두 하는 일이다.

달걀말이 초밥이라면 훨씬 복잡해진다. 초밥의 또 다른 주연인 밥 때문이다. 초밥용 밥을 짓는 방법이 식사용 밥과 다른 건 잘 알려진 사실이다. 초밥은 식초와 설탕으로 만든 촛물로 밑간을 한다. 그래서 촛물에 살짝 절인 듯한 초밥용 밥과 생선은 정말 잘 어울린다. 거기에 와사비와 약간의 간장을 더하면 이런 찰떡궁합이 또 없다.

그런데 생선 대신 달걀말이를 올리면 밸런스가 달라진다. 밥은 어떤 종류의 간에도 무난하게 반응할 만큼 담백한 식재료다. 달걀도 밥 못지않게 담백하다. 밥과 달걀이라는 이 두 담백한 재료의 밸런스는 좀처럼 잡기 어렵다. 이 밸런스는 초밥 장인의 솜씨와 경력에 따라 매우 다른 결과로 나타난다.

달걀말이 초밥은 하얀 쌀밥에 잘 만든 일본식 달걀말이를 반찬으로 먹는 것과 다른 성질의 요리다. 촛물 농도를 짙게 만들어 생선과 상성이 좋게 만든 스시 밥은 계란의 섬세한 향을 죽인다. 반대로 계란의 감칠맛을 극한까지 올리면 초밥용 밥과의 밸런스가 무너진다. 극단적으로 말하면 맛있는 쥠초밥을 만들기 위해서는 '설탕과 식초로 간을 맞춘

밥에 다른 간의 재료를 어느 정도로 압력을 가하는가?'에 달렸다고 할 수 있다. 당연히 밥 위에 얹는 재료에 따라 압력의 정도가 달라진다. 생선과 계란을 쥘 때의 차이는 말할 것도 없다.

일본어에 '딱 잡힌 맛'이라는 표현이 있다. 단순히 맛있다는 표현이 아니다. 여러 가지 식재료가 서로 굉장히 굉장하고 대단히 대단하게 조화로운 상태를 의미한다. 단맛 짠맛 신맛 매운맛 등의 다양한 맛이 하나로 뭉뚱그려지지 않고, 입안에서 시간차를 두고 각각의 맛을 느낄 수 있다는 뜻이다. 거기에 각기 다른 식재료의 맛과 각각 식재료에 스며든 간의 차이까지 다 느껴질 수 있다는 말이기도 하다.

잘 만든 요리에는 레이어가 존재한다. 단맛을 내는 여러 재료를 사용해 단맛의 요리를 잘 만들면, 입안에서 각 재료가 내는 단맛의 차이를 느낄 수 있다. 단맛이 모두 똑같은 단맛이 아니라는 것을 느낄 수 있다. 즉, 단맛의 레이어를 느낄 수 있다.

이렇게 레이어가 입속에서 즐겁게 해체될 때 쓰는 표현이 바로 '딱 잡힌 맛'이다. 이 표현의 의미를 오랫동안 어렴풋하게 짐작만 했었는데, 요시노스시의 달걀말이 초밥을 먹어보고 확실히 깨달았다.

달걀말이 초밥을 잘 하는 집이 좋은 스시집이라는 얘기는, 식탁에 올리는 초밥의 종류에 따라 밥을 달리 지을 정도로 섬세한 가게라는 뜻이다. 이러니 달걀말이는 진짜 실력을 알 수 있는 좋은 척도가 된다. 그런 점에서 맞는 얘기지만, 반대로 객단가가 엄청나게 높은 고급 스시집이나 뜻있는 요리사가 있는 가게에서나 할 수 있는 일이기도 하다.

달걀말이 초밥이 생각보다 맛이 없다고 해서, 그 스시집의 다른 초밥이 형편없는 건 아닐 수 있다. 손이 많이 가는 달걀말이에 집중하느라 정작 중요한 생선 손질에 시간을 지나치게 뺏기게 된다면, 달걀말이는 과감하게 포기하고 생선에 집중하는 것도 나쁘지 않은 전략일 테니까 말이다.

도쿄 앞바다가 낳은 에도마에

일본은 동서로 길게 뻗은 나라다. 일본을 크게 나눌 때도 남북으로 분류하지 않고, 동서로 나눈다. 일본인은 우리처럼 남북보다 동서의 차이에 민감하다. 일본은 도쿄가 중심인 간토関東지방과 오사카와 교토가 중심인 간사이関西지방으로 나눌 수 있다. 역사가 오래되고 국토가 넓은 나라답게 간토와 간사이의 요리 스타일이 확연히 다르다. 간토와 간사이의 세부 지역에서도 각 지역별로 또 다양한 베리에이션을 자랑한다.

  간토의 중심지인 도쿄식 해산물 요리 스타일을 에도마에라고 부른다. 에도마에의 정확한 뜻은 에도의 앞前;마에 바다, 즉 도쿄만 일대의 바다에서 잡히는 해산물을 가리키는 표현이다. 에도시대의 스시는 길거리 포장마차에서 빠르고 손쉽게 먹을 수 있는 패스트푸드였다. 도쿄만은 바다와 넓은 갯벌이 함께 있어, 다채로운 해산물이 나는 곳이었다. 에도의 스시집은 도쿄만에서 잡은 물고기를 주재료로 스시를 만들어 팔았다. 도쿄 전통의 스시를 에도마에식이라고 부르게 된 계기다. 에도에서 시작한 스시는 당대의 첨단 고급 식문화답게 금세 일본 전역에 퍼져나갔다. 각 지역의 사정을 반영한 스시 조리법이 착착 개발되었는데, 역시 밥에 올리는 생선 종류의 차이가 제일 컸다. 후대에 이르러 조리법에도 차이가 나타나지만, 스시의 주재료인 생선의 차이가 에도마에의 핵심이다.

요시노스시는 본격 에도마에 스시다. 에도마에의 또 다른 특징은 밥에 설탕 간을 심하게 하지 않는다는 점이다. 요시노스시는 우리가 흔히 만났던 회전초밥집처럼 단맛과 신맛이 가득하지 않다. 혀가 찌릿할 정도로 달고 신맛의 마트 초밥에 익숙하다면, 에도마에 스시는 싱겁게 느껴질 수 있다.

에도마에의 주재료는 낙지, 오징어, 붕장어 같이 우리에게도 친숙한 재료가 제법 많다. 반면 우리에게 조금 충격적으로 느껴지는 낯선 재료들도 있다. 한국인의 감각으로는 정말 낯선데, 도쿄 토박이인 에돗코江戸っ子의 감각으로는 더할 나위없는 에도마에 스시가 있다.

먼저 고하다こはだ는 다 자란 전어가 아닌 새끼 전어다. 일본에서는 성장 정도에 따라 이름을 달리 붙이는 생선이 여럿 있다. 이런 생선을 슛세오出世魚라고 부르는데, 전어도 그중 하나다. 다 큰 전어는 고노시로このしろ, 새끼 전어는 고하다라 부른다. 고하다는 은빛이 강렬하게 감도는 외양과는 달리, 은은한 감칠맛이 별미인 에도식 스시의 대표선수다. 우리에게 전어는 가을 제철 생선의 대표선수로 여겨지고, 구워먹거나 뼈째 썰어먹는 것이 친숙하다. 반면 일본인은 전어를 생으로 먹는 경우는 거의 없다. 일본 마트에서도 전어는 소금에 절인 구이용과 식초에 절인 것을 주로 판다. 섬세함이 생명인 스시에 다 자란 전어를 올리는 건 일본에서 상상하기도 어렵다. 대신 새끼 전어인 고하다만큼은 스시로 만

들어 먹는다. 이는 도쿄에만 있는 스시 문화로 타 지역에서는 잘 먹지 않는다. 너무 작은 고하다는 생선 두 조각을 잘라 밥 위에 얹기도 한다. 고하다의 껍질 모양을 어느 정도 살리고 중앙에 십자로 작은 칼집을 낸다. 은빛으로 빛나는 자그마한 생선살 위에 십자 칼집은 심지어 씩씩해 보인다는 게 도쿄 토박이의 감각이다.

에도마에식 스시의 또 다른 주인공은 갯가재인 샤코しゃこ다. 도쿄 토박이들은 갯가재를 즐겨 먹는다. 초밥으로 만들어 먹으면 더 즐거워한다. 조리 전 갯가재의 모습을 보면 '세상에 뭐 이렇게 생긴 걸 다 먹는단 말이야'라고 생각할 수 있다. 심지어 에일리언처럼 보는 사람도 있다. 하지만 도쿄 토박이라면 갯가재를 보고 침부터 흘린다. 그들이 그렇게 반응할 만큼 맛은 보장할 수 있다. 이왕 본고장의 스시를 맛본다면 에도마에 메뉴를 빠뜨리면 두고두고 서운할 일이다.

에도마에 재료로는 또 다양한 조개들이 있다. 일본어로 아오야기あおやぎ;青柳인 개량조개도 에도마에의 대표적 수산물 중 하나다. 종종 바카가이バカガイ;馬鹿貝라고 부르는데, 조갯살이 마치 혀를 바보처럼 낼름 내밀고 있어서 조개 가이貝에 바보라는 뜻의 바카馬鹿를 붙여 부르는 것이다. 살짝 물에 데쳐먹으면 탱글탱글한 식감이 이빨을 밀쳐낼 정도다. 생으로 먹어도 개량조개 특유의 단맛을 잘 느낄 수 있다.

현대의 스시는 서민이 접근하기 어려울 정도로 급속히 고급 음식이 되어버렸지만, 막 만들어지던 당시는 어디까지나 서민의 친근한 벗이었다. 에도마에가 유쾌한 건 이런 지점이다. 일본 국내산 최고급 참치 같은 호화스러운 재료 대신, 인근 앞바다에서 손쉽게 구할 수 있는 생선을 식재료로 쓰는 서민적인 감각 말이다. 그러면서도 제철 감각은 명확히 살리는 게 또 에도마에의 진짜 스타일이다.

좋은 예로 에도시대 사람들의 만물 가다랑어 사랑을 꼽을 수 있다. 가다랑어는 첫 가을에 잡히는 놈을 만물로 친다. 가다랑어는 뜨거운 여름 바다를 헤엄치는 동안 살이 통통하게 오르고 육질도 덩달아 먹음직스럽게 변한다. 여름이 지나면 에도 인근의 가마쿠라 등지에서 힘들지 않게 가다랑어를 잡을 수 있었다고 한다. 다만 어획량에 따라 가격이 널뛰었는데, 비쌀 때는 서민의 한 달 급료에 해당할 정도였다. 그런데도 만물 가다랑어를 태연하게 사먹는 서민들이 많았다고 한다. 그만큼 에도 사람들의 제철 식재료 사랑은 대단했다.

이제는 에도마에식이 하나의 장식품처럼 쓰인다. 한국에서도 회전초밥집에 버젓이 에도마에 깃발을 내걸고 있고, 뉴욕의 스시 바에도 에도마에라고 써 붙여 놓는다. 정작 에도를 대표하는 식재료인 고하다나 샤코는 어디에도 없다. 역시 음식이야말로 맛으로도 먹지만 이미지로 소비하는 대표적인 상품인 것이겠지. 뭐 그 정도는 애교로 생각해도 좋은 것이겠지만.

바다의 맛, 카이센동

예약을 하지 않고 요시노스시를 찾았는데 계속해서 만석이라면 어떡할까. 대안이 하나 있다. 요시노스시는 다카시마야 니혼바시 스토어의

뒤편 이면도로에 위치해 있는데, 다카시마야 정면 큰길 건너 이면도로에는 정말 멋진 해산물 덮밥 노포가 있다. 가게 이름은 니혼바시 카이센동 츠지한日本橋 海鮮丼 つじ半이다. 이름이 길지만, 니혼바시의 해산물덮밥집 츠지한이라는 간단한 뜻이다.

일본어로 덮밥은 돈부리どんぶり;丼라 부른다. 일본은 온갖 돈부리의 천국이다. 오죽하면 덮밥을 뜻하는 일본 오리지널 한자를 만들어냈을까. 돈부리의 한자 표기는 '丼'인데, 이 글자는 한자 문화권 어디에도 쓰이지 않는 일본 오리지널의 창작 한자다. 밥그릇 위에 무언가 토핑을 올린 모양을 형상화한 것 같은 글자라 정말 귀엽다.

츠지한의 가장 큰 미덕은 양이다. '일본인은 대부분 조금씩만 먹는다던데' 따위의 엉터리 고정관념을 단박에 날려줄 정도로 푸짐한 양을 자랑한다. 밥을 덮은 해산물의 종류와 품질도 도무지 흠잡을 구석이 없다. 곁들여져 나오는 그날의 생선 스프도 우아하고 맛있다. 대부분의 덮밥 집에서는 미소시루를 곁들여 줄 뿐인데, 츠지한은 해산물 전문 노포답게 그날그날의 생선 스프를 제공한다.

다만 대안으로 적극 추천하기에는 작은 문제가 하나 있다. 이 집도 요시노스시 못지않게 초 인기 가게라는 점이다. 점심과 저녁의 피크타임에 임박해 도착하면 행렬이 장관이다. 겨우 한 줄도 아니고 서너 줄로 겹쳐 늘어서 있을 만큼 인기가 대단하다. 게다가 행렬의 대부분은 한국인과 중국인이다. 그만큼 한국 사람들에게 인기가 높아졌다. 그도 그럴 것이 어느 날 누군가의 블로그에 소개되고, 그 블로그를 보고 또 누군가 찾아가고, 그 사람은 다시 블로그에 올리고… 블로그의 무한 루프가 저절로 프로모션을 한 셈이다.

하지만 역시 이 집은 찾아가서 줄을 서도 좋을 가치가 충분하다. 질 좋은 해산물 덮밥은 한국에서 좀처럼 먹기 힘든 음식이고, 일본에서도 꽤 높은 가격을 줘야 가능하다. 조금 이른 점심이나 저녁시간에 도착한다면 적어도 두 가게 중 하나 정도에서는 먹을 수 있지 않을까?

해산물 덮밥인 카이센동은 우리의 회덮밥과 비슷하지만 베리에이션이 무궁무진하다. 바다에서 잡히는 모든 종류의 해산물이 카이센동의 재료가 된다. 우리 회덮밥과의 결정적 차이는 흰살 생선은 잘 사용하지 않고, 그보다는 붉은살 생선인 참치나 연어, 가다랑어 등을 주로 사용한다는 점이다.

양념은 초고추장처럼 자극적인 맛 대신 은은한 사시미 간장양념을 주로 쓴다. 국간장을 밥에 뿌리면 엄청나게 짜겠지만 사시미 전용 간장은 은은한 감칠맛이 돈다. 생선살에 연하게 분무하듯 혹은 밥알에 서서히 스며들도록 뿌리면 의외로 흰쌀밥과 상성이 매우 좋은 간장 맛을 즐길 수 있다.

연어 알과 연어 살을 동시에 올린 덮밥을 부모와 자식이 한군데 들어 있는 덮밥이라는 뜻으로 오야코동おやこどん;親子丼이라 부른다. 닭고기와 계란으로 만든 덮밥도 오야코동이라 부른다. 연어 오야코동은 살은 생으로 넣고 알은 간장에 살짝 절여 나온다. 간장에 절였다고는 하지만 우리 간장게장처럼 며칠 이상 절이지는 않는다. 몇 시간 가볍게 절여 생선살의 감칠맛을 끌어올려 오히려 달큰한 맛이 난다. 그 달큰한 간장 향과 연어 알이 만들어내는 짭조름한 바다의 향이 밥과 정말 잘 어울린다.

하지만 역시 바다 최고의 내음을 만드는 해산물은 성게 알이다. 일본어로 우니うに라고 부르는데, 이게 정말 진미다. 갓 잡은 성게의 살에서는 진한 바다 냄새가 나는데, 그 맛을 최고로 눅진하게 응축한 부위가 바로 성게 알이다.

바다 향은 진한데 짠맛은 없다. 그러면서도 무어라 표현하기 어려운 고소한 맛이 난다. 직접 먹어보기 전까지는 상상하기 어려운 맛이다. 휘핑그림처럼 눅진하면서도 매끈한 식감에, 샤양버터처럼 고소한 맛으로 꽉 차있다. 그러면서도 첫맛은 놀랍게도 바다 향으로 가득하다.

우니는 말할 것도 없이 최고의 술안주이기도 하다. 젓가락으로 조금씩 떠먹어야 하는데, 향이 강하지 않은 일본주와 찰떡궁합이다. 우니에 문제가 있다면 오직 하나, 값이 좀 나간다는 점이다. 엄지손가락만한 사이즈에 1,000엔 이상이다. 이걸 밥 위에 듬뿍 얹어먹는다는 건 상상할 수 없이 호사로운 일이다. 성게 알을 대량으로 매입해 반입원가를 낮추지 못하는 가게라면 꿈도 못 꿀 일이다. 그러니 적당한 가격(2,000엔 상당)에 우니동을 만난다면 절대 그냥 지나치지 말자. 일본의 맛이란 이런 것이라고 자신 있게 말할 수 있는 대표 요리 중 하나가 우니동이다.

'긴자 오브 긴자'의 지하골목

긴자4번가

긴자만의 매력

시간이 흐르면서 과거의 영웅호걸이 사라지고 새로운 강자가 등장하는 것처럼, 도시에도 새롭게 뜨고 또 지는 지역이 생긴다. 공간이나 지역에도 흥망성쇠가 있는 것인데, 도쿄의 긴자는 그런 면에서 특별하다. 한적한 어촌에 지나지 않았던 에도가 메이지 유신 이후 일본이 근대화되는 과정에서 수도가 되고, 도쿄로 개명하고, 세계적인 도시로 발전하는 동안 긴자는 그 변화의 한복판에 있었다. 도쿄가 일본을 대표하는 곳이라면, 긴자는 도쿄를 대표하는 곳이다. 도쿄의 스카이라인은 신주쿠나 롯뽕기 등이 책임지고 있고, 도쿄의 근-미래는 도쿄만 일대를 매립해 세워진 임해부도심 오다이바 지구가 잘 보여주고 있다. 그에 비해 긴자는 일본의 과거, 현재 그리고 미래가 같은 공간에서 공존하고 있는 독특한 매력을 자랑한다.

에도시대만 해도 긴자는 도쿄의 변두리에 지나지 않았다. 긴자 이전에 도쿄의 최고 핫플레이스는 니혼바시였다. 당시 최고의 상권을 자랑하는 니혼바시 일대는 에도시대를 특징하는 이층 목조건물이 가득했다. 일본이 근대화에 박차를 가하면서 도쿄의 거리도 급속하게 서양식으로 바뀌었는데, 역설적으로 에도 최고의 번화가였던 니혼바시는 이미 들어선 건물들로 변화를 수용하기가 어려웠다. 그때 서양식 건물과 거리 조성을 위한 새로운 대안 공간으로 등장한 것이 니혼바시 인근의 긴자였다.

긴자는 새로운 시대의 도쿄, 새로운 시대의 일본을 대표하는 서양식 거리로 꾸며졌고, 일본 최고의 번화가가 되었다. 지금도 긴자는 세계 어느 곳의 고급 쇼핑거리에 뒤지지 않는 다채롭고 화려한 모습을 뽐낸다. 세계 유수의 브랜드들도 반드시 긴자에 플래그십 스토어를 입점한다. 그런 플래그십 스토어와 일본 최고급 백화점들이 줄을 지어 있는 모습은 장관이다. 기발한 아이디어부터 고급스러운 취향에 이르기까지 수많은 상품과 서비스가 거리에 넘치고, 세계적 건축가들이 지은 멋진 최첨단 건물들이 거리 곳곳에서 존재를 뽐내는 곳이 긴자다.

여전히 도쿄사람들은 긴자에 갈 때 조금 긴장한다. 도쿄사람들이 긴자 나들이에 들이는 정성은 우리가 불금불토 가장 핫한 클럽을 찾아 나들이를 가기 위해 꾸미는 정성 그 이상이다. 보통 서민들은 긴자라는 말만 들어도 약간 주눅들 정도로 긴자는 오샤레おしゃれ;멋쟁이들이 넘쳐나는 곳이다. 최근에 외국 관광객이 해일처럼 몰려들어 더 이상 멋쟁이들로만 넘쳐나지 않게 된 게 불만이랄까.

도쿄를 한 번도 가보지 않은 사람이라도 오른쪽 사진의 거리는 본 적이 있을 것이다. 긴자를 넘어 도쿄와 일본을 대표하는 고급 백화점 와코和光와 미츠코시 백화점이 마주보며 위풍당당하게 서 있는 긴자 4번가銀座4丁目의 모습이다. 도쿄를 때려 부수는 괴수 영화나 재난 영화에 빠지지 않고 등장하는 랜드마크이기도 하다. 마치 뉴욕 하면 메디슨 스퀘어가 함께 떠오르듯이 도쿄 하면 이 긴자4번가가 떠오른다. 와코와 미츠코시 모두 긴자를 대표하지만, 특히 와코 백화점의 시계탑은 긴자의 심볼마크와도 같다. 1932년에 지어진 와코 백화점 건물은 당시 최첨단을 자랑하는 고층 건물이었다. 서양식 최첨단 기계인 엘리베이터

긴자 4번가의 풍경. 왼쪽이 와코 백화점, 오른쪽이 미츠코시 백화점이다.

를 구경하기 위해 연일 사람들로 북새통을 이루기도 했다. 세월이 지나 지금은 와코 백화점이 긴자에서 가장 높은 건물도, 빼어난 외관을 자랑하는 건물도 아니게 되었다. 그럼에도 긴자를 상징하는 랜드마크로 여전히 도쿄 시민의 사랑을 듬뿍 받고 있다.

계단 몇 개로 타임슬립
-

긴자에서 노포라고 말하려면 적어도 80년 이상은 되어야 명함을 내밀수 있다. 그리고 긴자의 물가는 살벌한 도쿄 23구 중에서도 으뜸으로, 긴자에서 호화로운 프렌치나 정통 일식으로 다이닝을 즐기려면 1인당

3만엔 이상은 각오하는 게 좋다. 이렇게 오샤레 하고 초고가 모드의 긴자지만 긴자의 모든 가게들이 다 그런 것은 아니다. 긴자의 대로에서 이어지는 작은 골목들에는 긴자의 수준에 어울리는 멋진 요리와 술을 파는 가게들이 꽤 많은데, 그중에는 긴자의 비싼 가격보다 오래된 도쿄의 서민동네 가격에 가깝게 서비스를 제공하는 가게도 드물지 않다.

그중 꽤 오랫동안 지인들에게 자신 있게 추천하던 장소가 있었다. 지상의 골목길처럼 지하에 펼쳐진 특별한 공간으로, 도쿄 토박이가 아니면 의외로 잘 모르는 긴자의 비경 미하라바시三原橋의 지하상가다. '지하골목'이라 부를 만한 이 특별한 공간은 긴자의 어느 뒷거리에 수줍게 숨어 있던 게 아니라 긴자 최대의 중심지인 긴자4번가가 바로 눈앞에 떡 보이는 곳에 있었다. 일본 최대, 세계적으로도 손꼽히는 초번화가 근처에 구식 스타일의 지하상가가 남아있다니 말 그대로 기적이었다. 다만, 입구를 찾아 내려가는 게 늘 헷갈렸다. 설마 저게 지하상가의 입구야? 그냥 건물 입구 아니야? 그런 정도로까지 생각이 드는 입구를 따라 내려가야 했다.

원래 미하라바시는 인공수로 위에 지어진 다리였다. 태평양전쟁 당시 도쿄 공습으로 수로가 파괴되어 지금은 그 원형을 찾을 수 없다. 1950년대에 이르러 일본이 고도성장기에 돌입하자 폭발적으로 늘어나는 긴자의 부동산 수요를 위해 미하라바시 자리에 지하도와 상가를 조성했다. 지하도라도 긴자 4번가 근처에 있던 곳이라 극장, 양식당, 이자카야, 편집샵 등 당시 유행의 최첨단에 선 가게들이 줄줄이 들어선 곳이었다.

지금 미하라바시 지하도는 폐쇄되고 없다. 내진 설계 미비 등의 안전 문제로 아쉽게도 2014년에 최종적으로 문을 닫았다. 사라지기 이전까지 미하라바시는 마치 최전성기를 보내고 온화하게 노후를 보내는 스타가 자주 찾는 한적한 시골 별장 같은 느낌이었다. 그래도 한 시대를 호령하던 최첨단 지하상가였던지라 여전히 나름의 풍미를 지니고 있었다. 감각적인 영화를 찍기 위해 솜씨 좋은 미술감독이 두 팔을 걷어붙여 만든 정교한 레트로 세트장처럼 보일 정도였으니까.

어쨌든 문을 닫기 전까지, 긴자 탐험의 진짜 재미는 미하라바시 지하상가에 숨어 있었다. 각종 일본 관련 뉴스와 영화, 드라마에서 수없이 봤던 긴자4번가를 걷다가 지하로 내려오면 마법 같은 공간이 펼쳐졌다. 계단을 몇 개 내려왔을 뿐인데 시간이 단숨에 60여 년 전으로 돌아갔다. 바로 코앞에 일본 최고의 물가를 자랑하는 와코 백화점과 미쓰코시 백화점이 있다는 게 믿기지 않을 정도였다. 사람에게는 누구나 옛것에 대한 향수와 호기심이 있다. 그 시대를 살았던 사람에게는 아련하고 정겨운 광경이었고, 역사를 좋아하는 후대 사람들이라면 더없이 재미있는 시대 재현 테마파크였다.

미하라바시 지하도에는 경양식, 이자카야, 바를 중심으로 여러 가게들이 영업을 계속하고 있었다. 외관과 인테리어는 낡았지만 그곳도 긴자였다. 음식의 레벨과 구비한 술의 수준은 긴자의 표준에서 벗어나지 않았다. 다만 가격이 여느 긴자처럼 사악하지 않다는 것이 큰 축복이었다.

굳이 고치지 말아요, 오뎅!

아직도 잊을 수 없는 가게가 장기기억 저장 공간에 여전히 남아있다. 미하라바시의 어떤 가게의 문을 열더라도 족히 몇 십 년은 되어 보이는 원목 테이블과 가구들이 손님을 맞았다. 그 일관된 레트로 분위기 가게들 중에서도 최고는 '사계절의 맛'이라는 이름을 내건 이자카야 '시키노아지四季の味'였다. 사계절의 맛이라니 가게 작명 센스도 예스럽다. 제철 음식에 대해 강박관념이 있는 것처럼 보이는 도쿄사람들, 그 중에서도 최고의 멋쟁이만을 상대했던 긴자의 가게라면 당대에 그 정도 이름은 지어줬어야 했겠지.

시키노아지는 미하라바시에서 손꼽히는 가게였다. 1961년 지하상가 준공과 함께 문을 열었으니 폐쇄된 2014년을 기준으로 반세기 넘는 역사를 지니고 있었다. 그 시절의 주인도 이미 3대째로, 위생을 위해 머리를 빡빡 밀고 두건을 둘러 쓴 모습의 할아버지였다. 도쿄 어느 골목에서라도 쉽게 볼 수 있는 전형적인 이자카야 주인의 모습이라 더 정겨웠다.

중심 메뉴는 에도마에식 해산물이었다. 모둠 사시미에 해산물 구이, 일본식 찜요리까지 다양하게 준비되어 있었다. 음식의 레벨은 긴자를 찾는 까다로운 손님들의 입맛을 어렵지 않게 만족시켰다. 굳이 흠을 잡자면 플레이팅이 아쉬웠달까. 긴자식의 세련되고 전위적인 플레이팅보다는 세월의 흔적이 고스란히 묻어나는 접시와 식기로 정갈하게 차려내는 식이었다. 물론 약간 고루한 모습이 주는 아쉬움은 고루하기 때문에 묻어나는 정겨움과 아련함으로 상쇄되었다.

카운터의 ㄴ자 테이블 원목이 아주 두껍고 튼실했다. 가게가 처음 문을 열던 반세기 전에는 꽤나 고가였을 것이 틀림없다. 길고 튼튼한 카운터는 세월의 흔적이 묻어날수록 폼이 난다. 시간이 지날수록 낡기만 하는 식탁용 테이블이나 의자 같은 가구에서는 찾아보기 힘든 위엄이다. 원목 카운터에 세월이 흐르면 남루함 대신 시간이 응축되는 마법이 벌어지는 모양이다.

미하라바시 지하도 음식점의 특색은 강렬한 냄새였다. 코를 싸쥐고 싶을 만큼의 강렬함은 아니지만, 저마다 개성 강한 음식들이 조리과정에서 존재감을 뿜내는 듯한 강렬함이 있었다. 1960년대에 지어진 만큼 환기시설이 현대식 건물처럼 작동하지 못하기 때문이었을 것이다. 보수 유지에 특화된 일본인도 이 문제만큼은 확실하게 해결하지 못했다. 그런데 오히려 이 점이 식욕을 확 자극했다. 주방에서 지금 조리하고 있는 음식을 정직하게 표현하고 있는 냄새. 딱히 가게를 정하지 않았어도 냄새에 홀리듯 이끌려 그곳으로 찾아가게 만들었다. 오뎅과 간장을 오래 졸일 때 나는 달큰한 냄새가 지나가는 사람을 미치게 했다. 배가 고프지 않아도 기어이 노렌을 걷고 가게 안을 기웃거리게 만들었다.

우리나라 신문이나 방송에서는 친절하게도 '오뎅'을 '어묵'이나 '어묵탕'으로 정정해주는데, 이 과도한 친절은 좀 문제가 있다. '오뎅'은 어묵 요리만을 지칭하는 것이 아니라, 육수에 푸욱 삶아 육수 맛을 잘 머금은 모든 요리를 지칭한다. 생선살을 으깨어 만든 어묵만이 오뎅의 전부가 아니다. 일본 오뎅 요리에 들어가는 재료들은 꽤나 다양하다. 어묵은 당연 기본이고 으깬 생선살에 쌀가루 등의 곡물을 갈아 넣어 굳힌

한펜はんぺん을 비롯해 무, 두부, 유부주머니, 소 힘줄인 스지すじ筋, 심지어 비엔나소시지까지도 오뎅에 포함된다.

긴자에는 오뎅 밑국물에 토마토를 사용하거나, 아예 익힌 토마토를 다른 오뎅 재료처럼 그대로 먹는 전위적인 오뎅까지 등장했다. 모두 훌륭한 오뎅 요리다. 그러니 오뎅을 수고스럽게도 어묵이라고 교정하는 것은 매우 과잉된 친절이다. 오뎅에 대해 예의가 없음은 물론이고.

한국에서 오뎅을 먹을 때 당연히 국물은 공짜로 제공된다. 일본에서는 상상도 할 수 없는 일이다. 일본의 오뎅은 손님의 주문을 받으면 육수에서 꺼내, 꼬치를 빼고 접시에 담아 손님에게 내주는 식이다. 육수를 원하면 따로 요금을 지불해야 하고, 심지어 아예 육수를 제공하지 않는 가게도 있다.

오뎅 가게는 육수에 가장 공을 들인다. 다시마에 가츠오부시, 간장 같은 기본 재료에 가게마다 전해 내려오는 비전의 재료를 섞는다. 그렇게 기본 육수를 만들어낸다. 거기에 여러 가지 동물성, 식물성, 해산물계 등 다양한 오뎅 재료가 섞이면서 시간이 지날수록 복잡한 풍미를 내는 육수가 된다. 당연히 육수의 간은 한국인의 입맛에는 조금 짜게 생각될 정도지만, 사실 그건 짠맛이 아니다. 여러 맛이 농축된 것으로, 농후한 맛이라고 표현해야 정확하다.

긴자에도 유서 깊은 오뎅 노포가 여럿 있다. 일종의 오뎅 전문점이다. 사실 일본에서 오뎅을 취급하는 식당이나 이자카야는 많아도 오뎅만을 취급하는 오뎅 전문점은 드문 편이다. 그러니 어쩌다 만나는 오뎅 전문 노포는 정말 반갑다.

긴자식 오뎅의 진수, 토마토와 오뎅
-

미하라바시 지하도 초입에 들어서면 강렬한 오뎅 냄새가 사람을 마법처럼 홀렸다. 그곳을 딱히 오뎅 전문점이라고 부르기는 어렵다. 오뎅 전문점과 대중 이자카야의 경계에 슬며시 걸쳐 있는 곳이었는데, 그래도 오뎅이 부리는 마법에 홀딱 빠질 수밖에 없었다.

주방에서 흘러나오는 오뎅 냄새에 발걸음을 멈춘다. 절로 도는 군침을 닦으며 테이블에 앉는다. 가게 이모의 추천대로 오뎅과 일본주를 주문한다. 오뎅은 주문하자마자 금세 먹을 수 있는 일종의 패스트푸드다. 이것이 오뎅의 큰 장점이다. 동그랗고 넓은 접시에 담겨 나온 오뎅은 간장 빛깔이 진하게 배어 있다. 한국에서 찾아보기 힘든 강렬한 색의 오뎅으로, 사실은 최근의 도쿄에서도 찾아보기 힘든 간토풍이다.

2000년대 초반 한국에서 오뎅바 붐이 불었던 적이 있다. 그럴 듯해 보이는 오뎅 데우는 기계를 카운터 전면에 길게 배치하고, 손님이 직접 꼬치를 꺼내 먹도록 만들었다. 안타깝게도 대부분 실패했다. 이유는 단순했다. 맛이 없기 때문이었다. 시장골목 포장마차에서 먹던 오뎅과 별 차이가 없었다. 호기심에 한 번은 찾아도 도무지 다시 올 마음이 들지 않게 만드는 맛이었다. 당시 오뎅바의 실패에는 인테리어도 한몫했다. 전국 어디의 오뎅바라도 인테리어가 비슷비슷했다. 일본의 허름한 이자카야처럼 보이게 꾸며놓았는데, 세월의 흔적은 없이 그저 어두침침하기만 했다. 그 천편일률적인 인테리어를 디자인하고 시공했던 사람들에게만 좋은 세월이었을 것이다.

그때의 실패를 교훈삼아 최근 서울 신사동 일대를 중심으로 오뎅 붐이 다시 번지고 있는 모양이다. 신사동 오뎅 붐의 주류는 간장 양념이 은은하게 배어 있는 간사이풍 오뎅이다. 맑고 투명한 육수가 간사이풍의 핵심인데, 실제 간사이풍 육수를 만들기 위해서는 간토풍보다 복잡한 공정과 여러 재료가 추가된다.

다시마와 가츠오부시로 만드는 밑국물까지는 똑같다. 간사이풍은 거기에 여러 가지의 해산물계와 심지어 닭과 돼지 뼈를 우린 육수까지 섞는다. 이른바 뉴웨이브 계열의 참신한 육수가 주를 이루는 맛이다. 이런 간사이풍 오뎅은 우리나라만이 아니라 일본 전역에서도 대히트를 치고 있다. 도쿄의 심장인 긴자에서도 간사이풍 오뎅이 주류를 이루고 있을 정도다.

사정이 이러니 오랜만에 만나는 간토풍 오뎅이 정말 반가울 수밖에. 솔직히 복잡한 감칠맛이 층층이 쌓여 있는 간사이풍에 비해 간토풍 오뎅은 이른바 감칠맛의 레이어가 부족한 게 사실이다. 대신 그만큼 재료 맛이 정직하게 빛난다. 많은 것을 첨가하지 않은 간장 양념 맛이 일직선으로 혀와 입에 전해진다. 간사이풍에 비하면 조금 심심하거나 슴슴하게 느껴질 수도 있다. 그래서 간토풍 오뎅에는 별도의 간장양념과 겨자가 꼭 필요하다. 첫 입은 그냥 맛본다. 다음에는 간장 양념을 살짝 찍어서 맛에 조금 변화를 준다. 마지막은 가장 강한 양념인 겨자를 바른다. 생선살의 맛에도 제법 어울리는 톡 쏘는 겨자 맛을 같이 즐기면, 간토풍 오뎅을 제대로 즐긴 셈이다.

피날레는 대단히 화려하고 이색적인 것으로 고른다. 토마토가 주인공이다. 오뎅집에서 고르는 토마토… 화려한 긴자4번가답게 긴자의 젊은 오뎅 장인들은 일본 최초로 오뎅에 토마토를 추가했다. 오뎅에 토마토의 신맛과 감칠맛을 더한 혁신적인 조리법으로, 오뎅에 토마토 넣기는 단숨에 일본 전국에 화제가 되었다.

오뎅과 토마토라니. 어지간한 강심장이 아니고서야 시도조차 해보지 못할 대담한 발상이다. 하지만 생각해보면 토마토는 오래 끓일수록 신맛은 옅어지고 이노신산의 감칠맛이 증가한다. 이탈리아와 스페인의 해물계 스프 요리에서 빠지지 않고 등장하는 식재료가 토마토이지 않은가. 그렇다고 해도 오뎅에 토마토는 정말 담대한 시도다. 이토록 창의적인 오뎅을 만들어 전국을 주름잡고 있는 곳, 긴자. 그 긴자의 중심지 지하에서 의외로 수수한 간토풍의 오뎅을 만나던 기억이 새롭다. 미하라바시 지하골목은 사라졌지만 그 맛은 긴자 곳곳으로 스며들었다.

내 맘대로 오뎅 랭킹

어묵과 오뎅은 굳이 말하자면 오뎅이 상위의 카테고리다. 오뎅에 포함된 하위 장르 중에 어묵이 있는 셈이다. 결국 오뎅이란 어묵과 여러 재료를 육수에 끓인 요리의 총합으로 봐야 옳다. 일본에 간다면 꼭 제대로 된 오뎅을 먹었으면 좋겠다. 그래서 멋대로 정해본 오뎅 추천 순위.

1. 다이콘(大根;무)
오뎅 국물에서 오랜 시간 잘 익은 무는 이빨로 씹을 것도 없이 입에 넣으면 사르르 녹아내린다. 특히 간토풍의 진한 간장 육수의 맛이 제일 잘 스며드는 재료다. 무는 일본인에게 오뎅계의 최애 캐릭터이자 베스트셀러다. 이건 정말 맛있다.

2. 다마고(茹で卵;삶은 달걀)
달걀 간장 졸임 정도로 생각하면 곤란하다. 펄펄 끓는 물이 아니라 70~80도 사이에서 몇 시간이고 천천히 익어간 달걀이다. 절묘한 타이밍에 꺼내면 부들부들한 흰자의 식감에, 약간 진하게 변한 반숙의 노른자를 동시에 즐길 수 있다. 간장 육수와도 찰떡궁합을 자랑한다.

3. 곤야쿠(コンニャク;곤약), 시라타키(しらたき;실 곤약)

오뎅계 유일의 다이어트 선수인데 의외로 최고의 식감을 자랑한다. 가세마다 곤야이 농두가 다른데 이게 포인트다. 이빨을 튕겨낼 정도로 탄성이 강한 곤약부터 잔치국수 면발처럼 스르르 풀어지는 곤약까지 식감이 다양하다. 무에는 미치지 못하지만 오뎅 국물을 잔뜩 머금고 있다.

4. 아츠아게(厚揚げ;튀긴 두부)

튀긴 두부는 무조건 맛있다. 유부처럼 얇고 작은 두부가 아니다. 한입에 먹기는 조금 큰 사이즈의 두부를 튀겼다. 그것만으로 충분히 훌륭한데, 그 맛있는 걸 또 오뎅 육수에 푸욱 담갔다가 꺼낸다.

5. 규스지(牛スジ;소힘줄)

일본인의 힘줄 사랑은 유별나다. 소힘줄을 규스지라고 하는데, 야키도리처럼 구워도 먹고 각종 조림으로도 즐겨 먹는다. 오뎅 국물에서 푸욱 삶은 규스지는 또 별미다. 우리가 소힘줄을 즐겨먹지 않아 쉽게 상상되지 않는데 의외로 부드러운 식감이 즐겁다.

6. 사츠마아게(さつまあげ;어육튀김)

사츠마아게는 일본 가정식에서 빠지지 않고 등장하는 인기 반찬이다. 초딩 입맛부터 아재 입맛까지 만족시킬 수 있는 몇 안 되는 오뎅이다. 규슈 가고시마^{鹿児島} 지방의 옛 이름인 사츠마^{薩摩}에서 유래되었다. 우엉, 당근 등의 채소와 어육을 갈아 넣어 모양을 잡고 튀긴다. 맛있는 튀김을 다시 맛있는 오뎅 육수에 담갔다. 놓치면 정말 서운한 오뎅이다.

7. 곤부(昆布;다시마)

일식은 거의 모든 요리에 밑국물이 쓰인다. 요리의 감칠맛을 올리기 위한 비법이다. 밑국물의 주재료는 대부분 말린 가다랑어포인 가쓰오부시와 감칠맛의 황태자인 다시마가 사용된다. 당연히 오뎅 육수의 밑국물에도 다시마가 들어갔다. 하지만 손님에게 제공하는 다시마는 밑국물을 내는 국물용 다시마가 아니다. 무어라 설명하기 어려운 미끌미끌한 식감에 맛을 들이면 좀처럼 빠져나오기 어렵다.

8. 타코(蛸;문어)

오뎅계의 베스트셀러다. 남녀노소를 가리지 않고 좋아하는 메뉴다. 맛은 우리가 상상할 수 있는 딱 그 문어 맛이다.

9. 로루캬베츠(ロ-ルキャベツ;롤 양배추)

일본식 가정요리에 조금 멋을 부리고 싶을 때 빠지지 않고 등장하는 멋쟁이 아이템이 롤 캬베츠다. 집집마다 가게마다 다양한 베리에이션이 있다. 다진 고기를 넣는 것은 기본 중의 기본인데, 자기가 좋아하는 모든 재료를 속에 넣어도 좋다. 일본산 양배추는 우리 양배추보다 수분이 훨씬 많아 부드러운 식감이 특징이다. 가게마다 다양한 롤 캬베츠를 오뎅 국물과 즐기는 것이 별미다. 여성들이 특히 선호하는 오뎅이다.

10. 한펜

생선, 야채 등을 다져서 쌀가루에 버무려 쪄낸 오뎅이다. 국물을 흠뻑 머금은 한펜은 무 다음으로 맛있는 오뎅이다.

11. 킨차쿠(巾着,きんちゃく;유부주머니)

튀긴 두부인 유부에 온갖 맛있는 재료를 넣었다. 고기와 야채가 들어가 있기도 하고, 당면과 문어를 넣는 유부주머니도 있다. 역시 가게마다 다양한 베리에이션이 있다. 이 가게의 킨차쿠는 대체 뭘까 생각하며 주문한다. 서빙이 될 때까지 속 재료를 상상하며 기다리는 작은 즐거움이 있다.

세계술집유산

신주쿠
오모이데 요코초

어디에나 넘쳐나는 일본의 술꾼 골목

술꾼은 일본어로 '논베のんべい'라고 한다. 다른 표현으로는 '사케노미酒飲み', '욥빠라이酔っぱらい' 등이 있는데, '술꾼'이라기보다 '주정뱅이' 쪽이 가깝다. 우리말 표현으로는 진상에 가까운 느낌이랄까. '논베'는 이런 술꾼을 순화시킨 표현이다. 이런 논베들이 잔뜩 모여드는 골목이 있다면 어떨까? 일단 그런 골목이 있다. 바로 논베 요코초橫町로, '요코초'는 작은 골목길이나 상가 거리 등을 따로 부르는 말이다. 즉, 논베 요코초는 술꾼들이 자주 찾는 거리, 크고 작은 술집이 다닥다닥 붙어 있는 골목을 뜻한다.

온갖 종류의 안주와 온갖 종류의 술을 만날 수 있는, 온갖 종류의 술집들이 모여 있는 곳. 온갖 가지 냄새가 코를 찌르고, 격식을 차리지도 따지지도 않는 가게들이 즐비한 곳. 그런 술집들이 어깨 걸어 크로스로 파이팅을 외치며 하나의 작은 파라다이스를 만들어내는 곳. 요리와 술을 좋아하는 사람에게는 그야말로 천국일 것이다. 술꾼이라면 이런 술꾼 골목을 찾아 성지 순례를 해야 한다.

도쿄뿐만 아니라 일본 전역에 논베 요코초가 있다. 물론 정식의 행정구역 명칭은 아니다. 동네 주민들이 장난삼아 부르는 이름일 뿐이다. 술 마시는 사람들이 있는 한 논베 요코초는 어디에나 있지만, 역시 도쿄에 가장 많이 몰려 있다. 도시도 크고 사람도 많고 돈도 많이 도는 곳이니까. 도쿄에는 여행 초심자부터 도쿄 '쫌' 다녀본 베테랑 여행자까지 모두 만족시킬 술꾼 골목이 얼마든지 있다.

한국인에게 도쿄에서 가장 유명한 지역을 물어보면 십중팔구 신주쿠를 들 것이다. 도쿄 최대의 부도심이면서 도심 못지않게 화려하고 번화하다. 쇼핑과 유흥, 미식, 공원과 갤러리 등 즐길 거리가 풍부하다. 역 이용객 수가 세계 최고인 곳으로 하루 3백만 명이 넘는 사람들이 신주쿠역을 드나든다. 도쿄도청을 비롯한 초고층 건물이 거대한 숲을 이루고 있어 도쿄의 스카이라인 중 서북쪽을 담당하고 있다. 도쿄역과 함께 일본에서 가장 복잡한 철도 환승지 중 하나로 신주쿠를 지나는 철도 노선만 스무 개 가까이에 이른다. 우리 서울역쯤으로 생각하고 약속 장소를 신주쿠역으로 정하면 황당한 일이 벌어진다. 복잡하기로 대한민국 최고인 코엑스나 잠실롯데가 차라리 쉬운 편이다.

JR 신주쿠역 서쪽 출구에서 남쪽 출구까지는 도보로 15분 이상이다. 출구만 수십 개에 달하는 신주쿠역 지하세계로 내려가면 초심자가 길을 잃기 딱 좋은 구조다. 지하에도 지상의 골목과 같은 갈림길들이 끊임없이 나타난다. 지하를 벗어나 지상의 어느 출구로 나가도 쇼핑가와 유흥가가 반긴다. 출구에서 이어지는 큰길마다 일본을 대표하는 고급 호텔과 백화점, 전자제품 양판점, 할인판매점들이 가득하다. 큰길의 안쪽으로 수많은 골목들이 이어지고, 가게와 사람들로 넘쳐난다. 술꾼이라면 (아니라고 해도) 홀딱 반할 멋진 골목이 얼마든지 있다.

신주쿠는 〈심야식당〉의 무대다. 오프닝 신에 처음 등장하는 곳은 신주쿠 서쪽 출구의 고가철로 아래다. 거기서 철로 아래를 지나 가부키초로 향하기 전, 바로 그 앞에 멋진 골목이 있다. 그런데 골목 이름이 독특하다. 오모이데 요코초 思い出横丁.

오모이데 요코초의 입구 모습. 두 사람이 어깨를 나란히 하고 걷기에 약간 좁다 싶은 골목을 따라 쇼와시대의 풍경이 이어진다.

    레트로 스타일의 술집이 잔뜩 모여 있는 곳이 있다고 상상해보자. 지금은 안타깝게 사라져버린 피맛골이 지금까지 꿋꿋하게 살아남았다고 생각하면 좋다. 피맛골은 고갈비로 유명했던 종로의 뒷골목이었다. 서민적 풍취가 독특해 여러 세대를 거치는 동안 많은 사람에게 사랑받았다. 그런데 어느 날 누군가 피맛골이라는 이름이 맘에 들지 않았다. 그런 나머지 어떻게든 이름을 바꾸고 싶었다. 피맛골이라는 어려운 이름 대신 뭔가 직관적이고 노스탤지어가 넘쳐나는 이름을 붙이고 싶었다. 결국 피맛골 대신 '추억 골목'이라고 이름을 붙였다. 에이, 설마? 설마?! 설마! 허허, 도쿄에서는 이런 일이 진짜 일어났다.

추억이 방울방울, 술꾼이 바글바글

〈심야식당〉의 주제가 제목이 '오모이데'였다. 추억이란 말. '요코초'는 골목이다. 그러니까 '오모이데 요코초'는 '추억의 골목'이라는 뜻이다. 작명 센스가 이보다 촌스러울 수 없을 정도로 촌스럽다. 원래 이름은 이것보다 훨씬 더 직관적이었다. 꼬치구이집이 많다는 뜻의 '야키도리 요코초焼き鳥横丁.' 그러다 2000년대 중반 '추억의 골목'으로 개명했다.

촌스러운 개명에는 제법 긴 사연이 있다. 오모이데 요코초의 기원은 태평양 전쟁까지 거슬러 올라간다. 적어도 80년 이상의 역사를 가진 셈이다. 태평양전쟁 때, 미군은 도쿄를 "석기시대로 돌려 보내버릴"만큼 무시무시한 공습계획을 세웠고 실제 실행했다. 도쿄대공습 작전을 입안한 미 공군 장군 커티스 르메이의 실제 발언이다. 일본 주요 도시에 대규모 공습을 감행해 전쟁 수행 의지를 꺾는 것은 물론 산업시설까지 모조리 파괴하겠다는 무시무시한 작전이었다. 당연히 민간인의 피해가 막심해 비난을 받기도 했다.

당시 주요 간선 철도역인 신주쿠역은 공습의 주요 목표 후보지였다. 일본은 신주쿠역에 공습으로 화재가 발생하면 바로 대처할 수 있도록 물자와 인력을 모을 수 있는 공간이 필요했고, 지금의 오모이데 요코쵸 자리에 공터를 만들어 해결했다. 전쟁은 끝났다. 공터는 주인이 딱히 없는 넓은 공간으로 남았다. 신주쿠 일대에서 찾기 힘든 이 넓은 공간은 자연스레 수상한 암시장으로 변했다. 신주쿠역 일대가 재건되면서 암시장은 단박에 먹자골목이 되었다.

그후 도쿄는 초고도 경제성장을 거치며 인구가 폭발적으로 증가했다. 오모이데 요코초의 수상한 암시장은 인근 서민들이 찾는 값싼 식당과 술집 밀집지역이 되었다. 현재의 신주쿠는 도쿄 최대의 부도심지역이지만, 긴자나 시부야에 비해 유행의 최첨단을 걷는 지역은 아니다. 하지만 당대의 신주쿠는 나름 도쿄 유행의 최전선에 선 곳이었다. 그런 만큼 신주쿠 일대의 부동산 가격이 천정부지로 올랐다. 그때까지 버티고 있던 저층 건물은 거의 사라지고, 도쿄 도청을 비롯한 현대식 초고층 건물이 쑥쑥 올라갔다. 이 시기 오모이데 요코초는 잠시 위기를 맞았다. 낡은 목조건물이 밀집한 구질구질한 골목 따위 시원하게 밀어버리고, 초고층 복합빌딩을 짓자는 여론이 꽤 진지하게 확산된 것이다.

자연스레 종로 피맛골이 연상된다. 피맛골은 조선시대부터 해방과 한국전쟁을 거치면서도 꿋꿋하게 살아남았다. 피맛골의 미로처럼 얽히고설킨 골목 사이에 개성 넘치는 서민들의 술집이 가득했다. 결국 피맛골은 대형 토건사업을 신념처럼 여기던 사람들에 의해 지워져버렸다. 조선시대, 말을 탄 지체 높으신 나으리들의 행차를 피하기 위해 서민들이 잠시 몸을 숨겼던 골목길에서 유래된 피맛골. 지금 그 피맛골은 르미에르 빌딩과 D타워라는 고층 복합빌딩 아래로 영원히 묻혀버렸다. 우리는 세련되고 깔끔한 근-미래 건물을 얻은 대신 서울의 역사와 수많은 청춘의 추억을 너무 태연하게 잃어버렸다.

오모이데 요코초도 비슷한 운명을 겪을 뻔했다. 신주쿠의 다른 지역에 빌딩숲이 가득 들어차는 동안은 어찌어찌 명맥을 유지했다. 그러다 1999년 화재가 발생했다. 밀레니엄을 몇 달 앞두고 찾아온 화재는 순식간에 골목의 절반을 태웠다. 낡은 2층 목조건물이 밀집한 곳이었으니 더 끔찍한 피해를 입을 수도 있었다.

화재 후, 오모이데 요코초의 미래는 뻔했다. 그 참에 낡은 골목을 헐어버리고 고층 복합빌딩이 올라설 게 분명해 보였다. 더구나 위치는 도쿄 최대의 철도 환승역인 신주쿠역 바로 옆이었으니 입지 가치는 어마어마했다. 이 작은 골목으로 단숨에 솜씨 좋은 기획 부동산업자들이 전국에서 몰려들었다.

그런데 재개발은 실패했다. 이유는 간단했다. 건물 하나에 주인이 십수 명이나 될 정도로 어지럽게 얽혀 있는 소유권 때문이었다. 재개발을 위해 동의를 얻어야 하는 건물 소유권자의 수가 수백 명에 달했던 것이다. 결국 전원의 동의를 얻지 못해 오모이데 요코초는 살아남을 수 있었다. 이런 건 우리나라에서도 가끔 볼 수 있는 일이다. 어떤 정치인이 더 큰 권력에 도전하기 위해 오래된 골목을 없애버리고 빌딩숲을 만들겠다고 결심하지만 않는다면 말이다.

21세기의 쇼와시대

지금 오모이데 요코쵸에는 무려 80여 개의 작은 식당과 이자카야가 좁은 골목 사이사이에 빼곡하게 들어차 있다. 골목에 들어서는 순간, 세련되고 깔끔한 일본의 인상이 무너진다. 심지어 과거에는 심야에 심심찮게 노상방뇨 하는 모습까지 볼 수 있었다. 일단 가게가 좁아서 가게 안에는 화장실이 없다. 오모이데 요코초의 유일한 화장실은 찾기 어려운 곳에 꽁꽁 숨어 있었다(지금은 화장실 가는 길까지 표지판을 잘 정비했다. 대신 손님이 몰리는 시간에 화장실을 이용하려면 어김없이 줄을 서야 한다). 신주쿠역 서쪽 출구 화장실이 가깝긴 한데, 5분 정도는 걸어야 한다. 이건 좀 불만이다. 그렇다고 노상방뇨라니, 화장실을 찾기 어렵다는 표면적 이유가 전부는 아닌 것 같다. 아무래도 이 공간은 사람들에게 평균적인 도덕감을 떨어뜨리는 것 같다. 이른바 공간이 주는 묘한 기운이랄까. 낯선 공간이 주는 해방감이랄까. 낯선 공간은 소심한 사람을 의외로 대범하게 만드니까. 그래도 그렇지, 아무리 옛날이라도 도쿄 한복판에서 노상방뇨라니. 상상하기 어렵다. 하지만 지금은 꿈도 꿀 수 없으니까, 안심해도 좋다.

일본의 가게는 대체로 좁은 편이다. 그중에서도 오모이데 요코초의 가게 사이즈는 일본 최고로 좁은 편이다. 실내가 좁기도 하거니와, 낮은 천장이 좁은 느낌을 한결 더해준다. 그리 높지 않은 건물을 2층으로 나눠쓰다보니 1층이나 2층이나 천장에 머리가 닿을 정도로 낮다. 당연히 가게의 모든 것이 낮고 작고 좁다. 테이블도 낮고 덩달아 의자도 낮다. 다리를 펼 수 없을 만큼 낮은데다 폭도 좁다.

그런데도 막상 가게에 앉으면 의외로 개방감이 있다. 골목도 실내도 모두 좁으니 가게마다 문을 활짝 열어 놓는다. 문이라고 했지만 유리창에 살을 덧댄 미닫이문이다. 미닫이는 문도 되고 벽도 된다. 문을 열어도 닫아도 가게 안이 훤히 보인다. 당연히 가게 안 어느 구석에서도 골목이 훤히 보인다. 안은 좁아도 시각적으로 개방감이 있어 견딜 만하다.

글로벌 도시 도쿄에는 외국인이 많다. 유학생, 외교관, 외국계 기업 직원, 다국적 기업의 주재원, 거기에 제조업과 서비스 산업에 종사하는 외국인 노동자도 많다. 이제는 일본 어느 도시에서나 심야시간 편의점 계산대 앞에 서 있는 외국인 스태프를 보는 경우가 흔해졌다. 오모이데 요코초의 외국인 밀집도는 도쿄 평균을 가볍게 넘는다. 오모이데 요코초의 가게들은 실내는 좁아도 대개 2층까지 있으니 스태프가 적어도 2~3명 이상 필요하다. 그중에는 가게의 스태프 전원이 외국인인 곳도 많다. 요리는 네팔인이, 서빙은 미얀마인과 필리핀인이 담당하는 식이다. 어쩌면 개중엔 주인이 외국인인 경우도 있을지 모른다. 물론 일본인이 대를 이어 영업 중인 가게가 대부분일 거다. 오모이데 요코초의 가게들 중에는 60년 이상 된 노포들도 제법 있다.

골목의 공간 자체는 2차 대전 직후 일본의 모습이다. 일본인이 쇼와지다이昭和時代●라는 말에서 바로 연상하는 딱 그런 모습이다. 전신주조차 줄을 맞춰 세울 수 없는 구부러진 골목길. 그 양옆을 채운 2층짜리 목조건물들. 골목이 어찌나 좁은지 배달 트럭이 들어오는 건 생각지도 못한다. 큰 길 어귀에 차를 세우고, 사람이 일일이 카트로 짐을 부려야 한다. 이것만 보면 현재 도쿄에서 찾기 불가능한 수준의 쇼와시대 풍경이다. 맘먹고 영화 세트로 만들지 않으면 절대 볼 수 없는 시대의 풍경.

그런데 가게의 스태프는 외국인이 다수다. 손님도 외국인이 제법 많

● 일본의 시대구분은 천황의 연호에 따라 나눈다. 쇼와(昭和)는 히로히토 천황의 연호로 1926년부터 1989년까지가 쇼와시대다. 현재는 다음 천황인 아키히토의 연호를 따라 헤이세이(平成) 시대이며, 2019년에 양위를 하면 새 연호 아래 새로운 시대가 시작한다.

오모이데 요코초의 가게들 모습. 안과 밖이 단절되지 않고 자연스레 이어지는 형태를 취하고 있다. 추운 날씨에도 바깥 좌석에서 먹는 경우가 드물지 않다.

다. 스태프와 손님만 보면 딱 21세기 도쿄다. 외국인 스태프의 일본어는 완벽한 수준이다. 외국 억양이 드러나긴 하지만, 주문을 받고 음식을 내 놓는 접객과 태도만큼은 더도 덜도 없이 일본인의 모습이다. 음식의 종류와 레벨도 더할 나위 없는 21세기 일본이다.

신주쿠 서쪽 출구의 낡은 골목에서 일본의 과거와 미래가 현재에서 이질감 없이 공존하고 있는 모습이다. 이런 공간을 굳이 찾아드는 일본인의 마음은 어떨까? 친한 친구인 히라바야시 형님에게 물어봤다. 대답은 간단했다. "값싸고 맛있으니까!"

천정은 낮더라도 가게가 좋으니까

오모이데 요코초의 가격은 기적이다. 도쿄 도심에서 생맥주 한 잔을 마시려면 최저 600엔에서 800엔은 각오해야 한다. 일본 전국 평균은 400엔에서 600엔 정도다. 그런데 이곳에서는 생맥주가 300엔 정도로 해결된다. 술이 저렴하니 안주도 격하게 저렴하다. 단품 꼬치구이는 개당 100엔에 불과하다. 1,000엔, 우리 돈 만 원이면 둘이서 생맥주 두 잔에 꼬치구이 안주를 두 개씩이나 먹을 수 있는 곳이다. 우리나라 술집에서 만 원으로 생맥주 두 잔에 안주까지 먹을 수 있는 곳이 몇 군데나 있을까? 아니 있기는 할까?

도쿄답지 않은 비현실적 가격은 이곳을 찾는 사람을 들뜨게 만든다. 외국 관광객이 많지만, 도쿄 현지인이 압도적으로 많은 이유다. 물론 이 가격에 고급진 맛을 기대하긴 어렵다. 그렇다고 기대 이하로 수준 떨어지는 맛은 절대 아니다. 적어도 이 골목은 맛에 관해서 까다로운 일본에서 몇 십 년 넘도록 살아남았다. 저렴한 가격만으로는 이룰 수 없는 업적이다. 버블이 꺼진 후의 일본인은 눈물겨운 노력을 통해 무엇이든 품질은 떨어뜨리지 않은 채 가격을 내려야 살아남을 수 있었다. 일본인은 이 기술에 도가 튼 민족이다.

가격의 저렴함은 분명 매력적이지만 그것만이라면 굳이 신주쿠까지 오지 않을지도 모른다. 사실은 이 골목 자체가 풍기는 매력이 크다. 쇼와풍의 낡고 작은 가게들이 밀집해 있다고 말했는데, 이게 나름 장관이다. 눈곱만큼의 계획성도 없이 각기 다른 종목의 가게들이 삐뚤빼뚤 모여 있다. 어떤 연관성도 찾을 수 없는 자연발생적 복잡함. 랜덤의 랜덤을 더하면 이런 분위기가 가능할까. 이 정도의 무질서는 인위적 선택으로 오히려 불가능해 보인다.

가게들이 좁은 만큼, 문은 활짝 열어 놓는다. 지나가다 스윽 보면, 무엇을 파는지 단박에 알 수 있는 구조. 그걸 노리기도 했겠지만, 어쩔 수 없는 선택이기도 했겠지. 가게들이 저마다 뿜어내는 냄새가 압권이다. 유화된 돼지 뼈의 돈코츠라멘 냄새, 곱창구이 냄새, 야키도리 냄새, 오뎅 냄새, 군만두 냄새, 각종 튀김냄새. 하나같이 강렬한 냄새가 멋대로 뒤엉켜 있다. 후각이 예민하건 둔하건 충격적인 골목이다. 마치 후각 테스트의 테마파크 같은 박력감이랄까. 시각적으로도 재미있지만 후각도 만만치 않다.

가게에 들어가면 한결 재미있는 체험이 가능하다. 재빠르게 가게 안을 스캔하니 1층 카운터석과 두 개의 테이블은 이미 만석이다. 곤란한 표정으로 어쩔 줄 몰라 하고 있는 그때, 초로의 주인장과 눈이 마주친다. 주인장의 두 손은 기세 좋게 연기를 뿜고 있는 야키도리 꼬치에 묶여 있다. 주인장이 턱짓으로 가게 구석을 가리키며 말을 붙인다.

"니상. 미안하지만 1층은 자리가 없어. 2층으로 가도 괜찮겠어?"

가부키초에서 들은 '오니상'에서 존칭 접두사 오お를 뺀 니상にいさん으로 부른다. 아저씨가 아저씨에게 사용하면 어감이 딱 우리말의 "형씨~!" 그 뒤도 확실히 반말이지만, 희한하게도 술집 주인아저씨들의 반말에는 왠지 화가 나지 않는다. 이건 술집 이모들의 반말도 마찬가지다. 하지만 아무리 오모이데 요코초의 가게라도 일행이 몇 명이냐 정도는 물어봐줬으면 좋겠다.

응? 인사도 없어? 몇 명이냐고 묻지도 않는 거야?

평소 같으면 볼멘소리가 나올 만도 한데, 여기는 신주쿠 오모이데 요코초. 좁은 공간을 마다하지 않고 미로 같은 길을 헤매고 찾아온 손님이라면, 가게 주인의 박력 넘치는 고갯짓 정도는 이해할 줄 알아야 한다. 주인장이 가리키는 곳에는 2층으로 오르는 계단이 있었다. 별 다른 인사 없이 술과 안주를 주문하면서 계단으로 향했다.

"맥주 두 병, 호루몬야키 두 개, 네기마 두 개, 난코츠 두 개, 렌콘● 두 개씩."
"응~ 형씨, 알겠어. 2층에 호루몬야키 둘, 네기마 둘, 난코츠 둘, 렌콘 둘이요!"

손님의 주문내용을 그대로 따라하는 걸 보면 이 수상한 공간도 확실히 일본이다. 계단이라고는 했지만, 사다리를 타는 느낌의 좁고 가파른 계단이다. 삐거덕 삐거덕 소리를 내는 계단을 몇 개 밟지도 않았는데 벌써 2층이다. 역시 2층도 천장이 낮다. 천장이 낮으니 2층이 1층보다 더 좁아 보인다. 다만 1층의 절반을 차지한 주방 공간이 빠진 만큼 테이

●주석이라기보다는 팁! 야키도리의 대표 메뉴 중 하나인 네기마(ネギ間;닭과 대파 꼬치구이)를 비롯해 야키도리는 뭐든 맛있지만, 좀처럼 한국인이 잘 시키지 않는 닭의 맛있는 부위들이 있다. 난코츠(軟骨;연골), 테바사키(手羽先;닭날개), 하츠(心臓;염통), 레바(レバー;간) 같은 것들. 정말 맛있다. 고기 외에 렌콘(蓮根;연근), 닌니쿠(にんにく;마늘), 나스(ナス;가지) 같은 야채류도 실패할 확률이 적다. 다마고(たまご;玉子)는 계란이지만 야키도리집에서는 반숙계란을 다시 숯불에 구워주는 것을 말한다. 역시 맛있다.

블이 두개 더 놓였다. 이왕이면 창가 쪽이 좋겠지 생각하며 자리를 잡는다. 그런데 의자는 등받이가 없다. 테이블은 묘하게 수평이 맞지 않는다. 분명 다리 어느 한쪽이 짧은 게 틀림없다. 그래 오모이데 요코초라면 이런 의자에 이런 테이블이 제격이겠지.

잠시 후 술과 안주를 든 외국인 스태프가 올라온다. 그는 이 좁은 계단을 하루에 몇 번이나 왕복해야 퇴근할 수 있을까. 미안한 마음 반, 감사한 마음 반. 그런데 그런 마음도 잠시다. 술을 마시고 꼬치를 뜯으면서 바라보는 골목 풍경이 장관이다. 좁은 가게 2층인데도 전망이 제법이다. 이 좁은 골목을 헤매면서 어리둥절한 표정을 짓고 있는 관광객들이 한눈에 들어온다. 그리고 그런 무리들 사이를 헤치며 전진하는 단호한 걸음걸이, 이 골목을 자주 찾은 듯 목적지가 분명해 보이는 사람들도 잘 보인다. 조금 전까지 골목을 헤매던 주제에, 2층 창가에 앉았다고 이 동네 사람들이 지을 법한 표정을 따라해 본다.

단골과 여행자, 모두모두 환영

오모이데 요코초는 매력적이라기보다 마력魔力이 넘치는 곳이다. 미로처럼 복잡한 공간, 좁아터졌지만 의외로 개방감이 넘치는 가게들, 일본인과 다양한 국적의 외국인들이 스태프와 손님으로 만나서 만들어내는 조화, 갖가지 음식들이 저마다 존재를 강하게 드러내면서 또 묘하게 뒤섞인 냄새, 그리고 손에 느껴지는 낡은 술잔과 테이블, 의자 등의 까슬한 촉감. 이런 걸 보고 듣고 맡고 만지며 느끼는 오감만족이 또 쏠쏠하다. 누구를 데려와도 저마다의 즐거움을 찾을 것이 분명하다. 아마도 특별한 공간이 만들어내는 마력에 흠뻑 빠질 것이다. 역시 공간이 주는 힘이라고 생각한다. 도쿄는 물론 일본 어디에서도 볼 수 없는 개성 넘치는 골목의 힘 말이다.

이곳에는 두 개의 작은 길이 이 동네의 큰 길 역할을 한다. 두 길을 따라 삐뚤빼뚤 가게들이 빼곡히 들어차 있다. 그리고 그 두 개의 골목 사이를 연결하는 더 작은 골목길이 있다. 어느 모퉁이를 돌면 다음에 어떤 광경이 펼쳐질지 도무지 상상할 수 없다. 너무 혼란스러워 오히려 뜻밖의 재미를 느낄 수 있다. 미로라면 미로고, 야외에 있는 푸드 코트라면 또 그런 것 같다. 라멘에 만두에 야키도리에 곱창전골에 오뎅에 태국요리에 한국요리까지 술과 함께 먹을 수 있는 모든 것이 있다.

오모이데 요코초의 손님은 일본인 단골과 뜨내기손님과 외국인 관광객들로 어지럽게 뒤섞여 있다. 신주쿠역은 도쿄 최대의 환승역이다. 하루에 신주쿠역을 이용하는 승객만 3백만 명 이상이다. 퇴근길에 가볍게 한잔, 환승을 위해 잠시 내린 김에 한잔. 이 골목은 도쿄의 직장인과 시민들이 갖가지 핑계를 대며 찾는 곳이다. 당연히 일본 타 지역에서 온 출장객과 관광객도 많다. 신주쿠만이 아니라 도쿄에서도 손꼽히는 명물 골목이 된 탓에 일본 내에서도 꽤 유명한 관광지가 되었다. 매일 밤마다 전 세계에서 몰려든 외국인 술꾼들까지 더해서 북적거린다.

이 점이 확실히 가부키초 골든가와 다르다. 드라마 팬들이 〈심야식당〉의 향수를 잊지 못해 골든가를 찾지만, 그곳에 '심야식당'은 없다. 잠시 실망한 팬들은 감정을 추스려 골든가 초입에서 드라마의 향수에 젖어 센티한 표정으로 기념사진을 찍는다. 그러면 옆 가게에서 골든가 토박이 사장님이 나와 눈을 흘길지도 모른다. '드라마 때문에 뜨내기는 몰려드는데, 장사는 안 되고.. 참나…' 하며 혼잣말 하는 걸 들을지도 모른다. 옆집 스나쿠의 마마에게 이끌려 수상한 가게에 납치될지도 모르지.

골든가의 가게들은 외관만으로는 어떤 가게인지 도무지 짐작하기 어렵다. 그리고 골든가를 지탱하는 건 오랜 단골들이다. 그러니 뜨내기 관광객이 용기를 내 아무 가게 문이나 벌컥벌컥 열기는 쉽지 않다. 패기 넘치는 관광객이 에라 모르겠다는 심정으로 가게 문을 열 수는 있겠지. 잘못 하면 바가지를 쓸 수도 있고, 아니면 오랜 단골과 가게 주인이 만들어내는 화목한 분위기를 깨뜨릴 수도 있다. 물론 마음에 드는 가게를 발견하고, 유쾌한 경험을 하고 나올 수도 있다. 그래도 골목 전체에서 뭔가 초대받지 않은 손님이라는 느낌이 살짝 드는 건 어쩔 수 없다.

하지만 오모이데 요코초는 다르다. 이곳에서라면 마음껏 구경하고 마음껏 사진 찍고 마음껏 마셔도 된다. 단골과 뜨내기를 차별하지 않는다. 애초에 이런 공간은 두 부류를 차별할 수 없도록 태어난 셈이다. 그 점이 결정적 차이다. 이런 공간이라면 보전할 가치가 충분하다. 반드시 후세에 물려주어야 할 문화유산이라고 생각한다. 이 정도면 유네스코 세계술집유산으로 등록되어도 좋지 않을까.

전철 따라
술꾼 골목

시부야 논베 요코초와
신바시 고가철로

시부야 스크램블, 도쿄의 시그니처 거리

-

모든 유명 도시에는 그 도시를 대표하는 랜드마크가 있다. 랜드마크 따위 하나도 없을 것 같은 서울에도 남산 N타워와 63빌딩 같은 전통의 랜드마크가 있다. 제2롯데월드 타워는 대단하긴 하지만 랜드마크가 되기에 아직은 역사가 짧다. 디자인의 호불호를 떠나 몇 십 년이 지나면 한국을 대표하는 랜드마크로 자리 잡을 테지.

도쿄에는 랜드마크계 전통의 강호인 도쿄타워가 있다. 도쿄타워는 1958년에 세워졌다. 무려 60년이 넘는 동안 도쿄는 물론 일본의 랜드마크 역할을 톡톡히 해왔다. 에펠탑을 본 딴 모조품이라는 비아냥거림도 있었지만, 세월이 흐르며 쌓인 고유의 아우라를 뽐내고 있다. 최근에는 스카이트리에 양보하고 온화한 노년을 보내고 있긴 하지만, 여전히 도쿄 하면 떠오르는 첫 번째 랜드마크는 역시 도쿄타워다.

도쿄타워만큼 강력한 일본의 이미지는 무엇일까? 당장 후지산이 떠오르지만 자연경관은 빼고 일본을 대표하는 도심의 이미지로 좁혀보면 반드시 떠오르는 장면이 있다. 스치듯 흔하게 봐왔지만 묘하게 낯익은 도심의 풍경, 일본을 소개하는 영상이나 영화에 빠지지 않고 등장하는 곳이다. 번화가가 틀림없어 보이는 곳에 큰 횡단보도가 X자로 교차해 있다. 그 X자 횡단보도를 또 사방으로 횡단보도가 둘러싸고 있다. 보행신호 한 번에 일핏 봐도 천명이 넘는 사람들이 각자의 갈 길을 향해 건너고 있다. 그 너머로 고가철로가 보이고, 전철이 지나고 있다.

일본을 한 번도 가보지 않은 사람이라도 이 거리는 봤던 기억이 있

'시부야 스크램블'로 불리는 시부야역 앞 크로스 교차로의 풍경.

을 것이다. 도쿄를 상징하는 거리인 크로스 교차로, 일명 시부야 스크램블이라고 불리는 곳이다. 일본 관련 뉴스나 소개 영상에서 빠지지 않고 등장하는 거리다. 보행신호 한 번에 최대 수 천 명이 동시에 길을 건너는 장관이 매일 몇 백 번이고 반복되는 곳이다. 신주쿠에서 JR 전철로 세 정거장 너머에 있는 시부야다.

　시부야는 제법 범위가 넓다. 시부야역 지구와 인근의 하라주쿠^{原宿} 지구는 대표적인 상권이다. 남쪽에 위치한 다이칸야마^{代官山}는 주거지역인데 도쿄에서도 손꼽히는 부촌지역이다. 북쪽의 요요기^{代々木}에는 도쿄 최고의 벚꽃 구경 포인트인 요요기 공원과 오랜 역사를 자랑하는 요요기 경기장 등이 있다. 매년 연말을 장식하는 홍백가합전이 열리는 NHK 본사도 시부야에 있다. 흔히 시부야라 부르는 지역은 그중 시부야역 일대로 한정되는데, 현대 일본의 20대 패션을 대표하는 백화점들과 패션관련 상품으로 가득한 지역이다.

청춘문화특구 시부야

시부야는 일본 20대 청춘의 현재이자 미래다. 일본인에게 20대를 상징하는 거리를 고르라면 두말할 것 없이 시부야다. 이런 점에서 서울의 홍대와 비교되곤 한다. 차이점은 시부야의 유동인구와 상가 밀집도가 훨씬 더 촘촘하다는 것 정도다. 도쿄에서 소규모 공연장과 갤러리가 가장 밀집한 지역이고, 라이브 클럽이 가득한 지역답게 기타와 키보드 그리고 베이스를 비롯한 악기의 신품과 중고품 취급점도 많이 몰려 있다. 타워레코드 시부야점에서 구할 수 없는 음반은 전 세계 어디서도 구할 수 없다고 할 정도로 음악 매니아에게는 천국이기도 하다. 시부야는 한마디로 패션과 음악 등 청년 문화의 특구다. 그러다보니 자연스레 일본 20대의 성지가 되었다.

시부야는 보수적인 일본 사회에서 상상할 수 없을 정도로, 문화적으로 트인 지역이기도 하다. 2015년 시부야구渋谷区는 일본 최초로 동성 커플을 공식적으로 인정했다. 일본 정부는 동성 커플의 결혼을 여전히 합법의 영역에 둘 생각이 없어 보인다. 오히려 지방자치단체가 중앙정부보다 한발 앞서 나간 셈이다. 일본 전국에서 동성 커플의 사실혼 관계를 인정하는 법적 조치를 취한 지방자치단체는 시부야구와 같은 해 11월 조례를 통과시킨 세타가야구世田谷区만이 유일하다.

시부야구와 세타가야구는 동성 커플에게 '파트너십 증명서'를 교부한다. 절차는 생각보다 간단하다. 해당 지역에 거주하는 20세 이상의 동성 커플이 서로 후견인이 되겠다는 공증서를 제출하면 된다. 이 인증은 의미가 크다. 주택 임대에서 합법적으로 인정받은 부부나 가족만이 받을 수 있었던 혜택을 동성 커플도 받을 수 있다. 적어도 거주할 주택의 임대에서 불이익을 받지 않도록 보장한다.

  그리고 또 중요한 것은 파트너가 사고를 당했을 때의 법적 보호자 역할 보장이다. 이제까지는 커플 중 한 명이 큰 병이나 사고로 치료 받을 경우, 다른 파트너는 친권을 가진 가족을 기다려야 했다. 치료 동의는 물론 수술 동의도 할 수 없었다. 적어도 시부야와 세타가야에서만큼은 동성 파트너가 다른 파트너의 법적 보호자 역할을 할 수 있는 합법적 자격을 준 것이다.

  법은 공공의 시스템이다. 공적 영역의 법이 바뀌면 민간의 시스템도 뒤를 따를 수밖에 없다. 지자체의 뒤를 이어 통신회사도 가족할인 서비스의 적용 범위를 동성 커플까지 확장했다. 보험사는 동성 커플의 상대를 사망 보험금 수령인으로 지정할 수 있게 했다.

  일본 내 어디보다 빠르게 이런 진보적이고 전향적인 정책을 시행할 수 있었던 건 역시 시부야만의 특성이 작용했을 것이다. 보수적인 일본의 수도인 도쿄에서 시부야는 문화특구로 여겨질 만큼 개방성이 강한 곳이니까 말이다. 도쿄를 통틀어서 시부야만큼 소규모 문화행사가 많이 열리는 지역은 없다. 파르코 극장의 폐장으로 한풀 꺾였지만 시부야는 여전히 독창적인 소규모 영화제나 전시회, 공연 등을 개최하기 가장 좋은 장소다. 게다가 패션만큼은 여전히 도쿄 부동의 넘버원이다. 20대부터 30대 직장인까지 시부야에 몰려드는 이유다.

술꾼 골목도 세련세련!

시부야의 가게는 진입장벽이 높다. 시부야에서 성공하려면 보통의 일본식 정갈함만으로는 어림도 없다. 유행의 최첨단 도쿄에서도 가장 핫한 가게들로만 채워져 있는 곳이 시부야다. 어떤 종목이건 시부야를 찾는 세련된 젊은이들의 까다로운 기준을 충족시켜야 한다. 단순히 인테리어와 취급 품목의 문제가 아니다. 트렌드에 민감하면서도 휩쓸리지 않아야 한다. 트렌드에 충실하면서도 조금씩 앞서 나가야 한다. 그렇다고 지나치게 멀리 가는 것도 곤란하다. 이런 모든 기준이 합쳐져 시부야 가게의 기준을 높였다. 멋진 일이다. 전국 어디서나 천편일률적인 모습으로 성장하는 신도시를 보고 자란 한국인으로서 자못 부럽다. 우리는 이제야 연남동에 어울리는 연남동 풍경과 이태원에 어울리는 이태원 풍경을 가졌다. 이런 모습이 지역을 넘어 전국으로 더 확장되기를 기대한다.

이렇게 세련된 시부야에 신주쿠의 오모이데 요코초 같은 술꾼 골목이 있다면 믿을 수 있을까? 다만 오모이데 요코초처럼 어지러운 미로는 아니다. 시부야답게 꽤나 세련된 외관과 인테리어를 자랑하는 골목이다. 그런데 또 골목의 이름은 시부야에 어울리지 않게도 '논베 요코초のんべい橫丁'다. 논베=술꾼, 요코초=골목. 술꾼 골목.

시부야의 술꾼 골목은 위치가 절묘하다. 시부야의 랜드마크인 하치코 동상에서 불과 도보 3분 거리. 하치코 동상을 정면으로 바라보고 왼쪽에 작은 코방交番;파출소이 있다. 그 위로 JR 시부야역이라고 쓰여 있는 고가철로가 지나간다. 일본드라마 덕후들이 영화와 드라마와 애니메이션에서 지겹도록 봐왔던 바로 그곳이다. 그 굴다리를 지나자마자 왼쪽에 작은 골목이 있다. 신경을 쓰지 않으면 무심히 지나칠 수 있는 위치다.

바깥에서는 눈에 잘 띄지 않는 골목길이다. 입구에는 도쿄 어디서나 쉽게 볼 수 있는 수상한 외관의 파친코가 있다. 골목은 좁고 길어 보인다. 어쩐지 불량한 형님들이 기다리고 있을 것 같은 분위기다. 하지만 실제 치안상태는 확실하게 안전하니 안심해도 좋다.

일본의 상가 입구에는 어김없이 홍등이 걸려 있다. 그런데 시부야의 술꾼 골목 입구에서는 홍등이 잘 보이지 않는다. 대체 이런 곳에 정말 술꾼들이 즐겨 찾는 골목이 있을까 싶을 정도로 깊이 들어가야 한다. 몇 십 미터만 꾹 참고 걷다보면 어느새 빨간 홍등이 반겨준다. 그 위로 수줍게도 논베 요코초라는 글자가 하나씩 쓰여 있는 백등 초롱이 반겨준다. 이 지점부터 골목 풍경이 극적으로 바뀐다.

고가철로 아래 무심한 듯 놓여 있는 골목, 키보다 훨씬 높은 철길을 따라 나란히 골목길이 뻗어 있다. 그 위로 도쿄에서 배차 간격이 가장 짧은 JR 야마노테션山手線 전철이 마치 인사라도 건네듯이 초록색 자태를 뽐내면서 달린다. 어서 오세요. 시부야가 자랑하는 서브컬처 음주의 명소, 논베 요코초에.

세련된 핫플레이스인 시부야에 있는 만큼 술꾼 골목도 꽤나 세련미가 넘친다. 가게들 하나하나가 개성 넘치는 외관을 자랑한다. 가게 외부를 전부 원목 판자로 덧대고 거기에 검은 색 무광 페인트를 시크하게 칠해놓은 가게도 보인다. 가게 이름 대신 와인병 일러스트를 예쁘게 그려 작은 현판에 걸어 놓은 가게도 보인다. 틀림없는 와인바겠지. 입간판도 네온도 없이, 이탈리아 국기만 조그맣게 걸어놓은 집도 있다. 호오… 정통 이탈리안이란 말이지. 그런 반면 몇 십 년이 족히 넘어 보이는 노포처럼, 노렌에서 장중한 기운을 읽을 수 있는 가게도 있다. 정통 일본요리 전문점이겠군.

오모이데 요코초보다 규모는 작은데 메뉴 선택의 폭은 오히려 더 넓다. 오모이데 요코초에서 만날 수 있는 모든 메뉴에 국적불명의 창작요리, 에스닉 계열, 이탈리안까지 만날 수 있다. 와인바가 있는가 하면 푸드 트럭처럼 주방을 가게 밖으로 반 오픈한 가게도 있다. 어떤 가게를 선택해도 개성 만점이다.

철길이 있는 메인 골목 옆으로는 또 하나의 골목이 수줍게 숨어 있다. 이 골목은 메인 골목보다 낡고 오래된 느낌이 물씬 난다. 그런데도 역시 시부야 특유의 세련됨은 있다. 술집이라기보다 작은 요릿집을 뜻하는 '고료리야小料理屋'와 특색 있는 향토음식을 파는 가게가 주력이다. 맛의 레벨도 여느 골목식당에 걸 수 있는 기대 이상이다.

논베 요코초는 술꾼 골목이라는 이름에 맞게 과거에는 아저씨 술꾼들로 가득했던 곳이었다. 20대들이 점령해버린 시부야에서 아저씨들이 맘 편히 술 한잔 할 수 있는 곳이 이 골목밖에 없었다는 슬픈 이야기다. 문제는 아저씨 손님이 주가 되면 손님의 확장성이 떨어진다는 점이다. 이상하게도 아저씨 단골은 새로운 단골을 데려오는 데 인색하다. 아저씨들은 모임에 단골가게를 소개하거나 새로운 모임을 만들어 가

논베 요코초. 두 개의 골목으로 이루어져 있다. 철길 옆에 있는 메인 골목 옆으로 또 하나의 골목이 있다. 메인 골목의 가게보다는 쇼와시대 느낌이 강한데, 역시 시부야다운 개성이 있다.

게로 인도하는 경향도 적다. 그저 마음 맞는 아저씨들끼리만 신세 한탄 배틀이라도 벌이려는 것인지, 시부야 논베 요코초의 공기는 무거워지고 손님은 나날이 줄어만 갔다.

   그러던 골목이 이렇게 개성 만점의 거리로 변하기까지 오랜 시간이 걸렸다고 한다. 뜻있는 젊은 셰프들이 하나둘씩 모여들면서, 이곳을 지키고 있던 터줏대감들과 경쟁을 벌였다. 나 살고 너 죽자는 싸움이 아니라 인테리어와 외관을 개선하고, 메뉴도 다양하게 만드는 상생의 경쟁이었다. 그 결과 철길 옆 시끄러운 주점 골목이 본바닥 시부야의 명성에 뒤지지 않는, 오히려 시부야의 다양성을 한층 배가시키는 명물 골목으로 재탄생한 것이다.

   지금은 20대의 성지 시부야답게 젊은 손님들이 압도적으로 많다. 하나같이 화려한 시부야 나들이에 어울리는 차림이다. 거기에 한술 더 떠

최근에는 20~30대 여성의 모임 공간으로 각광받고 있다. 여성으로만 구성된 식사 모임이나 동호회 등을 뜻하는 조시카이女子会는 일반적인 회식문화와 비슷하지만, 조시카이는 술보다 정갈하고 맛있는 음식을 선호한다. 물론 인테리어와 테이블 세팅, 플레이팅도 중요한 요소다. 젊은 여성들이 자주 찾는 조시카이 가게라면 멋진 측면에서 합격점을 받은 셈이다. 시부야 논베 요코초는 조시카이의 성지순례 코스가 되어 가고 있다. 세련된 인테리어와 다양한 요리, 그러면서도 유쾌한 분위기에서 한잔하고 싶다면 이곳이 딱이다. 여성들이 선호하는 와인과 일본주는 보통 비싸기 마련인데, 논베 요코초라면 부담스럽지 않은 가격으로 마실 수 있는 것도 이곳을 유명 조시카이 명소로 만드는 데 일조했다.

바디랭귀지로 예약 O.K

논베 요코초의 가게들은 혼자나 적은 인원이 가기에는 별다른 문제가 없다. 그렇지만 여럿이 함께 가야 할 경우에는 가게가 넓지 않으니 예약하는 게 좋다. 아주 드물게 홈페이지를 운영하는 가게도 있긴 하지만, 대부분 인터넷 예약은 받지 않는다. 받는다 해도 일본어만 사용한다. 그런데도 이곳에서 한잔하지 못하면 그날 밤 잠을 못잘 것 같은 기분이라면, 직접 가서 예약을 하는 편이 좋다. 일본어를 못해도 아무 문제없다. 스마트폰 달력을 켜고 가고 싶은 날짜를 손가락으로 찍어보자. 그리고 사람 수와 예약 희망 시간도 같은 방법으로 알려주는 건 어떨까? 응? 한국인의 감각으로는 민망하기 짝이 없다고? 외국어를 못하는 것도 창피한데 그런 볼썽사나운 짓을 어떻게 하냐고?

한국인에게는 민망한 방법일 수 있지만, 일본어를 못하는 홍콩 친구들이 실제로 써먹었던 방법이다. 아시아 각국 미디어를 초청했던 컨퍼런스에 참가했던 적이 있다. 홍콩 미디어와 같은 조로 묶여 컨퍼런스 기간 내내 동행했었다. 그 조에서 일본어를 할 줄 아는 사람은 나 홀로. 그들 대부분 도쿄는 초행이었고, 어쩌다보니 홍콩조의 도쿄 가이드가 되어 있었다.

홍콩인은 역시 대륙의 피를 이어받은 대인들이다. 가는 곳마다 광동 특유의 익살을 부릴 줄 아는 멋쟁이가 많았다. 그렇다면 풍류로 질 수 없는 한국인도 힘을 내야 했겠지. 그렇게 광동인의 익살과 한국인의 풍류가 주거니 받거니 정담을 나누며 제법 친해졌다. 그리고 조금 친해지자마자 훅 들어온 광동인의 주문.

"미스터 공, 오늘 네 일정은 조금 일찍 끝나니까 말이야. 우리와 조금 더 일찍부터 있을 수 있지? 오늘은 특별한 걸 해보고 싶어. 딱 일본인데 그렇게 일본스럽지 않은 곳이 있을까? 그런 곳에서 일본 전통술을 마셔보고 싶은데… 미스터 공의 추천은 어디야?"

허허… 이봐 이봐… 나는 너희들의 가이드가 아니라, 너희처럼 초청받아 참가한 미디어 관계자라니까….

대륙의 패기 혹은 광동의 익살에 어떻게든 답을 해야 했다. 눈망울을 초롱초롱하게 빛내는 홍콩인 다섯 명의 기대를 저버릴 수 없었으니까. 마침 숙소가 시부야에서 멀지 않은 아카사카赤坂 지역이었다. 고민할 것도 없이 논베 요코초를 떠올렸다. 일본주가 주종인 모던한 비스트로에 광동인 무리를 인도했다.

홍콩의 대인들은 정갈함과 깨끗함으로 정평이 난 일본에 이런 골목이 있다는 것에 충격을 받았다. 전통 일본주를 파는 가게인데, 멤버십 와인바 못지않은 모던한 인테리어에 또 충격을 받았고.

다섯 명의 홍콩인은 실컷 떠들고 마셔댔다. 계산을 마치고 2차를 위해 다음 가게를 찾고 있었는데 일행 중 두 명이 보이지 않았다. 길을 잃었나 싶었는데 웬걸. 찾아갔던 가게가 맘에 들었다며, 내일도 오겠다는 예약을 했다고 한다. 홍콩친구들은 일본어를 전혀 못한다. 가게 주인도 영어를 못한다. 떠듬떠듬 한다고 해도 광동어 억양이 강한 영어를 알아듣기 힘들었을 것이다. 그런데 예약을 했다고?

홍콩 친구들은 스마트폰의 달력 그리고 손가락을 동원해 사람의 숫자와 시간을 표시해 예약에 성공했다. 외국어를 못한다고 소통이 불가능한건 아니다. 한국인 감각에 다소 남사스러운 건 사실이겠지. 어쨌든 그 친구들은 그 순간 한국인이라면 느꼈을 스트레스도 받지 않았고, 다음날도 충분히 즐겁게 지내다 왔다.

"언제 몇 시에 몇 명 예약을 하고 싶어요." 이 말에 해당하는 일본어 문장을 어떻게든 외울 수는 있다. 열심히 연습하면 억양도 제법 잘 따라할 수 있을 테고. 그렇지만 듣는 상대는 묻는 사람이 일본어를 한다고 생각할 게 틀림없다. 반드시 일본어로 그 다음 대화를 이어갈 테지. 이런 전개에 보통 한국인이라면 당황하고 부끄러워 예약을 포기할지도 모른다. 부끄러워할 필요 없다. 아니 굳이 모르는 외국어에 스트레스를 받을 필요가 없다.

반대로 생각해보자. 우리가 손님이 아니라 가게의 운영자라고. 어느 날 우리말을 전혀 못하는 외국인이 찾아왔다. 스마트폰을 내밀더니 내일이나 이틀 뒤 날짜를 가리키며, 손가락으로 시간과 사람 숫자를 표시하고 있다. 우리가 정말 그 상황을 이해하지 못할까? 우리도 똑같이 그 외국인을 따라하며 손가락으로 오케이 사인을 내며 빙긋이 웃지 않을까? 그러면서 종이를 내밀어 '네 이름과 전화번호를 부탁해'라며 바디랭귀지를 시도하지는 않을까? 적어도 시부야 논베 요코초 가게의 젊은 사장님들에게라면 이 작전은 실패하지 않을 것 같다.

기차소리가 풍경이 되는 술꾼 골목

시부야 논베 요코초를 특별하게 만들어주는 또 다른 장치가 있다. 다른 골목에서는 좀처럼 찾기 어려운 장치, 바로 가게 앞 골목을 내쳐 달리는 고가철로 위의 전철이다. 기차가 달리는 걸 보면 즐겁다. 이유를 모르겠지만 왠지 시선이 간다. 시부야 논베 요코초는 철길 옆에 있는 골목이다. 게다가 도쿄에서도 배차 간격이 가장 짧은 JR 야마노테선 옆이다. 시도 때도 없이 철로를 다니는 전철이 만드는 소음과 울림이 고스란히 전해진다. 가게 문을 닫고 있어도 잘 들릴 정도다.

세상에 철길 옆처럼 서민적인 공간이 있을까? 모던한 인테리어와 운치 있는 식사를 하고 있어도 철길 옆 골목은 서민적 분위기를 고스란히 온 몸에 전해준다. 느낌이 좋다. 어쩐지 고가다리 아래의 어두운 골목 한구석에 마련한 아늑한 장소에 와 있는 것 같다. 그런데 장소는 시부야다. 누가 뭐래도 도쿄에서 가장 젊고 세련된 지역이다. 그곳에 숨어 있는 고가다리 아래의 느낌. 멀리서부터 들려오는 기차소리는 아련하다. 세상 어디에 이런 공간이, 이런 골목이 또 있을까 싶다. 이렇게 생각하면 아련함이 한결 짙어진다.

그런데 이런 골목이 또 있다. 그것도 시부야 논베 요코초의 아담한 규모가 아니다. 신주쿠 오모이데 요코초와 논베 요코초를 합친 것보다 훨씬 더 큰 골목이 있다. 아니 골목이 아니다. 넓으면 이미 골목이 아니니까.

복선 철로가 깔려 있는 넓고 높은 고가철로가 도심 한복판을 가로질러 달리고 있다. 고가철로는 끝도 없이 길게 펼쳐져 있고, 고가철로 사이사이에는 자동차와 사람들이 지나다닐 수 있는 굴다리를 몇 개씩이나 만들었다. 굴다리 안으로 발을 들이면 좁은 골목이 마치 지하 던전의 미로처럼 얽혀 있다. 그런데 전체 규모는 어떤 위치에서도 골목의 전체 풍경을 한눈에 조망할 수 없다. 이른바 고가철로 아래 굴다리 풍경이다.

고가도로가 아니라 고가철로

일본은 철도왕국이다. 일단 국토 면적 대비 철도 연장율이 세계 최고다. 유럽의 철도 왕국인 독일보다 철도 총연장이 더 길다. 철도여객 수송인원은 무려 전 세계 수송량의 40%에 달할 정도로 무시무시하다. 일본 국토는 한반도 전체의 두 배 가까울 만큼 넓다. 넓은 영토에도 불구하고 거주 가능한 지역은 해안가에 인접한 평야지역으로 제한된다. 일본의 주요 도시가 모두 바다를 마주보고 있는 이유다. 당연히 도시의 인구밀도가 높다. 그런 도시를 연결하는 대동맥은 도로가 아니라 철도다.

철도왕국이라고 해서 일본이 세계 최고의 철도교통 선진국이라는 얘기는 아니다. 철도 인프라에 투자되는 공공부문의 지원은 약한 편이다. 그 약한 고리를 대기업 계열의 사철이 메우고 있다. 일본에서는 지역 도시 안에서의 이동은 물론, 다른 도시간 이동의 교통망도 자동차 대신 철도가 중추적 역할을 담당하고 있다. 그 결과 자동차 운송 인프라가 상대적으로 빈약하다. 점차 인구가 감소되는 지역 중소도시의 사철 기업은 시간이 지날수록 경쟁력이 약해지고 있다. 지역 철도를 운영하는 사철 기업의 경영 악화는 필연적으로 지역 교통 불균형을 불러올 수밖에 없다.

등록 자동차대수가 가장 많은 도쿄에서도 도시 내의 이동은 철도가 중심이다. 자동차 이용률을 철도와 비교하는 게 어리석을 정도로 철도가 압도적이다. 일본에서는 철도역이 자연스럽게 생활의 중심이 되고, 철도역이 차지하는 위상은 상상하기 어려울 만큼 대단하다.

도쿄의 철도운영주체도 다양하다. 가장 대표적인 기업은 일본, 특히 도쿄를 여행할 때 자주 사용하는 스이카 교통카드를 만드는 곳인 JR동일본이다. JR은 국영기업으로 시작해 1987년 분할 민영화정책에 따라 전국 7개 그룹으로 나뉘어졌다. 스이카만큼 자주 사용하는 교통카드로 파스모가 있는데 이건 도에이都營;도영가 만든다. 도에이는 도쿄도가 직접 운영하는 공영회사로 여러 개의 지하철 노선을 운영 중이다.

일본은 민영철도회사를 '시테츠사철;私鉄'라 부르는데, 사철도 대기업과 중소기업으로 나뉜다. 대기업 사철은 도부東武, 세이부西武, 게이세이京成, 오다큐小田急 등이 유명한데 이들은 각 기업명을 그대로 노선 이름으로 사용하고 있다. 이런 대규모 사철 외에도 일일이 열거하기도 어려울 만큼 많은 수의 중소기업 사철이 있다.

도쿄를 포함한 수도권의 철도망은 더 이상 촘촘해질 수 있을까 싶을 정도로 촘촘하고 복잡하다. 도쿄를 지나는 모든 노선을 알아보게 그리려면 A4 사이즈 한 장으로는 불가능하다. 적어도 스케치북 사이즈는 되어야 겨우 알아볼 수 있을 정도다.

이 정도로 철도 노선이 촘촘하다면 도쿄 어느 지역에 살아도 도보 15분 정도면 어떤 역이든 하나에는 반드시 도착한다. 당연히 도쿄의 자동차 이용 비율은 우리보다 현격히 떨어진다. 도쿄의 시민의식이 우리보다 높은 게 아니다. 도쿄에서 자가용을 소유할 필요가 없기 때문이다. 일단 자가용을 소유하기 위해 지불하는 부대비용이 만만찮다. 일본에서 자동차를 소유하려면 반드시 차고지 증명을 해야 한다. 자기 집이건 동네의 유료주차장이건 차를 주차할 수 있는 증명을 해야 차를 구입할 수 있다. 당연히 큰 길은 물론 동네 골목길의 불법주차도 상상도 할 수 없다. 일본 어느 동네를 가도 길에 주차되어 있는 차를 보기 어려운 이유다. 이런 곳에서는 자연스레 모든 생활이 철도역을 중심으로 이뤄질 수밖에 없다.

철도역은 대규모 유동인구 때문에 일정 상권이 형성되기 쉽다. 일본은 한술 더 떠 주요 철도역을 상가와 오피스 심지어 호텔까지 결합한 복합역사로 만들었다. 과거 국영기업이었던 JR조차 철도역을 복합역사로 조성하는데 주저함이 없을 정도였다. 자연스레 대기업 사철은 역을 중심으로 대규모 부동산 개발을 했다. 일본 철도회사들이 역 주변과 시내 중심지에 대규모 백화점과 호텔과 상가를 소유하고 있는 이유다. 그만큼 철도역을 중심으로 사람들이 모여든다는 뜻이다.

세계에서 가장 촘촘한 노선을 자랑하는 도쿄에는 의외로 지상철 구간이 많다. 도시를 개발할 때부터 철도를 먼저 깔았기 때문이다. 우리는 전철을 흔히 지하철이라 부른다. 대부분의 구간이 지하철이기 때문이다. 일본에서는 덴샤電車;전차라는 표현을 주로 쓴다. 지하철 구간도 많지만 지상철 구간이 역시 압도적으로 많기 때문이다.

도쿄에서 가장 중요한 노선이자 한국인에게 가장 친숙한 노선은 JR 야마노테선이다. 도쿄 중심지를 순환하는 이 노선은 전 구간이 지상철이다. 도심 중심을 통과하기 때문에 일정 구간은 고가철로를 조성하고 그 아래 굴다리를 만들어 지상통행을 원활하게 했다. 특히 도로 교통량이 빈번한 곳에는 어김없이 고가철로가 들어서 있고, 그 아래 굴다리가 있다. 번화가에서 전차가 지날 때마다 차량과 사람의 통행을 차단기로

막을 수는 없기 때문이다.

그중 유락초有楽町와 신바시新橋를 잇는 고가철로 규모가 가장 거대하다. 도쿄 철도의 시발점인 도쿄역에서 시나가와品川나 요코하마横浜 방향으로 갈 때 첫 번째 역이 유락초역이고, 그 다음 역이 신바시역이다. 이 일대는 도쿄 최대의 오피스 밀집지역으로 일본을 대표하는 대기업과 금융기관들이 즐비하다. 도쿄에서 신주쿠에 버금가는 샐러리맨 초밀집지역이다. 출퇴근 시간에 몰려드는 샐러리맨의 파도를 실제로 보면 꽤나 무서워지는 곳이다. 그만큼 도로 교통량도 어마무시하다. 당연히 유락초와 신바시 전 구간을 고가철로로 조성했고, 중간 중간 상당수의 굴다리를 만들어 차량과 사람의 통행을 확보했다.

술맛은 기차 소리를 타고!

신바시역의 개통은 무려 1872년으로 거슬러 올라간다. 일본철도의 태동기와 역사를 같이할 정도로 유서 깊은 역이다. 교각을 만들어 상판을 올리면서 이어 붙이는 현대의 고가도로 건설공법이 탄생되기 전에 지어졌다. 교각 대신 군데군데 벽돌과 흙 등을 쌓아 섬을 만들고 그 위에 철로를 이어나갔다. 자동차와 사람의 통행이 빈번한 도로 위를 지날 때는 그 아래에 굴다리를 만들어 해결했다. 아치형의 작은 다리가 끝없이 이어진 모습을 상상하면 된다. 철도 초창기에 지어졌으니 고가철로 건설에도 시멘트 대신 붉은 벽돌을 많이 사용했다. 세월이 지나며 고가철로 상당부분을 개보수 했지만, 일부 구간에 여전히 벽돌 아치가 그대로 남아있어 꽤 예스러운 정취를 풍긴다.

여전히 벽돌 아치형의 굴다리가 통행로로 사용되고 있지만, 역과 역 사이 1km가 넘는 고가철로 아래의 전부가 굴다리일 수는 없다. 당연히 공간이 꽤 남는다. 도쿄처럼 초 밀집 도심에서 고가다리 아래 공간을 그냥 방치할 리가 없다. 공간을 알뜰하게 개발하는 데 도가 튼 일본인들 아닌가. 시간이 지나면서 고가철로 아래의 빈 공간이 자연스레 상업 공간으로 변신했다.

끝이 보이지 않는 고가철로 아래 공간에 음식점과 이자카야가 늘어서 있다. 그것도 철로 양옆으로 나란히 있는 게 꽤나 장관이다. 고가철로를 중심으로 양 옆의 길이 각각의 개성 넘치는 상권으로 발전한 셈이다. 이 지역의 상가는 퇴근시간이면 샐러리맨들로 발 디딜 틈 없이 가득 찬다.

고가철로를 중간 중간 가르는 굴다리 안으로 들어가면 더 멋진 광경이 펼쳐진다. 차도와 보도를 위해 공간을 마련해도 자투리는 남는다. 그 남은 공간을 쪼개 골목을 만들어 놓았다. 사람 한 두 명이 겨우 통과할 수 있는 작은 골목길이 곳곳에 있다. 이제 막다른 길이겠지 생각하고 돌아서면 다시 몇 개의 어지러운 골목길이 펼쳐진다. 이런 골목을 탐험하는 게 정말 재밌다.

자연스레 포장마차 수준의 초미니 술집이 몰려 있다. 그런데도 역사는 또 오래되었으니, 긍지 높은 노포들이 군데군데 보석처럼 박혀 있다. 역시 이곳은 골목이라기보다 하나의 마을이라고 부르는 편이 좋을

신바시에서 **유락초로 향하는 고가철로.** 19세기 후반에 붉은 벽돌로 지은 원형을 여전히 잘 유지하고 있다.

것 같다. 그리고 이 마을의 주인은 뜨내기 손님이 아니라, 가게를 지키는 사람들과 단골들이겠지.

 신바시에서 유락초는 천천히 걸어도 15여분 남짓이다. 두 지역 모두 긴자와 가깝다. 긴자까지 얼마든지 걸어서 이동할 수 있을 정도다. 고급 음식점의 격전지인 긴자의 영향을 받아서일까. 이곳 가게들의 요리는 외관과는 다르게 꽤 수준이 높다. 비록 냉동이지만 진짜 일본산 참치를 사용하는 가게도 있고, 테이블 3개짜리 가게인데도 13가지 코스 요리를 제공하는 노포가 천연덕스럽게 존재한다. 그러면서 가격은 1인당 3,000엔 남짓이니 믿을 수 없을 정도다. 제대로 된 스시를 터무니없을 만큼 저렴하게 내놓는 가게도 있다. 에도마에식 스시가 주종인데, 가격은 긴자 전문점의 절반에서 1/3 정도다. 우리에게 말고기는 낯설

굴다리 아래 가게들이지만 긍지 높은 노포들도 많이 있다.

지만 일본인에게는 소고기 육회보다 말고기 사시미가 더 대중적이다. 말고기는 통상 고가의 요리인데, 이곳의 말고기 전문점은 레벨은 떨어지지 않는 대신 가격을 시원하게 낮췄다.

대신 이 동네 가게에서 깔끔함이나 세련된 걸 기대하면 곤란하다. 서민 정취가 물씬 풍기는 곳인 만큼 공간이 비좁다. 카운터석은 6명이 앉으면 서로 어깨를 부딪치며 음식을 먹어야 할 정도다. 폭 좁은 의자는 등받이가 없고 있어도 삐걱거린다. 가게 안에 테이블이 있어도 두세 개가 전부다.

주인이 음식을 내줄 때도 지나갈 공간이 없다. 옆자리 손님이 받아 건네주는 식이다. 게다가 테이블도 작다. 세 명이 앉아 맥주 큰 잔과 안주 두 개를 시키면 젓가락 하나 편하게 놓을 공간이 없다. 그릇도 낡고 투박하다. 뭐 이런 건 나름의 풍류라고 여길 수 있겠지. 야키도리나 곱창구이집이라면 테이블과 환풍기에 오랜 세월 눌러 붙었을 기름때가 반질반질하다.

음식에도 세련미를 기대할 수 없다. 좋게 말하면 호쾌하고 있는 그대로 말하면 무신경하다. 그래서 대체 이런 골목을 누가 찾을까 싶다. 그런데 늘 사람들로 가득하다. 퇴근길 첫잔으로 목을 축이는 사람도 있고, 발그레한 뺨을 한 채 2차 3차로 찾은 사람도 많다. 조금 인기 있는 가게는 문을 열자마자 금세 대기행렬이 생긴다.

이곳에서는 무엇을 상상해도 기대 이상이다. 이 골목에 발을 들이겠다면, 메뉴 같은 건 미리 정하지 않는 편이 좋다. 몸이 이끄는 대로 냄새에 이끌려 아무 가게나 들어가서 가볍게 한잔하고 바로 나서보자, 그리고 또 다른 가게를 무심하게 찾아보자. 그렇게 하룻밤에 서너 가게 정도는 들락거려야 겨우 이 골목의 풍취를 알 수 있을 것 같다.

고가철로 아래의 술꾼 골목이야말로 오래된 도쿄의 정취가 아닐까 싶다. 시대가 바뀌어서 여러 가게가 들어서고 또 나가고 하더라도 고가철로 아래 이 공간만큼은 변하지 않았으면 좋겠다. 매머드 도심에 이 정도 미로는 반드시 있었으면 좋겠다.

이상 피맛골이 사라진 나라에 사는 아저씨 술꾼의 한탄이었습니다.

술집과 식당의
절묘한 밸런스,
이자카야

포장마차의 달걀튀김 내공

일본인에게 '일본이 세계에 자랑할 수 있는 대중문화가 무엇이냐'고 짓궂게 질문을 던지면 좀처럼 대답이 나오지 않는다. 일본인도 한국인처럼 자국을 자랑하고 내세우는 모습을 겸연쩍어하는 것이 인지상정이다. 물론 속으로는 전혀 그렇지 않으면서도 말이다.

물론 국뽕에 취해 "니혼와 마케나이日本は負けない; 일본은 지지 않아"를 입버릇처럼 떠드는 친구들도 기꾸 있기는 하다. 정말이냐고? 정말이다. 넷 우익이라고 부르는 친구들이 모이는 혐한사이트에서 한국을 깎아내리는 스레드에 달린 댓글에서만 볼 수 있는 글과 말이 아니다.

규슈 최대의 도시는 후쿠오카福岡다. 그 도시의 최대 번화가 텐진天神, 그곳에서도 제일 화려한 백화점인 다이마루大丸 앞의 포장마차에서 직접 들었던 이야기다. 번화가 백화점 앞의 넓은 인도에 포장마차라… 이런 풍경은 일본에서도 흔치 않다. 초번화가의 고급 백화점 앞 보도에 위치한 포장마차라니! 이런 건 놓쳐서는 안 되는 법이다.

자연스레 포장을 들치고 자리를 잡았다. 포장마차 안에는 초로의 주인아저씨와 40대 초반의 양복쟁이가 정담을 주고받고 있었다. 단순한 단골과 주인 사이치고는 지나치게 친숙해 보였다. 게다가 양복쟁이 아저씨는 밥을 먹고 있었는데 밥그릇과 반찬 그릇이 포장마차에서 나오는 모양새가 아니었다. 심지어 반찬은 밀폐용기에 담긴 가정 요리로, 한눈에 보기에도 포장마차에서 주문할 수 있는 메뉴가 아니었다. 포장마차의 공간은 정말 좁다. 그렇게 좁은 공간에 밥솥까지 챙겨놓고 백반을 파는 건 상상하기 어렵다.

그런데 맛있어 보였다. 파는 물건은 아니겠지만 어쩐지 정중하게 부탁하면 내주지는 않을까 하는 허튼 기대를 잠시…. 그만하자. 나는 뜨내기손님일 뿐인 것을. 남의 가정에서 만든 가정 요리는 결국 그 사람의 사생활이겠지. 타인의 사생활에 지나치게 관심을 보이는 것도 점잖지 못한 일이겠지. 결국 내가 건넨 말이라곤 "뭐가 맛있어요?"라는 뻔하디 뻔한 질문이었다. 그 질문에 주인 대신 양복쟁이 손님 아저씨가 대답했다.

"달걀튀김이 맛있어요. 이 가게 추천품입니다만…."

달걀말이나 떡볶이에 들어가는 달걀튀김이 아니다. 일본식 달걀튀김은 반숙을 만드는 것부터 시작한다. 반숙이라고 했지만, 노른자뿐 아니라 흰자도 부들부들한 채로 만들어야 한다. 그렇게 만든 반숙 달걀에 튀김옷을 입혀 기름에 잽싸게 튀긴다. 겉은 노릇한데 속의 흰자는 부드럽게 익었고 노른자는 젤 상태를 온전히 유지한 명품 반숙이다. 흰자와 노른자의 두 가지 다른 맛을 두 가지 다른 식감으로 즐길 수 있다.

당연히 만들기 쉽지 않다. 먼저 달걀을 7~80도의 물에 천천히 삶아야 한다. 그렇게 하면 아주 연한 상태의 반숙을 만들 수 있다. 반숙상태는 정말 중요하다. 바깥의 흰자는 어느 정도 다 익고, 안의 노른자는 터뜨리면 주르륵 흘러나올 정도를 유지해야 한다. 그 반숙 달걀을 다시 튀기는데, 이 타이밍 조절이 절묘해야 한다.

너무 빨리 꺼내면 먹을 때 노른자가 줄줄 흐를 테고, 조금이라도 늦으면 그냥 삶은 달걀을 튀겼을 뿐이다. 튀김옷을 입은 흰자의 식감에 절묘하게 익은 반숙 노른자가 핵심이다. 반숙과 튀김 두 가지 다른 타이밍을 각각 신경 써야한다. 보통 가정집에서 섣불리 도전하기 어려운 레벨이다. 꼬치구이 전문점이나 튀김 전문점에서 오랜 수련을 거쳐야 만들 수 있을 만큼 경험치가 필요한 요리다.

포장마차에서 그런 섬세한 요리를 만들겠다고? 아무리 대로변 고급 백화점 옆에 있다고 해도 결국은 포장마차인데? 정말 그 정도 레벨이 가능해?

의구심을 숨긴 채 마지못해 주문했다. 결과는 대성공이었다. 튀김옷의 꺼끌꺼끌한 식감에 흰자의 매끈한 식감이 제법 조화롭다. 그것만으로도 즐거운데 그 안에는 여전히 반 액체 상태인 노른자가 반겨준다. 조금 질렸다 싶을 때쯤 기름에 튀긴 달걀 표면에 양념을 발라 먹으며 맛에 변화를 주면 한결 더 즐겁다.

일본은 지지 않아?
-

꼬치 하나에 600엔! 가격은 좀 비쌌지만 완성품의 퀄리티와 요리에 들인 시간을 생각하면 납득이 간다. 과연 절품을 소개시켜준 양복쟁이 손님에게 감사를 표하며 자연스레 그들의 대화에 합류했다.

"이 정도 레벨이면 꼬치구이 전문점에 못지않은 걸요."
"오토상お父さん;아버지이 이 포장마차를 이어받은 지 벌써 30년이 넘어요. 저에게도 물려받으라고 계속 권유하시는 걸요."

네? 오토상? 아버지라고요?

"아… 두 분이 가족이시군요."
"네, 그렇습니다. 제 오토상이세요."

가게 주인아저씨가 양복쟁이 손님의 장인어른이었다. 일본에서는 장인도 오토상이라고 부른다. 어쩐지 분명 가게 주인아저씨의 도시락 반찬처럼 보이는 밀폐용기의 밑반찬을 자연스레 먹고 있더라니. 대화가 조금 더 이어지자 장인과 사위는 내가 외국인인 걸 금세 알아챘다. 포장마차 안의 대화는 계속 이어졌다.

"그런데 외국분이시네요? 어디서 오셨나요?"
"네, 이래 보여도 외국인입니다. 한국인이에요."
"아, 한국. 저도 부산에 한 번, 서울에 두 번 가봤어요."
"맛있는 걸 많이 드셨나요?"
"네, 역시 한우가 제일 맛있었습니다."
"오! 한우면 꽤나 비쌌을 텐데요. 와규처럼요. 저도 와규를 좋아해요. 한우보다 비싸긴 하지만요."

이 보잘것없을 만큼 평범한 포장마차 대화에서 그 다음 이어지는 양복쟁이의 답변은 내 예상을 완전히 뛰어넘었다. 가게 주인의 양복쟁이 사위는 일본 아저씨 특유의 표정으로 혼잣말을 했다.

"やっぱり日本は負けない."
(얏빠리 니혼와 마케나이!)
역시 일본은 지지 않아!

저기요… 아무리 혼잣말이라도 갑자기 일본은 지지 않는다는 건 뭔 말이에요? 저는 단지 대화를 이어가기 위해 와규가 비싼데도 맛있다고 말했을 뿐인데요. 소고기 한일전을 하는 것도 아니고, 이래서 무슨 말을 더 하겠어요….

물론 이 경우는 일종의 추임새에 지나지 않는다. '일본은 지지 않아'라고 직역하기보다, '아 정말 그렇군요!'라고 꽤 에둘러서 의역하는 편이 더 나을 것이다. 하지만 외국인의 감각으로 듣기에 이상야릇한 대답인 것은 틀림없다. 게다가 그때만 하더라도 내 일본어 청해 능력이 형편없기도 했다.

단언컨대 일본은 음주천국입니다
—

뜬금없는 국뽕은 전 세계 어디에서나 나타난다. 우리도 마찬가지다. 심지어 우리는 국가와 개인을 동일시하는 경향이 강하니까 국뽕도 다양하게 발휘된다. 아마도 한국 문화 콘텐츠 최초의 국뽕은 국제영화제 최초로 여주주연상을 수상했던 강수연의 영화 〈씨받이〉가 아니었을까 생각한다. 임권택 감독의 1986년 작 〈씨받이〉는 이듬해 베니스영화제에서 아시아 최초로 여우주연상을 수상했다. 한국 영화가 세계 3대 영화제에 출품된 것만으로도 큰 뉴스였는데, 게다가 영화제의 꽃이자 가장 주목받는 시상부문인 여우주연상까지 거머쥐고 말았다. 이 놀라운 소식은 빠르게 전국에 퍼져나갔다. 당시 뉴스 앵커가 열을 내며 했던 앵커멘트는 전국적 유행어로 오랫동안 세간에 화자 되었다. "가장 한국적인 것이 가장 세계적인 것이다."

맞는 말이지만 편협한 생각이고 위험한 발상이기도 하다. 외국인들이 가장 관심을 갖는 것은 당연히 그 나라만이 가지고 있는 독특한 문화일 것이다. 그렇다고 세계인의 보편적 지지를 얻을 수 있는 한국의 문화를 전통적인 소재만으로 스스로 제한하는 건 편협하고 위험한 일이다.

자국민이 보여주고 싶어 하는 문화와 외국인이 보고 싶어 하는 문화는 일치하지 않는 경우가 많다. 한국인에게 떡볶이는 길거리 정크 푸드의 이미지가 강하지만, 적어도 한국을 찾는 외국인에게 떡볶이는 '내가 지금 한국에 와있구나'를 깨닫게 해주는 강렬한 미각체험이자 문화체험이다. 현재 동시대의 외국인에게 가장 한국적인 음식은 김치가 아니라 치킨이다. 우리가 '통닭' 대신 '치킨'을 소비한 게 아무리 오래 잡아도 40년 남짓밖에 안 되었는데도 말이다.

외국에 확산되기 쉬운 대중문화와 자국민이 보여주고 싶은 대중문화에는 언제나 간극이 존재한다. 이건 일본도 똑같다. 정말 친한 일본 친구들에게 가끔 하는 이야기가 있다. "일본에는 술을 마실 수 있는 곳이 정말 많아. 그게 참 좋단 말이지."

이 말을 들은 일본 친구 대부분은 의아하다는 반응을 보인다. 세계에서 러시아 다음의 음주량을 자랑하는 나라 출신 주제에 무슨 말이냐 싶은 거겠지. 알코올 소비 세계 최고수준인 한국인이 한국보다 일본에 술을 마실 수 있는 곳이 많다고 말을 했으니, 당연한 반응이다. 그런데 이건 사실이다. 1인당 음주량으로는 한국이 일본에 저 멀리 앞서 있다. 대신 술을 취급하고 소비할 수 있는 장소는 일본이 확실히 더 많다. 일본에는 술을 마실 수 있는 공간 자체에 대한 제약이 거의 없는 편이다.

일본 라멘 가게는 꽤 높은 비율로 생맥주 서버를 구비해 놓는다. 없더라도 적어도 병맥주는 취급한다. 스시 전문점에는 질 좋은 일본주 메뉴가 충실하다. 역 플랫폼의 서서먹는 소바집에서도 맥주와 저가의 일본주 정도는 얼마든지 마실 수 있다.

일본 최대의 패밀리 레스토랑 가스토^{ガスト;Gusto}에는 가볍게 술을 마시러 오는 손님의 비중이 꽤 높다. 우리가 분위기 잡으려고 빕스에서 와인을 병째 주문하는 정도가 아니다. 아예 술을 마실 목적으로 빕스를 찾아갔는데, 빕스에 와인뿐 아니라 맥주와 소주와 전통주까지 잔뜩 구비해 놓은 느낌이랄까.

일본의 김밥천국 격인 요시노야^{吉野家}에서도 술을 판매한다. 적어도 한국의 김밥천국에서는 술은 팔지 않는다. 요시노야 같은 24시간 규동^{牛丼;소고기덮밥} 판매점의 독창적인 음주 시스템은 최근에 개발되었다. 이

같은 주류 판매는 쵸이노미ちょい飲み라는 이름으로 불린다. 쵸이노미는 '쵸이ちょい;조금, 잠깐'와 '노미飲み;마시기'를 합친 신조어로 '가볍게 한 잔'이란 뜻이다. 이 시스템을 제일 먼저 도입한 게 일본의 대표 규동 전문 체인인 요시노야였다. 시작하자마자 일본 소비자의 반응이 꽤 좋았다. 그리고 금세 다른 대형 규동 체인이 '가볍게 한 잔' 전쟁에 뛰어들었다. 한마디로 일본 전역의 김밥천국에서 술과 안주를 팔게 된 셈이다.

음주천국으로 알려진 한국만큼 일본도 음주에 대해 관대하다. 한국인에게 일본인은 술을 많이 마시지 않는 이미지지만 사실은 그렇지 않다. 일본인도 우리처럼 술을 많이 마신다. 다만 한국인 레벨이 아닐 뿐이다. 한국인의 음주량에 견줄 용자의 나라는 러시아와 몽골을 제외하면 찾기 어렵다.

일본에도 2차 3차 음주문화가 대중적이다. 아예 새벽까지 술을 마시는 풍류객도 꽤 있다. 물론 택시요금이 살벌하게 비싸서 생긴 풍속이긴 하다. 전철이 끊긴 후에 비싼 택시요금을 지불하고 집에 가느니, 그 돈으로 아침 첫차를 기다리며 또 한잔 마시는 게 이득이라는 식이다. 심야까지 영업을 하는 비율이 우리보다 압도적으로 적긴 하지만, 일본의 술집 골목에서 밤새도록 술을 마시고 먹은 걸 확인하는 친구들을 보는 것도 크게 어렵지는 않다.

내 일본인 친구들도 1차로 마감하는 걸 못 견뎌 한다. 적어도 2차 정도는 끝내야 정을 나눈 것 같고, 그래야 마음이 편하단다. 나는 술을 좋아하지만 약간 취기가 돌 때 기분 좋게 술자리를 파하는 걸 즐긴다. 내일은 내일의 태양이 뜨고 내일 기분 좋게 마실 술도 남겨 놓아야 하니까. 하지만 오랜만에 만난 친구의 청을 거절할 수는 없는 일이다. 한국인도 일본인도 정에 살고 죽는 민족이 아닌가. 친구의 손에 이끌려 2차를 간다. 그리고 친구에게 한 번 더 실없는 소리를 한다.

"일본 이자카야는 단연코 세계 제일이야. 그런데 그걸 일본인은 잘 모르는 것 같아."

이럴 때라면 친구가 "역시 일본은 지지 않아!"라고 말해도 고개를 끄덕일 수 있을 것 같다.

어, 동의! 적어도 이자카야만큼은! 일본은 지지 않아.

프랜차이즈 이자카야 VS 골목 이자카야

우리나라에서 이자카야의 이미지는 약간 팬시한 분위기에서 한잔 하고 싶은 일본식 주점, 딱 이 정도다. 그리고 가격이 생각보다 꽤 나간다. 단품으로 보면 별 것 아닌 거 같은데 계산할 때면 총액에 놀라게 되는 신기한 곳이다.

일본에서 이자카야의 스펙트럼은 넓고 깊다. 일본 이자카야는 크게 대기업 계열의 전국 체인점과 개인이 운영하는 자주 계열로 나뉜다. 우리 감각으로는 전국 체인이 훨씬 더 많을 것 같지만 사실은 정반대다.

맛의 섬세함에 대해서 한국인 이상으로 깐깐한 일본인에게는 동네 이자카야가 훨씬 친숙하다.

전국 체인의 장점도 분명히 있다. 일단 저렴하다는 것. 대중교통 접근성이 좋다는 것. 대규모 인원의 회식이 가능한 넓은 공간. 딱히 맛있다고 말하기는 어렵지만, 전국 어디를 가도 일정한 맛의 보장. 아쉽게도 장점은 이 정도다.

와타미和民, 와타민치和民家, 우오타미漁民, 와라와라笑笑 등. 한국인 관광객이 자주 찾는 전국 체인 계열의 저렴한 이자카야 중 가장 친숙한 이름들이다. 이 가게들의 이름을 잘 기억하고 있으면 편하다. 일본 여행 초심자들에게는 값싸고 다양한 메뉴와 고르기 쉬운 사진 메뉴까지 충실히 구비한 편한 가게들이니까. 다만 조금 더 로컬에 가까운 여행이 테마라면 위에 나열한 가게들은 피해도 좋다.

대형 프랜차이즈 조리법의 가장 큰 특징은 센트럴 키친 방식이다. 식자재를 모두 본사에서 조달받는데, 대개 반 조리 상태로 각 지점에 전달된다. 그러니까 경력이 부족한 조리사나 아르바이트생도 얼마든지 조리할 수 있다. 극단적으로 말하면 조리라기보다는 포장을 뜯고 데우는 정로도 완성되는 요리도 많다. 이런 곳에서 일본 요리를 맛보고 '본고장의 이자카야, 뭐 별거 아닌데?'라고 단정 지으면 곤란하다.

전국 체인 이자카야 중에서도 꽤 높은 완성도를 자랑하는 체인이 있다. 적당한 가격과 본격 레스토랑을 카피한 인테리어로 주목받는 도마도마土間土間는 주로 젊은 여성들에게 사랑받는 체인이다. 마땅히 마실 곳을 못 찾았는데 마침 눈앞에 도마도마가 있다면 안심하고 마음 편히 들어가도 좋다. 산지 직송의 신선한 야채요리가 일품이었던 야마우치 노조山內農場 같은 체인도 믿을 만하다. 야채요리가 주력을 이루지만 고기 요리도 맛있는 곳이다. 다만 지금은 꽤 하락세인 것이 안타깝다.

우리에게는 전국 단위의 프랜차이즈 체인이 왠지 신뢰감이 넘쳐 보인다. 조금만 생각해보면 이상한 일이다. 한국의 인구는 5,000만이 넘는다. 인구 볼륨감에서 전 세계 어느 나라에 견주어도 결코 밀리지 않는 규모다. 역사도 깊다. 고려와 조선 시대만으로도 통일 왕조가 천년 이상 지속되었던 흔치 않게 된 나라다. 삼국시대와 그 이전시대를 합치면 한국의 역사는 단숨에 이천년 이상이다. 오랜 역사는 음식문화를 찬란하게 꽃피우게 만든다. 그리고 정치적으로 안정된 통일왕조 기간에는 음식문화의 다양성이 자라나기 쉽다. 이런 나라에서 균일한 맛을 내는 대기업 프랜차이즈가 전국 어디를 가도 넘쳐난다는 건 조금 이상하지 않은가. 십년 이상 지속된 동네식당보다 프랜차이즈가 더 많다는 건 확실히 이상하다.

대형 프랜차이즈가 가지는 장점은 강력하다. 전국 어디서나 균질한 품질을 만들어낼 수 있다는 것은 큰 장점이다. 전국 어디에나 있는 대형 프랜차이즈에서 매우 만족하기도 어렵겠지만, 적어도 형편없이 실망할 확률도 낮다. 대형 프랜차이즈가 골목상권을 황폐화 시킨다고 한다. 어느 정도 사실이다. 그런데 골목상권의 황폐화는 대형 프랜차이즈의 횡포만으로 일어나지 않는다. 전국 체인의 입점으로 골목식당과 가게가 어려워진다면, 분명 프랜차이즈가 제공하는 수준의 품질을 제공하지 못했거나 가격 경쟁력이 떨어진다는 사실이 숨어있을 수도 있다.

그냥 있어도 언젠가는 사라질 수밖에 없는 운명이었다고 말하면 너무 가혹할까. 분명한 건 골목식당은 골목식당 나름대로의 경쟁력이 있어야 하고, 적어도 품질에서만큼은 프랜차이즈에 비교우위를 가져야 한다. 물론 그 섬세한 맛의 차이를 냉철하게 판단할 수 있는 소비자도 있어야 한다.

골목식당은 전국 체인 프랜차이즈와는 전혀 다른 미덕을 뽐내야 한다. 프랜차이즈가 전국 어디서나 균질한 맛을 비슷한 가격에 내놓는다면, 맛있고 개성 넘치는 요리와 술은 개별 식당의 몫이다. 여기에는 긍지 높은 주인과 뜻 있는 요리인들, 프랜차이즈와 개별 식당의 차이를 잘 알고 있는 소비자가 필요하다. 그들이 한데 만들어내는 일종의 하모니가 필요하다. 우리도 이 작은 차이에 주목하는 소비자가 점점 늘어나고 있다.

명점을 만드는 데는 좋은 소비자가 반드시 필요하다. 무조건 저렴한 가격이 언제나 좋은 결과를 낳는 것은 아니다. 가격을 깎는 행위는 소비자가 얻을 수 있는 최대의 쾌감이지만, 반대로 판매자는 반드시 손해를 보게 되고 만다. 자칫하면 잔꾀를 부리지 않고 성실히 영업하는 가게주인의 노력을 쓸모없는 일로 만들어버릴 수도 있다. 가게주인이 출혈을 감수하고 가격을 무작정 떨어뜨리는 것은 불가능하다. 비상식적으로 낮은 가격을 오래도록 유지하는 데는 그만한 대가가 필요한 법이다. 중요한 건 정당한 가격에 대한 소비자의 안목이다.

골목식당과 이자카야는 전국 체인 이자카야보다 저렴하지 않다. 솔직히 그곳보다 조금 비싸다. 많이는 아니더라도 음식도 술도 전국 체인보다 비싸다. 그런데도 손님은 쉽게 납득한다. 손님이 착해서가 아니다. 대기업 프랜차이즈가 매입하는 식재료 가격보다 골목식당의 단가가 비쌀 수밖에 없다는 점을 잘 알고 있기 때문이다.

단지 그 이유 때문만이 아니다. 골목식당의 요리가 프랜차이즈보다 맛있다는 것도 잘 알고 있다. 적어도 프랜차이즈에서 먹을 수 없는 요리를 골목식당에서는 먹을 수 있다는 자각을 하고 있다. 거기에 요리 맛도 골목식당 쪽이 좋다. 맛의 차이가 명확한데, 가격은 조금 비싸다. 그렇다고 핑딩 못할 수준으로 비싸지는 않다. 이런 걸 판별할 수 있는 좋은 소비자, 손님이 있어야 하는 것이다.

도쿄의 오래된 골목이 지금까지 어엿하게 상권을 유지할 수 있는 이유는 무엇일까? 고도자본주의사회에서 이웃 간의 정 때문에 골목상권이 살 수 있었다라고 말하는 건 어리석다. 가장 쉬운 대답은 오래된 주택밀집지역의 임대료가 저렴하기 때문이다. 그리고 그 동네에서 태어나고 자란 사람들이 확실한 단골을 형성해주기 때문이다. 게다가 차고지를 증명하지 못하면 자동차를 소유할 수 없는 일본 문화는, 큰 길은 물론 동네의 이면도로와 골목길에도 차를 멋대로 세우지 못하게 만들었다. 사람들은 걸어서 또는 자전거를 타고 골목을 누빈다. 걸어 다닐 수 있는 길에 상권이 형성되고 유지된다. 상권이 좋은 골목은 걷기에도 좋다. 볼 것이 많고, 가게 선택의 폭도 넓기 때문이다. 좁아빠진 골목 양 옆으로 낡은 가게들이 가득 찬 풍경은 그 자체로 테마파크다. 한 가게에 머무르는 시간이 길어지면 결국 그 동네를 걷는 시간 전체가 길어진다.

골목 이자카야라서 더 소중한

한국인에게 이자카야는 단순한 술집이다. 반면 일본에서는 넓은 의미 장을 가지고 있다. 이자카야는 술꾼만을 위한 공간이 아니다. 물론 술과 맛있는 요리를 즐기기 위한 손님이 가장 많지만, 저녁을 먹으러 찾는 가족 단위 손님도 제법 된다. 이 모습은 우리에겐 조금 낯설다. 어쨌든 술집이라 아빠와 엄마는 맥주와 츄하이를 마시고, 아이들은 밥을 먹고 있다. 그걸 보고 있는 누구도 신경을 쓰지 않는다.

이자카야의 메뉴에는 식사류가 충실하게 포함되어 있다. 가츠동이나 오야코동처럼 훌륭한 한 끼 식사가 되는 덮밥류에 미니 라멘, 심지어 햄버거 스테이크에 스파게티까지 곁들인 어린이 메뉴도 있다. 가족이 같이 와서 저녁 외식을 해도 어색하지 않다. 게다가 여성과 아이들이 좋아하는 디저트 메뉴도 제법 된다. 가게의 사정에 따라 다르겠지만, 적어도 아이스크림이나 조각 케이크 정도는 구비해놓는 이자카야가 많다.

이자카야에서는 조시카이도 자주 열린다. 일본의 독특한 문화인 조시카이는 다양한 집단의 다양한 연령층에 걸쳐 있다. 여대생들의 모임도 조시카이, 직장 내 여성모임도 조시카이, 유소년 어머니 모임도 조시카이, 같은 동네 여성 모임도 조시카이, 문화센터 여성 수강생끼리의 모임도 모두 조시카이다. 조시카이는 생각보다 활발해서, 레스토랑과 카페는 물론이고 이자카야도 조시카이를 유치하기 위해 전용 메뉴를 개발할 정도다. 이걸 보면 일본의 이자카야는 확실히 우리 개념으로 술집에 식당, 때로는 카페의 역할까지 더한 만능 공간이다.

동네 이자카야에는 몇 가지 조건이 있다. 먼저 카운터석이 반드시 있어야 한다. 가게의 규모와 취급하는 요리의 품목에 따라 카운터의 모습도 달라진다. 가장 서민적인 모습은 ㄷ자 카운터다. 심야식당에 나오는 바로 그 카운터 모습이다. 일반적으로는 일자 카운터나 ㄴ자 카운터가 많다.

우리는 카운터석을 불편해한다. 일행이 세 명만 돼도 서로 얼굴을 마주 보고 이야기를 나누기가 어렵다고 한다. 사실 네 명까지는 카운터의 모서리를 사이에 놓고 앉으면 서로 마주보고 이야기하는 데 큰 지장이 없다. 두 명이라면 확실히 카운터석이 더 친밀한 느낌이다. 마주보고 있어도 좋은 사람이라면 바로 옆에 앉아 고개를 돌려 봐도 좋다. 오히려 친밀한 느낌이 더 늘어난다.

카운터석은 포장마차의 향수를 그대로 가게 안에 옮겨놓았다고 해석할 수 있다. 노포일수록 커다란 일자 카운터석 테이블 일부가 거뭇거뭇 광이 난다. 창업 당시의 카운터 테이블을 그대로 쓰고 있다는 이야기다. 그래서인지 노포에 가면 테이블석보다는 카운터석을 선호하는 편이다.

카운터석은 홀로 앉기에도 편하다. 가게 주인과 얼굴을 정면으로 마주하고 도란도란 이야기를 나눌 수 있다. 물론 조용히 술만 마시고 싶다는 표정을 얼굴에 드러내면, 일부러 말을 시킬 눈치 없는 주인은 없다.

동네 이자카야의 또 하나 중요한 조건은 일일 메뉴다. 이자카야에는 그날그날 바뀌는 추천 메뉴인 히카와리日替わり가 반드시 있어야 한다.

히카와리 메뉴는 그날그날 요리사가 추천하는 메뉴인데, 제철 재료 등의 수급 사정에 따라 다양하게 변한다. 히카와리가 있다면 믿고 주문해도 좋다. 자신이 없다면 절대 히카와리를 내놓지 않는다. 무엇을 주문해야 좋을지 모른다면, 오늘의 히카와리가 무엇인지 물어보는 것도 좋다.

벽면에 붙어 있는 메뉴는 칠판에 쓰든 종이를 잘라 쓰든 주인이 손으로 직접 쓴 쪽이 믿음이 간다. 전국 체인의 사진 메뉴는 무슨 음식인지 단박에 알기 쉽지만 역시 풍류는 떨어진다. 일본 음식에 익숙하지 않다면 사진 메뉴가 없는 가게에서 당황할 수 있다. 게다가 한자와 히라가나와 가타가나가 어지럽게 뒤섞인 메뉴판을 보면 당혹감은 더 커진다. 그럴 때는 모둠 요리인 모리아와세를 시키면 그만이다. 모든 이자카야에는 모리아와세 요리가 있다. 이건 거의 철칙이나 마찬가지다. 해산물을 취급하는 이자카야라면 사시미 모리아와세를 주문하고, 꼬치구이를 파는 곳이면 야키도리 모리아와세를 주문하면 된다.

가격 걱정은 안 해도 좋다. 모둠의 양과 재료의 질에 따라 모리아와세 메뉴는 상중하 정도로 구분된다. 당연히 하보다 중이, 상보다 특상이 더 화려하고 비싸다. 동네 이자카야라면 제아무리 비싼 모둠인 특상도 3,000엔 정도다. 보통은 1,000엔에서 1,500엔 사이다. 가격표가 적혀 있기 때문에 주문하면서 고민도 쉽게 덜 수 있다.

먹어보고 맘에 들었다면, 주인이 다음 메뉴를 추천해줄 것이다. 말을 못 알아들어도 크게 걱정할 필요는 없다. 터무니없이 바가지를 씌우거나 하지는 않으니까. 일본이라고 사기꾼이 없을까마는 적어도 여행하며 만날 확률은 거의 없다고 해도 좋다.

우리가 어떤 민족인가? 처음 가는 커피숍에서도 노트북과 핸드폰을 테이블에 놓고 화장실을 다녀오는 민족이 아닌가? 일본도 우리 못지않다. 여행에서의 안전은 큰 상해나 피해가 따르는 강력범죄만 조심한다고 다가 아니다. 어디를 가더라도 일상적인 수준에서 사기나 제멋대로의 가격 흥정을 걱정하지 않아도 되는 것이야말로 여행자에게 최고 수준의 안전이다. 일본 여행에서 이 점은 안심해도 좋다.

뜻밖의 안주 와규

동네 이자카야에서 깜짝 놀랄 수준의 초A급 식재료를 쓰는 요리를 만날 때가 있다. 일본에서 가장 비싼 식재료를 꼽으라면 첫째가 일본산 참치 혼마구로^{本マグロ} 그리고 일본 소고기 와규다. 물론 자연산 송이버섯이나 숭어알젓인 카라스미^{からすみ}, 해삼창자젓인 고노와다^{このわた} 같은 진미도 비싸지만, 최고급 혼마구로와 와규는 가격 단위의 자릿수가 달라진다. 일본인이 흔히 생각하는 고급 재료의 대명사다.

와규라고 하면 한국인은 흔히 고베 비프^{神戸ビーフ}를 떠올린다. 고베규^{神戸牛}는 고베지역에서 생산한 와규인데, 우리는 고베규를 와규의 대명사처럼 쓴다. 고베는 영어 표기로 'kobe', 미국 영어발음으로는 '코비'가 된다. 우리가 잘 아는 농구 슈퍼스타 코비 브라이언트의 이름도 kobe인데, 고베규를 너무도 사랑한 코비의 아버지가 지은 이름이다.

고베비프 같은 브랜드 와규는 일본 전국에 제법 많다. 규슈의 사가현에서 사육한 사가규佐賀牛, 미에현의 마츠자카에서 나는 마츠자카규松坂牛도 혀를 내밀 정도로 가격이 비싸다. 야마가타현의 요네자와규米沢牛의 가격도 상상을 초월한다.

고기의 질이 좋다는 이야기는 결국 고기가 지닌 감칠맛 자체가 상당하다는 뜻이다. 그런데 일본인은 좋은 소고기의 조건에 풍부한 지방과 잡향이 없는 고급스러운 맛을 추가시킨다. 일본인에게 맛있는 소고기는 육질 자체의 감칠맛에 풍부한 지방이 고르게 펴져 있는데 냄새는 없는 고기다. 소고기의 지방에 대한 일본인의 사랑은 정말 유별나다. 프리미엄급 미국 소고기는 와규처럼 촘촘한 지방 대신 수분을 잔뜩 머금고 있는 육질을 자랑한다. 지방이 적으면 육질이 질길 것 같은데, 그렇지도 않다. 이런 고기는 호쾌한 사이즈의 스테이크가 정말 잘 어울린다. 그릴에 직화로 굽다가 뚜껑을 덮어 훈증하듯 살짝 쪄내면 육즙이 고기에 꽉 찬다. 지방이 없어도 얼마든지 부드러운 식감을 만들어낸다.

와규의 고급스러운 마블링은 지방인데도 단맛을 극한으로 끌어낸다. 샤브샤브로 먹는 것도 정말 멋지다. 와규 샤브샤브 조리법은 간단하다. 우선 육수가 전혀 필요 없다. 물만 있으면 그만이다. 아무런 양념도 없이 뜨거운 물에 고기를 샤브샤브 살짝 데치기만 해도 기막힌 맛이 나온다. 쇠고기 특유의 육향을 살짝 녹은 지방이 딱 잡아준다. 동물성 지방 주제에 버터처럼 스르르 입에서 녹아내린다.

고급 와규라면 뎃판야키鉄板焼き;철판구이도 멋진 선택이다. 불판 위에서 구워지는 삼겹살을 연상하면 곤란하다. 그 정도로 쉬운 요리가 아니다. 일단 뎃판야키에 사용하는 철판의 사이즈와 온도가 다르다. 소 한 마리

를 옆으로 뉘어도 될 것 같은 사이즈의 철판 아래에 수십 개의 가스 노즐이 있다. 동시에 불을 붙이면 그 큰 철판이 순식간에 달궈진다.

뜨거운 철판 위에 고기를 올리면, 긴 칼과 조리용 포크가 날아다닌다. 뎃판야키의 요리 모습은 마치 사무라이가 카타나^{カタナ;일본검}를 휘두르는 것처럼 엄숙하고 장엄하기까지 하다. 피날레는 브랜디나 위스키로 벌이는 불 쇼다. 뜨거운 철판 위에서 익어가는 고기 위에 브랜디 같은 독주를 들이붓는다. 순식간에 알코올이 기화하며 불이 붙는다. 혹여나 고기에 남아있을 마지막 잡내를 없애는 실용적인 목적, 공연을 보는 것 같은 재미를 주는 조리법이다. 뎃판야키는 보는 재미가 음식 먹는 재미만큼 쏠쏠하다. 당연히 가격이 비쌀 수밖에.

이런 뎃판야키를 이자카야에서 재현하는 것은 불가능하다. 가게의 인테리어 전부와 주방을 싹 다 고쳐야 한다. 그러면 이자카야 주방에서 재현할 수 있는 철판구이는 무엇이 있을까? 정답은 큐브 스테이크다. 이제는 푸드 트럭에서도 흔히 보는 아이템이지만, 큐브 스테이크의 탄생과 보급에는 이자카야의 공이 컸다. 와규는 먹고 싶은데, 뎃판야키나 야키니쿠^{焼肉;불고기} 전문점은 가격이 부담스럽다. 이 틈새를 노린 게 동네식당의 큐브 스테이크다. 최상품의 와규는 아니지만, 적당한 등급의 와규에서도 그나마 저렴한 부위를 골라 매입한다. 여러 부위의 고기로는 호쾌한 사이즈의 한 장짜리 스테이크를 만들 수 없다. 그래서 다른 부위를 한 입 크기로 깍둑 썰어 크기를 맞춘다. 한 장짜리 두툼한 스테이크 대신 다양한 부위의 식감과 육향을 한 입 크기의 큐브 스테이크로 손님들이 맛볼 수 있게 했다.

더 뜻밖의 혼마구로

세계에서 참치를 가장 많이 먹는 일본인, 그들이 최고로 꼽는 참치는 일본에서 잡히는 참다랑어다. 그 중에서도 혼슈와 홋카이도를 가르는 쓰가루 해협에서 잡은 참치가 왕중왕이다. 쓰가루津輕 해협을 바라보고 있는 곳, 아오모리靑森현 오오마大間항에서 출항한 어부들이 전통 조어법인 외줄낚시로 참치를 낚는다. 100kg이 넘는 참치는 어부 1명이 몇 년에 한번 잡을까 말까 싶을 만큼 희귀하다. 이런 참치는 도쿄의 쓰키지 시장에 넘기는 도매가격만 가볍게 수천만 원을 넘는다. 아주 드물게 200kg가 넘는 대물이 잡히는데, 경매가가 15억 원을 넘었던 경우도 있다. 이런 가격이 가능했던 이유는 역대급 참치가 가지는 홍보효과 때문이었다. 광고와 홍보를 위해 도쿄의 유명 스시집이나 수산물 회사가 말도 안 되는 초고가로 매입한 것이다. 비싼 참치라고는 하지만, 시중가의 열배가 넘는 10억 이상으로 판매되었으니, 그날 방송과 신문에 집중 보도되는 것은 당연한 일이다. '뇌에 혀가 달린 일본인들'에게는 너무도 좋은 가십거리다. 매수자는 일종의 홍보비로 상계하는 셈이다.

사실 에도사람들이 가장 사랑했던 생선은 만물 가다랑어였다. 참치에 비하면 가다랑어는 피 냄새와 등 푸른 생선 비린내가 심하다. 하지만 냉장기술이 발전하기 전에는 참다랑어 같은 대형 어류를 신선하게 보관 유통할 방법이 없었다. 참치가 맛있는 건 알고 있는데, 산지에서 시장까지 이송하는 게 가장 큰 문제였다. 1950년대에 이르러 냉장고가 대중화되면서 참치는 단숨에 일본을 사로잡은 마성의 식재료가 되었다.

우리나라에서 무한리필로 제공되는 참치는 사실 새치류다. 혹여 운이 좋아도 황다랑어 정도가 우리가 현실에서 먹을 수 있는 참치다. 가게에서는 참기름 장을 잔뜩 발라 김에 싸먹는 게 정도인 것처럼 권유한다. 진짜 참치가 아니니까 벌어지는 일이다. 참다랑어는 언감생심이고, 가게에서 그럭저럭 상태 좋은 눈다랑어를 요령 좋게도 구해서 제공한다고 치자. 살맛이 좋은 참치를 왜 기름장에 풍덩 담가 먹으라고 권하겠는가.

애초에 1인당 몇 만원의 가격에 무한리필로 참다랑어가 제공되기를 바라는 건 무리다. 진짜 화나는 건, 새치 중에도 가장 질 낮은 기름치를 버젓이 참치랍시고 파는 가게들이다. 기름치를 어떻게 구분하냐고? 쉽다. 참치 무한 리필인데, 가격이 1인당 3만 원 이하이라면 기름치로 의심해도 좋다. 기름치가 못 먹을 정도로 형편없는 생선이라 말하는 게 아니다. 기름치는 참치가 아닌데, 상술로 참치로 둔갑시키는 게 못마땅할 뿐이다.

일본에서 기름치를 참치로 속여 팔 가능성은 거의 없다. 일본 장사꾼이 한국보다 정직해서가 아니다. 참다랑어는 아니더라도 눈다랑어 정도는 서민들도 편하게 사 먹을 수 있다. 동네 슈퍼마켓에 가면 수입산 눈다랑어를 저렴하게 구매할 수 있다. 게다가 서민들이라도 혼마구로를 먹을 기회가 생각보다 많다.

뜻 있는 주인이 운영하는 동네식당은 가끔씩 이벤트를 벌인다. 터무니없이 비싸고 질 좋은 재료를 구입해 원가 이하로 제공하는 일종의 감사 이벤트다. 이 이벤트의 단골 식재료가 참다랑어인 혼마구로다. 진짜 혼마구로는 당연히 비싸지만, 매일 새벽마다 쓰키지를 뒤지고 뒤지다 보면 의외로 경매에서 주인을 못 만난 혼마구로를 건질 수도 있다. 이런 요행을 기대하기 어렵다면, 오랫동안 거래를 텄던 생선 도매상의 도움을 받을 수도 있다.

모든 물건에 정해진 가격이란 건 사실 존재하지 않는다. 누가 언제 어디서 누구에게 구매하는 가에 따라 가격은 달라지게 마련이다. 항상 비싸게만 구입하는 사람은 분이 터질 일이지만, 이게 현실이다. 누군가를 호갱으로 만든 마법의 상인이 누구에게는 원가 이하로 물건을 넘기는 천사가 될 수도 있다. 흥정을 잘해야 한다는 뻔한 이야기가 아니다. 매수자가 참치에 대해 오랜 시간 축적된 전문지식을 가지고 있고, 이를 바탕으로 신뢰를 형성한 도매상이 있다면 어쩌다 도움을 받을 수 있다는 얘기다.

오랜 시간 가게를 찾아준 단골손님들을 위해, 어렵게 구한 참치를 정성스레 손질한다. 비싼 재료니까 살점 하나라도 소홀히 할 수 없다. 팔면 팔수록 손해를 보는 이상한 장사를 마다하지 않는다. 이 정도면 열정을 넘어선 사명감이다.

조금은 이해된다. 가게를 떠받쳐주는 건 오랜 단골들이다. 전력을 다해 만든 음식을 단골들이 맛있게 먹는 모습은, 음식을 만드는 모든 사람의 꿈이다. 사명감이라고 했지만 자신이 가장 잘하고 보람 있는 일에 인생을 통째로 거는 일이다. 이런 일이 동네식당에서 빈번하게 일어난다. 부러운 일이다. 우리 동네에도 이런 가게가 있었으면 좋겠다.

가게에 얼굴이 있다면, 노렌

이자카야의 얼굴은 노렌이다. 건물에 들이치는 직사광선과 바람을 막기 위해 처음 내걸기 시작했는데, 지금은 가게의 상징으로 영업 중인지 준비시간인지 등을 알리는 기능으로 사용된다. 노렌이 내걸리면 영업 시작, 손님을 맞을 준비가 되었다는 말이다. 가게가 개점하기 전에 주인은 정성들여 노렌을 만들고, 가게가 문을 닫게 되면 가장 먼저 노렌을 정리한다. 가게 주인은 노렌에 마치 혼이라도 있는 것처럼 각별하게 아낀다. 가게의 흥망을 묘사한 표현에도 노렌이 자주 등장한다. 가게 주인이 도박 등의 스캔들로 신용에 금이 가면 "노렌에 흠집이 났다"라고 한다. 폐업하는 가게는 직설적으로 "노렌을 내린다"라고 표현한다.

이자카야 등 가게의 노렌은 대개 긴 막대에 로만쉐이드 형태의 짧은 천을 늘어뜨리는 형태가 일반적으로, 가볍고 다루기 쉽다. 그러다보니 사정 모르는 외국인 관광객들이 더러 노렌을 걷어서 기념사진을 찍는 해프닝을 벌이는데, 이건 아주 위험한 일이다. 가게 주인에게 들키면 그냥 혼나는 정도가 아니다. 노렌을 가지고 장난치는 손님들에게까지 친절한 일본인은 없다. 손님 앞에서 90도 이상으로 절을 하는 일본인의 친절함이 주어지지 않는다.

언젠가 한 번은 술에 취한 외국인 술꾼들이 장난삼아 이자카야의 노렌을 들고 달아나는 것을 보았다. 잠시 후 참사를 깨달은 가게 주인은 주방에서 가지고 나올 수 있는 가장 살벌한 조리 기구를 손에 든 채 엄청나게 고함을 지르며 그들을 쫓았다. 결국 경찰까지 출동했고, 술꾼들은 절도죄로 일단 본서로 이송되었다. 가게 주인이 나중에 합의해주었는지는 모르지만, 꽤 곤란을 겪었을 것은 뻔하다. 노렌을 건드리는 건 바로 그 가게의 자존심을 건드리는 것과 같다.

이자카야의 또 다른 상징은 초롱이다. 일본의 상점가나 술꾼 골목에는 어김없이 초롱이 걸려 있다. 초롱의 종류에는 크게 홍등과 백등이 있다. 홍등은 술이 주종인 이자카야에, 백등은 식사가 주류인 음식점 앞에 걸려 있는 경우가 많다. 괜찮은 식당과 이자카야는 모두 멋진 노렌과 홍등을 자랑한다. 노렌과 홍등에 가게의 긍지를 담는 것이다. 노렌과 홍등만 봐도 가게의 종목과 공력을 어느 정도 짐작할 수 있다. 노렌은 있는데 잔뜩 겉멋이 들어갔다. 세련된 색상이 제법 조화로운 노렌이 있는 가게라면, '아르바이트 형님이 레토르트 식품을 데워주기만 하는 가게는 아닐지…' 의심이 든다. 일체 겉멋이 없고, 가게 이름이나 대표 메뉴만을 노렌 한 구석에 수줍게도 적어 놓은 가게라야 묘하게 안심이 된다. '니코미煮込み;조림요리 같은 일식의 기본에 충실하겠는데?' '이런 가게라면 어느 정도 기대해도 좋아' 같은 생각이 절로 든다.

좋은 이자카야는 하나같이 깨끗하고 수수한 노렌이 걸려 있다. 가게 이름과 대표 메뉴 정도만이 수줍게 적혀 있는 경우가 많다. 이런 가게라면 입구도 역시 깨끗하게 청소되어 있다. 맥주박스 등의 술 상자가 쌓여 있더라도 보기 좋게 잘 정리되어 있다.

물론 노렌과 가게의 외관만으로 '좋은 가게다 아니다'를 판단하는 건 섣부른 일일지도 모른다. 다만 어느 정도 이런 경향이 있더라 정도로 해두면 된다. 가게 외관과 인테리어로 승부를 거는 것처럼 보이는 가게가 의외로 맛있을 수 있지만, 역시 확률은 떨어진다. 꾸미지 않은 듯 수수함과 깔끔함이 조화로운 가게가 역시 맛있다. 이게 동네 이자카야의 정석이다.

이걸로 솜씨 파악, 오토시
-

이자카야에도 물론 등급이 있다. 우리나라에서 이자카야는 대중술집의 어감이 강하지만, 일본에서는 요리와 술이 있는 곳이라면 모두 이자카야다. 편하게 문턱을 넘을 수 있는 동네 이자카야부터 고급 요정에 버금가는 레벨의 요리를 자랑하는 사치스런 이자카야도 있다. 고급 이자카야는 간판도 메뉴도 고급스럽고 불친절하다. 우선 간판은 이게 가게의 간판인지 의심스러울 정도로 작고 세련된 경우가 많다. 이름도 마치 시구에 나올 것 같이 풍류감이 넘치는 필체로 날려 써놓는다. 당연히 이곳이 이자카야인지 아닌지 알아보기 어렵다.

메뉴는 한 술 더 뜬다. 세계 어느 곳에서든 요리 이름은 대개 재료와 조리방법을 결합한 방식으로 짓는 게 당연하다. 뜻을 알고 메뉴를 읽어보면 음식의 모습이 대강 그려지는 법이다. 하지만 고급 이자카야는 다르다. 'OO의 가을'처럼 허세 가득한 작명센스부터, 제철 식재료임을 강조하기 위해 재료의 산지와 채취 시기까지 메뉴 이름에 포함시키기도 한다. 이름을 아무리 읽고 또 읽어봐도 대체 무슨 요리인지 짐작할 수 없다. 게다가 메뉴판은 고급 와시和紙;일본 전통 종이에 날마다 손으로 정

성스레 썼을 것이 틀림없다. 어쩐지 메뉴판을 오래 만지작거리기도 송구할 정도다. 이런 가게의 문턱을 넘기 위해서는 상당한 용기가 필요하다. 예약한 이름을 말한 후에도 몇 번이나 과도한 인사와 안내를 받은 후에야 겨우 자리에 앉을 수 있다. 먼저 건네주는 오시보리おしぼり;물수건의 재질도 나 같은 놈의 손을 닦기에는 황송할 정도로 고급지다.

유서 깊은 고급 이자카야를 맘먹고 찾은 만큼, 술과 요리의 주문도 멋지고 씩씩하게 하고 싶다. 요리도 술도 잘 알고 게다가 계절감과 풍류를 즐길 줄 아는 멋진 술꾼처럼 보이고 싶다. 잘 모르는 주제에 고급 이자카야를 찾았으니까, 먼저 가게에 이것저것 물어보면 좋으련만 어쩐지 이런 가게일수록 그러고 싶지 않은 마음이 먼저 든다. 아저씨 주제에 허세력은 쩔어서…. 잘 보이고 싶은 사람과 동행하면 한층 허세력이 배가 된다. 처음 온 주제에 몇 번이고 와 본 마냥 거들먹거린다. '아 이 시즌에 이 가게라면 이걸 먹어야지'라는 식으로 말이다. 그런 주제에 메뉴에 가격이 적혀 있지 않다는 걸 눈치 채고, 금방 불안에 떤다. 메뉴판에는 가격 대신 "이 가게는 몇 십 년 전에 문을 열었는데 선대의 가르침을 여전히 이어받아 음식에는 결코 타협하지 않는 어쩌고저쩌고"가 적혀 있을 뿐이다. 이런 걸 읽고 있노라면 대체 첫 메뉴로 뭘 주문해야 하는지에 대한 고민이 멈추지 않는다. 먼저 야채 절임류로 시작하는 게 좋을지 단숨에 생선요리부터 시작하는 게 좋을지, 술은 같이 주문해야 좋을지 나중에 해야 좋을지…. 정보 부족에 선택장애로 괴로워하고 있을 그때, 뭔가 먼저 나온다. 주문하지도 않았는데 다짜고짜 나오는 작은 안주. 손님에게 물어보지도 않은 채 먼저 나오는 안주, 오토시お通し다.

오토시는 일종의 전채요리다. 본격적으로 요리나 안주를 주문하기 전에 가볍게 한 잔 하면서 곁들일 수 있는 작은 요리다. 우리 횟집에서 기본 상차림으로 주는 쓰키다시를 한 종류만 조금 준다고 생각하면 이해가 쉽다. 쓰키다시는 간사이 지역에서 오토시처럼 쓰이는 말인데, 손님이 자리에 앉자마자 곧바로 내준다는 뜻에서 쓰기다시突き出し라고 한다.

고급 이자카야라면 오토시조차 허투루 내지 않는다. 오토시는 단품요리와 코스로 이루어진 그 날의 차림을 짐작할 수 있는 일종의 단서가 된다. 마침 품질 좋은 참치가 들어왔다면, 오토시로 붉은 살이 식욕을 자극하는 참치 중뱃살 간장절임이 나올 수도 있다. 송이버섯이 그날의 메인이라면 버섯 질그릇 찜의 일부를 보기 좋게 작은 접시에 담아낼 수도 있다.

전국 체인 이자카야라면 레벨이 훅 떨어진다. 삶은 콩을 꼬투리 째 차게 식혀 내기도 하고, 숟가락보다 조금 큰 사이즈의 연두부를 주기도 한다. 이건 뭔가 성의 없어 보이지만, 가격을 생각하면 또 그런대로 수긍할 수 있다.

오토시의 가격은 가게마다 다른데 보통 200엔에서 500엔 사이가 일반적이다. 일종의 자릿세 또는 웰컴푸드처럼 생각하면 고개가 끄덕여지는 일이다. 별도의 안주를 주문하지 않고 오토시만 먹고 나가도 문제없기 때문이다. 평소에 좋아하는 음식이 오토시라면 다행이지만 먹기 싫어하는 음식이 나왔다면 생각이 달라진다. 젓가락 한번 대지 않아도 요금은 그대로 지불해야 한다. 식당에 앉자마자 김치와 몇 가지 찬이 기본으로 깔리는 한국인이라면 조금 억울할 수도 있는 문화다.

이자카야에서 계산할 때 주문한 요리와 술의 가격보다 몇 백엔 비싸게 나왔다고 항의했다는 이야기를 가끔 듣는다. 이건 오토시 가격이 포함된 것이다. 오토시가 싫다면 가게에 들어가자마자 문의해야 한다. 가게에 따라 손님이 원하지 않으면 오토시를 제공하지 않는 곳도 있다. 아예 오토시 자체가 없는 가게도 있지만 소수다. 사실 오토시는 일본 내에서도 으뜸가는 떡밥이다. 언제나 누구에게 물어봐도 찬반이 팽팽하게 갈린다. 일본 지인들에게 물어봐도 찬성파와 반대파가 절묘하게 나뉜다. 다만 술을 좋아하는 쪽이 오토시에 대해 조금 더 긍정적이라고 할까. 술꾼이라면 앉자마자 술을 마시고 싶고, 술을 마신 후 안주가 눈앞에 보이면 기쁜 법이니까.

오토시의 긍정적인 기능은 처음 가는 가게의 수준을 어느 정도 짐작할 수 있다는 점이다. 본격 이자카야라면 오토시에도 혼을 불어넣는다. 일본식으로 표현하자면 오토시에도 기합을 잔뜩 넣고 만든다. 니코미, 두부요리, 야채절임 등의 입맛을 돋우는 간단한 것부터 스지, 닭고기 사시미, 아귀 간처럼 메인 메뉴에 등장할 법한 오토시도 있다. 골목 이자카야라고 믿기지 않을 정도의 깜짝 놀랄 만큼 수준 높은 오토시를 만나기도 한다.

정말 가끔은 형편없는 오토시를 만난다. 가장 기분 나쁜 건, 오토시를 한 번에 대량으로 만들어 놓고 며칠이고 계속 사용하는 가게다. 오토시를 마치 냉장고의 남은 식재료 처치 정도로 생각하는 게 틀림없을 수준이다. 정말 그렇다면 당장 그 가게를 떠나는 편이 좋다. 그리고 반드시 구글맵에 못된 가게로 저장해 놓자.

포장마차에 세월을 더하니, 노포

노포는 문화적 다양성의 상징이다. 노포는 재미있는 거리를 만드는 데 큰 역할을 한다. 노포가 있는 거리는 당연히 개성이 넘친다. 대기업 부동산업자가 개발한 깔끔한 음식 거리와는 비교할 수 없다. 일본은 우리보다 노포가 많다. 그만큼 거리 풍경이 다채롭고 재미나다.

특이한 건 포장마차에도 노포가 있다는 점이다. 게다가 여전히 성업 중이다. 포장마차니까 분명히 어엿한 가게를 임대할 수 없었던 서민이 시작했을 것이 분명하다. 그렇게 거리에서 장사를 시작한 것이 원점일 텐데, 이런 포장마차조차 대를 잇고 또 어엿한 노포가 된다. 이런 게 진짜 일본의 저력이 아닐까. 동네 포장마차가 역 근처의 이면도로에 무심한 듯 툭 던져져 있을 수 있는, 그러면서 대를 이을 수 있는 '지역' 혹은 '지역 코뮤니티'의 존재감. 이게 진짜 매력이다.

일본에선 50년대까지 도시 곳곳에 포장마차가 성업했다. 후에 급속한 경제발전을 거치며 위생 등의 이유와 세금문제로 많은 수의 포장마차가 사라졌다. 특히 1964년 도쿄 올림픽이 결정적 계기였다. 아시아 최초의 올림픽을 앞둔 일본인에게 포장마차는 외국인에게 보여주기 싫은 오래되고 낡은 악습이었다. 일본 정부는 포장마차를, 정겨운 도시 서민의 풍경을 그야말로 단숨에 쓸어버렸다. 많은 일본인이 여기에 침묵으로 동의했다. 그리고 24년 뒤 서울에서 올림픽이 열렸다. 우리는 착실하게 일본의 모습을 그대로 따라했다. 한국의 포장마차는 말 그대로 순식간에 전멸했다.

그렇다고 포장마차를 무조건 예찬할 수만도 없다. 전기와 물을 마음대로 쓸 수 없는 환경이니까, 아무래도 위생이 문제가 된다. 상하수도 시설과 대용량 냉장고가 완비된 가게만큼 위생이 안전하다고 말하기는 어려운 게 사실이다. 포장마차는 대개 현금만 취급하니까 탈세의 유혹에 빠지기도 쉽다. 포장마차는 임대료를 지불하지 않는다. 정당하게 세금과 임대료를 지불하고 영업을 하는 가게로서는 억울한 마음이 드는 것도 당연하다. 가격도 생각보다 저렴하진 않다. 아무래도 재료의 보관이 용이하지 않으니까, 대량으로 음식을 만들어 박리다매를 추구할 수 없기 때문이다.

이 모든 단점에도 불구하고 포장마차는 매력적이다. 역시 포장마차만의 묘한 정감이 있다. 길거리에서 음식을 먹는 것도 쉽게 포기할 수 없는 재미다. 비라도 내리는 날이면 포장 위로 듣는 빗소리가 정말 일품이다. 없던 풍류가 절로 생겨난다. 게다가 일본인은 포장마차를 좋아하기로 세계 으뜸가는 민족이다. 일본에서 포장마차가 아예 사라지는 일은 좀처럼 일어나지 않을 것 같다. 실제로 여전히 일본 곳곳에 다양한 음식을 파는 포장마차가 성업 중이다.

80년대 이후 각 도시마다 포장마차가 가진 관광객 유인효과에 주목하기 시작했다. 지자체별로 차이는 있지만 포장마차도 합법적으로 영업할 수 있는 조례를 만들었다. 드디어 포장마차도 노포가 될 수 있는 길이 합법적으로 열린 것이다. 전통의 계승이라는 측면에서, 포장마차의 영업을 직계 가족이 승계할 경우 같은 장소에서 계속 영업을 할 수 있게 만들고 있는 추세다. 지자체에 매출을 정직하게 신고하면 그에 맞는 세금을 부과한다. 세금을 납부하고 주기적으로 위생검열을 받으면 시에서 포장마차 인증을 갱신해준다. 지방정부의 인증은 시민들이 안심하고 포장마차를 찾게 만드는 최소한의 안전장치다.

일본의 모든 지자체가 이런 정책을 시행하고 있는 건 아니다. 그 결과 포장마차의 절대 수가 증가하지는 않지만, 눈에 띄게 줄지도 않는 기묘한 평형상태를 유지하고 있다. 일본 어디나 적정수의 포장마차가 합법과 편법의 경계에서 나름의 생존을 유지하고 있다.

골목 여행자의 작은 예의
-

포장마차의 밀집 지역은 역시 도시의 유명 관광지 인근이다. 외지 관광객들, 외국인은 물론 일본 각지에서 몰려드는 일본인들까지 한데 섞여 몰려드는 곳에서 한두 블록 떨어진 곳이면 포장마차 한두 개 정도는 어렵지 않게 찾을 수 있다. 물론 지극히 평범한 동네 주택가 초입에 떡하고 버틴 채 영업 중인 포장마차도 꽤 있다. 아무래도 더 재미있는 쪽은 동네 포장마차다.

동네 포장마차에서 딱히 레벨 높은 요리를 기대하긴 어렵다. 포장마차 조리대의 화력과 재료 보관 능력을 생각한다면 당연한 일이다. 다만, 동네 포장마차에는 관광지 포장마차에서 절대 만날 수 없는 얼굴의 동네사람들이 있다. 포장을 걷고 들어서면, 한두 잔 마시면서 서로 두런두런 떠드는 재미로 포장마차를 찾는 사람들의 얼굴이 보인다.

파친코에서 방금 나온듯한 얼굴의, 눈썹이 하얀 할아버지가 먼저 말을 걸었다.

"형씨 못 보던 얼굴인데? 이사라도 온 거야?"
"혼자입니다만… 아… 안녕하세요? 네? 이사요?"
내 대답은 기다리지도 않고, 파친코에서 할아버지 근처에 앉아 있다가 포장마차에 조금 늦게 합류한 듯한 아주머니가 말을 잇는다.

"억양이 조금 독특한데? 오빠는 외국인이야?"
"아… 네… 일단은 외국인입니다만….'

금세 다른 사람들이 깜빡이도 켜지 않고 대화 차선에 끼어든다. 일본인도 꽤 수다스러운 사람이 많다니까.

"이런! 이 동네에도 외국인이 다 찾아오네! 반가운 일이야. 자 한 잔 받아."
"패션 감각이 중국인이나 한국인은 아닌데? 어디 사람이야?"
"아… 죄송하지만 한국인인데요."

진짜 죄송한 게 아니다. 낯선 곳에서 모르는 사람이 한꺼번에 말을 걸면 주눅 드는 게 당연할 뿐이다.
이쯤 되면 누가 말을 붙이는지 모를 정도다.

"한국인? 오오~ 우리 친척 중에 한국인과 결혼한 사람이 있어. 그 사람 이름이… 음… 키무 상이었나? 리 상?"

듣는 이에 따라 매우 친근하게도, 또 공격적으로도 해석할 수 있는 말투다. 하지만 조금만 더 듣다보면 그들의 말투와 태도에 적의가 없음을 발견할 수 있다. 그리고 포장마차 안의 분위기가 생각보다 화기애애하다는 걸 깨닫게 된다.

"이봐 이봐, 이거 한 번 먹어봐. 이 집은 이게 끝내준다고!"
"이봐요! 그 사람이 뭘 좋아하는 묻지도 않고 저런 걸 주면 실례잖아요!"
"한국인이라고요? 서울에 한번 가봤어요. 재미있고 맛있었습니다."

물론 아무리 따뜻한 공간에서도, 귀찮은 이방인을 말없이 쏘아보기만 하는 아저씨 아줌마 한 명 쯤은 반드시 만날 수 있다. 잊지 말자. 나는 관광지도 아닌 평범한 주택가 골목에 스며든 외지인이고, 외지인 주제에 이 동네의 속살을 구경하겠다고 덤비는 성가신 존재일 뿐이다. 동네사람들이 온당히 누려야할 평범하고 평화로운 저녁에 작은 돌을 던지는 외지인일지도 모른다.

관광지가 아닌 평범한 동네를 여행할 때는 이런 점을 주의해야 한다. 그 동네가 신기하답시고 길 한복판에 서서 아무렇게나 셔터를 누르

오뎅과 철판구이가 전문인 역 인근의 포장마차. 50대 후반의 아주머니가 주인으로 선친에게 물려받아 2대째 영업 중이다.

고 다니는 건 곤란하다. 동네사람들만 다니는 카페나 식당에 자리를 잡는 건 좋지만, 어디서 뭐 신기한 일 안 벌어지나 하는 얼굴로 동네사람들을 감시하듯 쳐다보는 건 조심해야 할 일이다. 즐겨 보는 애니메이션이나 영화, 드라마에 등장한 동네에 드디어 왔다고, 감개무량한 얼굴로 우두커니 우수에 젖어 있는 것도 조금은 조심해야 한다. 평범한 동네 골목의 주인은 관광객이 아니라 그 동네 사람들이니까. 이건 일본이 아닌 어느 나라를 가더라도 마찬가지다.

생각해보자. 어느 평범한 동네 골목길에 사연 깊어 보이는 가게를 발견하고 기쁜 마음에 들어갔다 치자. 테이블 서너 개의 작고 아담한 찻집, 마스터와 단골로 보이는 손님 몇몇이 도란도란 수다를 떨고 있다. 낯선 동네 골목길에서 발견한 유서 깊어 보이는 찻집이, 우리에게는 낯설고 신기한 작은 모험처럼 여겨질 수도 있겠지. 그렇지만 그곳은 동네 사람들에겐 특별할 것 하나 없이 느긋한 일상을 보내는 공간이다. 그런 공간에 낯선 외국인 관광객이 호기심에 가득한 눈동자를 이리저리 굴리며 탐욕스럽게 사진이나 찍어댄다면 과연 반갑기만 한 일일까.

낯선 동네에 들어갈수록 그리고 깊이 더 들어갈수록 주인공은 내가 아닌 그 동네 사람이다. 그 동네 사람들에게 이방인의 호기심을 채워줄 의무는 없다. 오히려 이방인이 동네의 일상에 겸허한 마음으로 스며들어야지. 그게 동네 여행자의 매너이자 예의다.

이자카야 B급 구루메 대격전

좋은 재료를 실력 좋은 요리사가 정성껏 조리한다. 그러면 맛있는 음식이 나오지 않을 수 없다. 그렇다면 실력 좋은 요리사가 그럭저럭인 재료를 만나면 무슨 일이 벌어질까? 반대로 보통사람이 아주 좋은 재료로 요리를 만든다면 어느 쪽 요리가 더 맛있을까?

물어볼 것도 없다. 실력 좋은 요리사라면 형편없는 재료라도 무엇이든 뚝딱 만들어낸다. 최고의 요리를 위해서 최고의 식재료는 꼭 필요하다. 맛있는 요리를 만들기 위해, 재료와 요리사 중에 더 핵심요소는 역시 요리사다. 그럭저럭 재료도 얼마든지 구루메가 될 수 있다. 다만 재료가 최고급은 아니니까, A급 요리가 아니고 B급 요리인 것이다. B급이지만 얼마든지 맛있으니 구루메를 붙일 수 있다. 그렇게 B급 구루메B級グルメ가 탄생했다.

B급 구루메는 최고급은 아니지만 완성도 높은 서민음식이다. 열심히 연구하고 독창적인 조리법으로 완성한 어엿한 요리다. 1980년대 일본 잡지에서 시작한 이 신조어의 정의는 "저렴한 가격으로 쉽게 만들 수 있으며, 일상생활에서도 쉽게 먹을 수 있는 음식을 통틀어 이르는 말"이다. 일본의 동네식당과 이자카야들은 모

두 B급 구루메의 달인들이다.

일본에는 일일이 꼽기도 어려울 만큼 다양한 B급 구루메가 존재한다. 스트리트 푸드, 핑거 푸드, 야시장 음식 등을 모두 B급 구루메로 얘기할 수 있다. 그중 비교적 최근에 일본 전국적으로 각광받은 대표 B급 구루메를 이야기해 보자.

1. 라사라

라사라^{ラサラ}는 라멘사라다^{ラーメンサラダ}의 준말이다. 인스턴트 라면의 면만 삶은 뒤, 각종 채소와 샐러드 재료로 버무려 내는 간단한 요리다. 삿포로에서 시작해 이제는 전국의 이자카야에 진출해 어느새 일본 전국 메뉴가 되었다.

나고야에 본사를 둔 일본 최고의 식초 및 조미료 회사 미즈칸(MIZKAN)이 제공하는 레시피 중 라사라 편. 맛있는 라사라를 위해 미즈칸의 요리술, 츠유, 참깨드레싱 등을 사용하라고 권유하고 있다.

일본에서 새로운 메뉴가 대중 속으로 얼마나 깊이 파고들었나 하는 척도는 가정식과 학교 급식 이렇게 두 가지다. 라사라가 어느 정도로 인기를 끌고 있냐면, 가정식은 말할 것도 없고 학교 급식으로도 자주 나오는 메뉴가 되었을 정도다.

30여년 정도밖에 안 되는 신생 메뉴의 시초는 삿포로 최고의 호텔이 개최한 비어홀 축제에서 선보인 것이었다. 한마디로 특급호텔의 일류 요리사가 탄생시킨 최첨단 메뉴였던 것이다. 별 볼일 없는 메뉴를 일류 요리사의 창의력으로 멋지게 뒤바꾼 것이다. B급 구루메에 정말 잘 어울리는 서사다.

처음에는 데친 라면에 샐러드용 채소와 삶은 달걀을 토핑하고 마요네즈로 드레싱을 한 단순한 메뉴였다. 지금은 상상할 수 있는 모든 샐러드 종류에 삶은 인스턴트 라면을 넣기만 하면 라사라로 인정받는다. 그만큼 베리에이션이 다양하다.

라사라는 차게 먹는 음식이다. 차게 식힌 라면과 여러 채소의 식감이 제법 조화롭다. 마요네즈와도 잘 어울린다. 일본 요리는 채소를 많이 섭취할 수 있는 메뉴가 의외로 부족하니 채소 부족을 해결하기 위해서도 매우 좋은 메뉴다. 이자카야에 라사라가 있다면 주저 말고 주문해보자.

2. 큐브 스테이크

두툼한 고기는 먹고 싶은데 정통 스테이크 가격은 부담스러울 때, 딱 좋은 선택이다. 큐브 스테이크는 지금은 우리에게 스트리트 푸드로 더 친숙하다. 납작한 육각면체를 닮아 큐브 스테이크라고 부른다. 스테이크는 일본어로 '스테키ステーキ'로 부른다. 일본에서 큐브 스테이크는 주사위를 뜻하는 '사이코로サイコロ'를 붙

여 '사이코로 스테키'라고 한다. 듣고 보니 확실히 주사위를 닮았다.

어쩐지 서양의 요리법을 일본에서 요리조리 변형했을 것 같지만 오히려 일본이 오리지널이다. 사이코로 스테키의 탄생에는 여러 설이 있는데 니혼바시 양식당 유래설이 제일 그럴듯하다. 1970년대 일본의 초고도 성장기 때 니혼바시 주변의 돈 많고 바쁜 증권맨들을 위해 탄생했다는 것이다. 니혼바시 인근에는 대형 은행의 본점과 대형 증권사가 가득했다. 그 거리의 잘 나가는 엘리트 증권맨들이 스태미나 증진차 점심에도 스테이크를 먹고 싶었다. 그런데 포크와 나이프로 일일이 자르는데 너무 시간이 걸려 불만이었다.

야마가타의 요네자와시에서 메이지 27년 (1894년) 문을 연 쇠고기 전매점 토키와(登起波)가 크리스마스 시즌을 맞아 판매하는 사이코로 스테키 세트. 넓적다리와 어깨 부위에서 고기의 풍미를, 갈빗살에서 지방의 단맛을 느껴보라고 하고 있다.

니혼바시의 한 양식당에서 그런 손님들을 위해 스테이크를 한 입 크기로 미리 잘라 서빙했다. 질 좋은 고기를 듬뿍 사용해 가격은 다소 비쌌지만 초고도 성장기의 증권맨들에게는 돈보다 시간이 소중했다. 나이프 없이도 젓가락으로만 빠르게 먹을 수 있는 스테이크에 증권맨 손님은 대만족했고, 이것이 일본 전국으로 퍼져나갔다는 이야기다.

출신은 이렇듯 고귀했지만 지금은 주로 값싼 소고기의 다양한 부위로 만들어낸다. 동네 이자카야에서도 부담 없이 고를 수 있는 메뉴가 되었다. 사이고로 스테키야말로 값싼 B급 구루메의 좋은 예다. 오죽하면 한국까지 건너와서 스트리트 푸드가 되었을까.

3. 시실리안 라이스

음식 자체보다 이탈리아의 시칠리아에서 이름을 따온 작명 센스 자체가 B급 구루메에 적당하다. 이탈리아어 '시칠리아'는 영어로 '시실리아'라고 읽는다. 그래서 시실리안 라이스シシリアンライス라는 이름을 붙였는데 정작 시칠리아와는 아무 관계도 없

시실리안 라이스의 발상지인 사가현 사가시 옛 사가성터 근처에 위치한 사가 레트로 뮤지엄(佐賀レトロ館)에서 판매하는 특제 시실리안 라이스. 특제 로스트비프에 색색의 야채가 얹어졌다.

다. 시칠리아는커녕 어떤 이탈리아 요리의 영향도 받지 않은 일본의 순수 창작 B급 구루메다.

시실리안 라이스의 어원에는 나름의 이유가 있다. 요리에 사용되는 토마토의 붉은 색, 계란의 흰 색, 오이와 양상추의 녹색을 보고

이탈리아의 삼색기를 떠올려서 시실리안 라이스라 지었다고 한다. 아무말대잔치 같은 작명 센스가 귀여움을 넘어 존경스럽기까지 하다. 이름만으로도 B급 구루메에 잘 어울린다.

레시피는 라사라 만큼이나 간단하다. 접시에 흰 밥을 깔고 그 위에 고기고명과 샐러드용 채소를 올리는 것이 기본형이다. 고기와 채소를 얹은 레시피라면 어떤 조합도 가능하다. 고기 대신 소시지를 넣는 변형도 가능하고 채소는 샐러드용이라면 무엇이든 가능하다.

규슈의 사가현에서 처음 시작했다고 한다. 큐브 스테이크처럼 사가현의 긍지 높은 레스토랑 셰프가 만들었다고 전해진다. 사가현의 원조는 맨 위에 얇게 슬라이스한 고구마튀김을 얹기도 한다. 지금은 라사라처럼 고기 고명의 종류와 채소의 종류가 무한대로 진화했다는 점이 B급 구루메답다. 역시 훌륭한 요리사는 별 것 아닌 재료로도 좋은 요리를 만들어낸다.

지금은 도쿄에서도 맛볼 수 있는 가게가 점점 늘어나고 있다. 사가를 벗어난 곳의 가게에 따라서는 시실리안 라이스라고 부르지 않는 곳도 있는데, 이런 것이야말로 B급 구루메의 특징이다.

4. 나폴리탄

나폴리탄ナポリタン은 한국인이 많이 먹어봤는데 의외로 잘 모르는

일본 B급 구루메의 원조 격 요리다. 한마디로 파스타의 일본식 재해석이다. 서양요리가 본격화되기 시작한 메이지 후반기와 쇼와 초기 사이에 만들어졌다는 게 정설이다. 오래된 만큼 정확한 기원을 찾기 어렵다. 당시 서양요리는 종류를 가리지 않고 고급이었다. 파스타는 근사한 양식당에 가서야 겨우 먹을 수 있던 고급요리였다. 파스타의 정확한 조리법을 아는 사람도 매우 적었던 시기다.

일본 최대의 라면 제조 업체 니싱(日淸)에서 판매하는 나폴리탄 오오모리(大盛り:수북하게 담음, 또는 그 담은 것)의 광고 장면. 우리로 치면 곱빼기만큼 쌓아올린 나폴리탄의 면모가 강력하다.

탄생연대를 가장 늦게 잡아도 1930년대다. 그러니 사실 나폴리탄은 80년이 넘은 어엿한 일본 전통요리의 반열에 오른 셈이다. 지금 우리가 흔히 먹는 부대찌개도 채 60년이 안된 역사를 가지고 있으니 생각해보면 나폴리탄의 역사는 꽤 깊다.

나폴리탄은 고도 성장기를 거치며 식당보다는 오히려 동네의 카페에서 더 많이 만들어 파는 음식의 대명사가 되었다. 따라서 제대로 된 나폴리탄을 맛보고 싶다면 식당보다는 오히려 동네 골목 어귀에 숨어 있는 카페를 찾는 편이 좋다.

기원을 미국의 통조림 스파게티에서 찾기도 하는데 어느 정도 일리 있다. 나폴리탄의 특징은 면에 있다. 파스타 면 삶기의 정점인 알 덴테_{al dente, 면의 심이 남도록 삶는 방식}와 전혀 다르다. 나폴리탄은 면을 대량으로 삶아 수분이 빠지지 않게 기름을 발라 보관한다. 면심은 흐물흐물 해지는 대신, 특유의 부드러운 맛이 나온다. 미국의 통조림 스파게티도 면심이 딱딱하지 않아 툭툭 끊어지는 식감이다. 정통 파스타가 진짜 토마토로 소스를 만드는 데 비해 나폴리탄은 케첩을 사용하는 것도 포인트다. B급 구루메의 원조답다. 규슈 나가사키에서는 나폴리탄에 돈가스와 볶음밥을 한 접시에 얹어 토루코 라이스라는 박력 넘치는 이름으로 판매하고 있다. 나폴리탄이 변형되어 나가사키의 명물 토루코 라이스를 만드는 부품으로 자리 잡은 셈이다.

시칠리아에 시실리안 라이스가 없듯, 나폴리에도 나폴리탄이 있을 리 없다.

5. 유즈고쇼

앞에서 만난 B급 구루메는 모두 서양 요리를 일본식으로 재해석해 멋지게 성공시킨 기원을 지녔다. 기존의 것에 만족하지 않고, 여러 요리의 장점을 이리 저리 조합해 새로운 요리로 만들어 내는 능력은 일본 현대 요리의 가장 큰 특징이다.

이런 일본 특유의 능력은 양념의 영역까지 확장되었다. 유즈고쇼

柚子胡椒;유자후추는 규슈에서 탄생한 전대미문의 조미료인데 등장하자마자 단숨에 일본 전국을 재패했다. 게다가 완성형 요리가 아닌 조미료라는 점에서 정말 특이하다. 이름에 후추고쇼;胡椒가 들어가는데 사실 후추는 없다. 다만 톡 쏘는 매운맛이 후추를 닮았다고 이름에 후추를 넣은 것뿐이다. 이런 작명 센스도 B급 구루메 정신에 어울린다.

오이타(大分)의 아소노(阿蘇野) 마을 쿠로다케소(黒獄荘) 여관에서 만드는 1년 숙성 유즈고쇼. 근처에서 솟는 탄산약수에 차갑게 말아먹는 소면이 유명한 곳으로, 20여 년 전 평소의 와사비 양념을 대체하기 위해 자기네만의 유즈고쇼를 개발했다고 한다. 오이타를 비롯해 큐슈 지역에는 자가 제조(自家 製造)를 내건 수많은 유즈고쇼가 만들어져 판매되고 있다.

만드는 방법은 의외로 간단하다. 절인 고추에 유자 껍질과 소금을 갈아 넣어 숙성시켰다. 기본적으로 매운맛과 짠맛 사이에 시트러스 계열의 과일이 주는 신맛을 섞어 상큼하게 만든 것이다.

좋은 요리는 여러 가지의 맛으로 레이어를 만든다. 유즈고쇼를 마지막에 살짝 발라주는 것만으로도 요리가 독창적으로 맛있어진다. 유즈고쇼는 정말 독창적이면서도 압도적으로 개성 넘치게 맛있는 양념이다.

유즈고쇼는 거의 모든 고기와 어울린다. 제일 추천하는 육류는 닭

고기 구이나 맛이 산뜻한 가마보코^{かまぼこ;어묵의 일종}다. 사실 튀김요리, 두부요리, 생선요리 그 어느 것에도 잘 어울리는 만능 조미료다. 우리 백화점 슈퍼마켓과 지하 식품 코너에서도 쉽게 찾을 수 있지만 생각만큼 저렴하지는 않다. 이제는 규슈를 넘어 일본 전국에서 흔히 구할 수 있는 조미료니 여행할 기회가 되면 구입을 추천한다.

서서 마시니까,
다치노미야

다치노미야가 뭐길래

현지 문화에 가장 잘 녹아드는 방법 중 하나는 현지의 음주문화 체험이다. 특히 로컬에서만 일어나는 일상에서의 음주문화가 제일 좋다. 일본에서는 동네 이자카야가 딱 그런 공간이다.

그런데 보통 동네 이자카야에는 작은 단점이 하나 있다. 터줏대감인 단골들이 언제나 점령하고 있다. 단골들은 가게에 촘촘한 결계를 쳐놓는다. 그 결계를 깨뜨리고 호기롭게 문을 여는 데는 생각보다 큰 용기가 필요하다. 설령 용기를 내서 입성해도 가게 안은 이미 단골들로 점령, 초만원이다. 단기 여행자가 느끼는 뻘쭘함은 어쩔 수 없다. 로컬의 음주문화를 어색함 없이 체험할 수 있는 곳은 없는 걸까?

이럴 때 정말 좋은 술집이 있다. 단골들이 가득 있어도 가게의 공기에 스며드는 데 전혀 어색함이 없는 곳, 바로 다치노미야다. 선 채로 마신다는 다치노미立ち飲み에 집이나 가게를 부르는 야屋가 붙었으니 말 그대로 서서 먹고 마시는 곳이다. 우리말로 선술집. 이런 선술집은 단골들이 결계를 치기 힘들다. 뿌리내리듯 의자에 앉아 있는 것이 아니기 때문이다. 아무리 단골이라 해도 몇 시간이고 서서 먹고 마시기는 힘든 법이다.

서서 먹는 집은 저렴하다. 아니 저렴할 수밖에 없다. 의자와 넓은 테이블을 치웠으니, 그 공간만큼 손님을 더 받을 수 있다. 당연히 회전율이 빠르다. 제 아무리 술꾼이라도 선 채로 몇 시간이고 술을 마시지는 않는다. 적당히 마시고 적당히 먹으면 곧장 가게를 나서기 마련이다.

계산도 주문과 동시에 하는 시스템이다. 당연히 회전율은 더 빨라진다. 이런저런 이유로 선술집의 가격은 꽤나 저렴하다.

일본에서 선술집은 언제 찾으면 제일 좋을까? 아직 해가 지지 않은 조금 늦은 오후, 갑자기 술이 당긴다. 저녁이라기엔 턱없이 밝은 시간이라, 본격적으로 자리를 잡고 술을 마시기에는 조금 겸연쩍다. 다치노미야는 이럴 때 제격이다. 일본은 혼밥과 혼술의 천국이다. 혼자서 밥을 먹는다고 주눅 드는 사람도 없고, 눈치 주는 사람도 없다. 혼자서 술을 마신다고 스스로 주정뱅이 취급을 하는 사람도 없고, 쓰레기처럼 보는 시선은 더더욱 없다(아니 뭐 조금은 있을지도…). 이런 혼술의 천국 일본에서도 다치노미야는 끝판왕이다.

조금 이른 퇴근길을 자축하러 한잔…
친구와 술을 마시고 헤어졌는데 왠지 술이 조금 부족해 또 한잔…
맛집을 찾아 나서기는 싫고 집에는 먹을 게 변변찮아 한잔…

일본인이 혼자서 다치노미야를 찾는 이유들이다. 그렇다고 다치노미야를 친구 하나 없는 술꾼들의 집합소처럼 생각하면 곤란하다. 삼삼오오 무리를 이룬 손님이 훨씬 많다. 앉아서 테이블을 사이에 두고 마주보는 모양이 아니다. 작은 스탠딩 테이블을 두고 어깨를 맞대듯 서 있으니, 목소리는 더 작아지고 거리는 더 좁아진다. 인기 만점의 다치노미야라면 모르는 일행과의 합석도 당연하다. 의자에 앉아서라면 조금 서먹하기도 할 텐데, 다치노미야의 합석은 숨 쉬는 공기를 의식하지 못하는 것처럼 자연스럽다. 다만 합석객이 수다스러운 술꾼이라면 조금 귀찮아질지도.

다치노미야의 술과 안주는 저렴하지만 맛까지 저렴한 것은 아니다. 매일 앉아서 먹던 음식을 서서 먹으니 어쩐지 맛이 달라진다. 길거리 음식을 먹는 것처럼 별 것 아닌 요리도 맛있어진다. 심지어 조금 맛이 떨어져도 어쩐지 관대해진다. 서 있기 때문에 만들어지는 마법. 어쩌면 몸이 조금은 불편해진 나머지, 먹는 것으로 작은 긴장감이 무의식 중에 풀어지는 것일 수도.

다치노미야라고 다 허름한 분위기는 아니다. 꽤나 세련된 다치노미야도 얼마든지 있다. 오피스가의 인근 다치노미야는 예외 없이 와인을 구비하고 있다. 아예 안주도 캐주얼한 프렌치나 이탈리아 요리만을 판매하는 곳도 많다. 일본 특유의 건축문화인 복합역사의 근사한 지하상가에도 세련된 다치노미야 하나 정도는 있게 마련이다. 이런 곳은 그냥 지나치기 어렵다. 일정에 크게 무리가 없으면 '여행 중인데 뭐 어때? 대낮이지만 가볍게 한잔 정도쯤이야 뭐…' 이런 마음으로 그대로 직진.

멤버십 와인바처럼 근사한 일자 카운터가 가게를 크게 반으로 가른다. 물론 카운터 앞에 스툴 의자는 없다. 홀에는 스탠딩 테이블이 섬처럼 박혀 있다. 가방 하나 정도 올려놓으면 꽉 차 보이는 작은 스탠딩 테이블. 마치 어느 호텔 작은 연회실에서 열리는 스탠딩 파티처럼 보일 정도다. 멋지게 차려입은 커리어 우먼들이 삼삼오오 와인 잔술에 치즈 모둠을 주문하는 곳. 이렇게 세련된 다치노미야도 많이 있다.

북오프가 만든 서서 먹는 레스토랑

입식 가게에 술집만 있는 것은 아니다. 일류 레스토랑 출신의 셰프들이 고급재료를 사용하는 입식 레스토랑도 있다. 긴자에서 본점을 시작했을 정도로 세련된 이미지의 다치노미야가 있다. 취급하는 품목도 프렌치와 이탈리아 요리가 메인이다. 근사한 프렌치, 이탈리아 요리를 서서 먹는다. 그것도 가벼운 캐주얼이 아니라 꽤 본격적인 프렌치와 이탈리안이다. 가게 이름도 재미있다. '오레노俺の' 우리말로 '나의'라는 뜻이다. 즉, '나의 프렌치 레스토랑' '나의 이탈리아 레스토랑'이런 식이다. 서서 먹는 일류 레스토랑이라는 멋진 콘셉트는 금세 도쿄 힙스터의 마음을 사로잡았다.

오레노는 회전율을 극단적으로 높여 남는 이윤으로 좋은 식재료를 쓴다. 재료비 등을 포함한 순수 원가율이 40%가 넘고, 심지어 60%에 육박하거나 요리 종류에 따라 100%를 넘는 것도 있다. 팔면 팔수록 손해를 보는 메뉴도 있는 셈이다. 이런 메뉴는 매출을 위해서가 아니라 손님에 대한 서비스와 가게의 이미지를 높이기 위한 마케팅으로 봐야 한다. 마케팅이 좋으니 손님이 늘어난다. 믿을 수 없이 좋은 재료를 일류 셰프가 조리하면서도, 회전율이 빠르니 재고가 없다. 당연히 신선한 재료만 사용할 수 있다.

입석이 기본이지만 좌석도 마련했다. 대신 좌석은 추가요금이 꽤 붙는데다 시간제한도 있다. 입석은 무제한 머무를 수 있지만, 아무리 맛있는 음식을 값싸게 먹을 수 있다고 몇 시간이고 서 있을 수 있는 사람은 많지 않다. 이 멋진 시스템에 도쿄의 힙스터는 열광했고, 오레노 시리즈는 승승장구했다. 오레노는 단지 이탈리안과 프렌치를 취급하는 입식 레스토랑의 몇몇 체인에 불과한 것이 아니다. 스페인 요리, 야키니쿠, 야키도리, 중화요리, 오뎅, 장어구이… 심지어 베이커리와 카페까지 사업 영역을 착착 확장하고 있다.

이렇게 멋진 아이템은 누가 만들었을까? 놀랍게도 북오프의 창업자이다. 북오프는 일본의 중고 도서를 취급하는 전국 체인이다. 일본을 여행할 때 꼭 챙겨야 하는 일종의 성지순례지 중 하나로 생각되는 곳이다. 중고도서 전문점이라고 했지만, 사실 생활용품 리사이클샵으로 보는 게 맞다. 자전거, 전기믹서, 화분, 조리도구까지 취급하지 않는 게 없을 정도다. 이런 북오프의 창업자가 본인이 세운 왕국을 떠나 새로운 요식업 비즈니스 모델을 만들었다.

흥미로운 점은 오레노 레스토랑의 신규점포의 입지다. 오레노 시리즈는 임대료가 상대적으로 저렴한 골목에는 침투하지 않았다. 2018년 기준으로 일본 전국에 34개의 오레노 레스토랑이 있는데, 이 중 절반 정도가 긴자에 집중되어 있다. 긴자 외의 도쿄 지점은 에비스惠比寿, 신주쿠, 아카사카 등 기존 상권이 잘 정비된 지역에서만 도전장을 내밀었다.

긴자는 일류 레스토랑의 최대 격전지다. 입식 레스토랑이지만 본격 프렌치와 이탈리안을 추구하는 오레노가 긴자에 본점을 시작한 것까지는 이해된다. 1호점이 도쿄에서 가장 세련된 지역에서 성공하지 못한다면 의미가 없다. 긴자의 세련된 입맛 기준을 충족해야 다른 곳으로도 진출이 가능하다. 그런데 왜 지점까지 모두 임대료가 도쿄 최고 수준인 동네들에 집중하는 것일까? 이 회사의 경영이념에서 단초를 찾을 수 있다.

   음식사업을 통해 지역사회에 공헌한다.
   전 직원의 물심양면 행복을 추구한다.

   낭만적이라면 낭만적이고 이상적이라면 이상적인 구호다. '가족'과 '조국'과 '세계'가 빠지지 않는 한국 기업의 경영이념과는 확실히 차이가 있다. 지역사회에 공헌한다는 철학은 의미심장하다. 침투하기 쉬운 상권에 도전해 지역의 손님을 빼앗겠다는 뜻이 아니라, 초일류 상권에서 초일류 경쟁자와 도전하겠다는 의지가 읽힌다. 그런데 기존 상권과의 전면적인 충돌은 원하지 않았다. 실제 긴자 등의 파인 다이닝의 고객층과 오레노의 고객이 반드시 겹치는 건 아니다. 긴자의 거리를 찾는 손님 자체를 늘리겠다는, 그래서 결국 긴자를 찾는 새로운 고객층을 만들어내겠다는 전략이 보인다.

   게다가 전 직원의 행복을 물심양면으로 추구한다는 철학이야말로 의미심장하다. "직원이 가족입니다"라거나 "가족처럼 경영하겠다"는 말이 아니다. 직원의 행복을 말 그대로 물심양면으로 추구한다는 뜻이다. 얼핏 직원 복지만을 강조한 철학처럼 보이지만 사실은 손님을 겨냥한 영리한 전략이다. 음식을 만들고 대접하는 사람들이 행복하면 손님에게 최고의 접객을 할 수 있다. 이 당연한 사실을 부러 기업이념으로 내건 경영자는 분명히 고도자본주의 사회의 작동원리를 잘 알고 있다.

   일본인은 여러 오레노 시리즈의 탄생을 반기고 있다. 고급 레스토랑

에 필적하는 요리가 저렴하다는 장점에, 서서 먹어야만 한다는 불편함과의 동거를 어렵지 않게 수용하고 있다. 일본만의 독특한 음식문화인 입식, 서서 먹는 다치구이立ち食い가 새로운 문화로 도약하고 있다.

왜 한국에는 이런 가게들이 생겨나지 못하는 걸까? 단순히 한국에 이런 혁신적인 기업이 없기 때문일까? 오레노의 한국 진출 경험을 살펴보면 답이 나온다. 오레노와 한국의 한화호텔&리조트가 계약을 맺고 맛있는 이색 요리의 격전지인 이태원에 1호점을 열었다. 운영방식은 초기부터 조금 달랐다. 입석 비율이 압도적으로 높은 일본에 비해, 한국 1호점은 입석을 대폭 줄이고 좌석의 규모를 상당히 늘렸다. 이른바 현지화 전략을 취한 셈이다. 다만 좌석의 경우는 추가요금을 받고 시간제한을 두는 등 오리지널 모델을 그대로 적용했다. 결과는 어땠을까?

불과 몇 개월 만에 한국 오레노는 입석을 전면 폐지했다. 일부러 맛있는 것을 찾아서, 혹은 특이한 음식을 찾아서 이태원을 찾아오는 손님들에게 서서 먹는 파인 다이닝의 콘셉트가 좀처럼 받아들여지지 않았던 것이다. 한국에서는 서서 먹는 것이 여전히 저렴한 이미지로 비춰졌다. 모처럼 힘주고 이태원의 프렌치 레스토랑을 찾았는데, 애써 찾아온 곳이 서서 먹는 저렴한 이미지의 식당으로 비춰지면서 손님도 가게도 만족하지 못하는 상황이 이어졌다. 결국 한국 오레노는 좌석의 시간제한마저 폐지했다. 일본에서는 매우 익숙한 식당의 시간제한 시스템은 아직 한국인에게 콘센서스를 형성하지 못했기 때문이다. 결국 한국 오레노의 가격은 일본과 비교해 높아질 수밖에 없었다.

오레노는 우리의 시각으로는 지나치게 혁신적이다. 하지만 일본에서는 언젠가 나올 수밖에 없는 성질의 혁신이었다. 왜 일본은 가능했고 우리는 어려웠을까? 왜 일본인에게 서서 먹는 문화는 자연스럽게 스며들 수 있었을까? 대체 일본의 다치노미야에는 어떤 매력이 있는 걸까?

사랑하는 골목길 다치노미야

고급 상권이나 아케이드의 다치노미야도 좋지만 역시 가장 재미있는 다치노미야는 골목길에 있다. 도무지 가게라고는 보이지 않는 평범한 골목길 어느 구석에 있으면 재미는 배가된다. 심지어 동네의 다치노미야에는 간판도 없을 확률이 높다. 번듯한 이름을 내건 간판 대신, 노렌과 홍등만으로 그 곳이 어엿한 다치노미야임을 증명한다. 아예 노렌 대신 나무나 천으로 만든 발만 수줍게 문에 건 가게도 있다. 대체 이곳이 가게일까 싶을 만큼 평범하다. 생활감이 넘치는 나머지 여느 이웃집 창고를 보는 느낌까지 든다. 너무 평범해서 오히려 의심까지 이는 모습이다.

   이런 곳은 가게와 골목길의 경계가 불분명하다. 가게 안이 손님으로 꽉 차면 골목길까지 스탠딩 테이블을 내어 손님을 받는다. 스탠딩 테이블이 모자라면, 맥주 박스 두 개를 쌓아서 그 위에 작은 판자나 쟁반을 올린다. 이게 테이블이 된다. 출입문이 아예 없는 동네 다치노미야도 있다. 빈 병을 쌓아놓은 맥주 박스와 일본주 박스 사이의 공간이 문이 되는 곳이다. 서서 먹는 다치노미야의 입구는 깨끗하게 청소되어 있기만 하면 그만이다. 맥주 박스나 온갖 종류의 술 상자가 쌓여있는 것도

어느 골목길의 다치노미야 모습. 가게 안이 서서 마시는 곳으로 '다치노미 코너 일본 최저가'라고 크게 적어 놓았다. 가게 밖 골목과 만나는 곳에는 테이블 같지 않은 테이블을 펼쳐 놓고 마시고 있다.

당연하다. 잘 정리되어 있으면 문제없다. 가게 안은 더 매니악하다. 어떤 곳은 공사장에서 주워온 듯한 드럼통을 테이블로 쓴다. 물론 줄 같은 거 전혀 맞추지 않고 제 멋대로 서 있다. 이게 또 호기롭다.

다치노미야는 서민적이라 매력적이다. 타인에게 폐를 끼치지 않는다면 무엇이든 자유로운 곳이다. 보통 이자카야보다 더 시끄럽게 떠들어도 좋다. 무슨 이유에선지 다치노미야의 손님은 모두 너그럽다. 서서 먹고 마신다는 행위가 일상에서 벗어난 작은 일탈이기 때문일까. 그런 공간에서 먹고 마시는 음식과 술은 어쩐지 더 맛있다. 손님들도 나와 별반 다르지 않다. 그들에게 둘러싸여, 나도 금세 다른 사람을 둘러싸는 무리에 속하게 된다. 그 작은 동질감을 공유하며 느끼는 공감이 포

병맥주 큰 병 640ml 500엔＋홉피 250엔＋보리소주 2잔 200엔＋시샤모구이 300엔＋가마보코 200엔＋마카로니 샐러드 200엔＋문어숙회 200엔＝총 1,850엔(약 18,500원)

근하다. 나는 완전한 서민이구나라는 강렬한 자각. 이렇게 마시는 술맛이 근사하지 않을 리 없다. 가게 안에서 살짝 금간 유리잔을 발견하고, 가게의 연식을 짐작하는 재미는 덤이다.

다치노미야도 어엿한 술집인 만큼 어지간한 안주와 술을 골고루 준비하고 있다. 매일 매일 배달되는 생맥주 맛은 여느 이자카야에 떨어지지 않는다. 최고급 식재료는 아니지만 먹을 만한 사시미와 고기 종류도 제법 충실하다. 고급 이자카야의 요리가 섬세함과 요리의 순서에 방점을 두었다면, 다치노미야는 저렴한 가격과 스피드가 관건이다. 고급 이자카야는 확실히 긴장된다. 술과 안주를 허투루 주문하면 안 될 것 같은 강박감이 든다. 뭔가 순서와 격식을 따지지 않으면 풍류도 모르는 술꾼 취급을 받을 것 같다.

그에 비해 다치노미야는 확실히 자유롭다. 자기가 마시고 싶고 먹고 싶은 것을 아무렇게나 주문해도 좋다. 다리는 조금 아프지만 마음은 가

장 편하고 즐겁다. 주문하기 무섭게 나오는 작은 접시의 요리. 그런데도 취급하는 안주 종류는 얼마나 다양한지. 가마보코나 히야얏코^{ひやゃっこ;생강과 무즙을 얹은 찬 두부} 같은 일본식 패스트푸드부터 오랜 시간 끓여야 하는 조림 안주나 손이 많이 가는 사시미까지 어지간한 건 다 갖추어져 있다. 야키도리나 호루몬^{ホルモン;내장} 같은 꼬치구이도 먹을 수 있다. 가게에 따라서는 한구석에 숯불구이 코너를 두는데, 그곳에서 직접 구워 먹는 재미가 제법이다.

이 모든 요리의 가격이 정말 저렴하다. 단지 저렴하다고 말하기 미안할 정도로 저렴하다. 1인당 1,000엔, 우리 돈 1만원 정도면 안주 한 두 가지와 술 몇 잔을 마시고 나올 수 있다. 이날은 조금 더 마셨다. 총 1,850엔. 풍성하다.

아, 다치노미야에서라면 꼭 홉피를 추천하고 싶다. 홉피는 맥주 맛 음료인데, 그 자체로는 알코올이 없다. 큰 잔에 일본 소주를 적당히 붓고 홉피를 대량으로 부어 타 먹는다. 맥주도 아니고 소주도 아닌 일본식 폭탄주 칵테일인 셈인데 맛이 독특하다. 결코 맛있다고 할 수 없는데 묘한 중독성이 있다. 소주와 맥주 폭탄주에 익숙한 한국인에게 의외로 상성이 좋은 술이다. 술이 센 사람이라면 홉피에 소주 대신 위스키를 타 먹어보는 것도 재미있다.

홉피는 오래전 맥주가 비쌌던 시기에 서민들이 맥주 기분으로 마실 수 있게 만든 일종의 대용품이다. 일본의 눈부신 경제발전과 함께 자연스레 역사 속으로 사라졌다가 최근 젊은이들 사이에서 박력 넘치는 음주문화로 다시 각광받고 있다. 어느 술집이나 홉피가 있는 건 아니어서 주로 서민적 분위기를 강조하는 가게에 잘 구비되어 있는 편이다. 최근에는 꽤 세련된 분위기의 가게에서도 홉피를 구비해 놓곤 한다.

다치노미야에 가면 꼭 홉피를 마신다. 그리고 자주 가는 동네에는 반드시 다치노미야 단골집을 만든다. 나름 지키려고 하는 여행 규칙 중 하나다.

일본의 가을은 꽁치로부터
-

본격적으로 일본에 다닌 지 십 수 년이 넘었는데, 막상 다치노미야 데뷔는 꽤 늦은 편이다. 나에게 다치노미야 데뷔를 시켜준 사람은 당차고 멋진 일본 누님이다. 민영방송사의 데일리 생방송으로 잔뼈가 굵은 프로듀서로, 작고 아담한 키에 성격은 씩씩하고 시원시원한 노리코 누님이다. 이제는 편하게 노리짱이라고 부르는 사이가 됐는데, 일본인 특유의 공손함과 예의바름이 몸에 배어 있으면서도 쉴 새 없이 장난을 치고 농담을 던지는 캐릭터다. 지금은 방송사를 퇴사해 남편과 다른 일을 하며 제2의 인생을 시작했다.

데일리 생방송 제작자는 지역정보에 능통하다. 특히 먹방의 달인이다. 지금 시즌에 제일 좋은 계절 메뉴를 어떤 가게에서 먼저 시작하는지, TV 등의 미디어에 절대 나오지 않는 맛집이 어디인지 등에 대한 정보에 능통하다. 고집스런 맛집이 미디어 노출을 싫어하는 건 한국이나 일본이나 마찬가지인데, 이런 정보쯤은 십 수 년 간 축적된 정보와 노하우로 단박에 알려줄 수 있는 사람이다.

　데일리 생방송은 방송국에서는 하드한 영역에 속한다. 단시간 내 다양한 경험과 숙련도를 쌓기에는 좋지만, 매일매일 생방송을 해야 한다는 건 부담이 크다. 조금이라면 참겠지만 오래 있기는 싫은 프로그램이다. 그래서 배정을 받으면 꼭 군대 가는 기분이 든다. 실제로 지원하는 사람도 없어 강제로 인사이동을 당하기도 한다. 그러다보니 이런저런 이유로 데일리 생방송을 몇 년이고 계속하는 불운한 PD가 꼭 생긴다.

　노리짱이 바로 그런 불운한 PD였다. 그런데도 특유의 밝은 성격으로 거리 곳곳을 누비며 잘 버티고 있었다. 이런 사람이 만드는 저녁 생방송은 어떤 모습일까 늘 궁금했다. 노리짱의 저녁 생방송을 견학하고 싶어 방송국을 찾았다. 생방송 프로그램이나 행사 또는 공연에 대한 학술적 정의는 없지만, 오랜 경험을 통해 터득한 게 있다.

　'쇼(생방 또는 행사, 공연)란 약속된 시간과 장소에 약속된 사람과 장비를 있게 만드는 것'

　행사나 공연을 만들어 본 사람이라면 단박에 동의할 수 있지 않을까? 생방송(또는 행사, 공연)에서 앞으로 벌어질 모든 일을 예상하는 것은 불가능하다. 상상할 수 있는 나쁜 경우의 수를 가능한 예측해서, 시간을 약속하고 약속한 시간에 필요한 사람과 장비를 있게 만드는 것. 그 정도가 할 수 있는 전부다. 소위 스포츠에서 말하는 반복훈련을 통한 약속된 플레이.

일본인의 꼼꼼함은 세계적으로 유명하다. 그런 꼼꼼함을 가능하게 만드는 건 사람이다. 노리짱의 생방송 스태프들이 잘 짜인 연극 무대의 배우처럼 움직이고 있었다. 그들은 카메라에 걸리지 않게, 마이크에 잡소리가 들리지 않게 조용하고 빠르게 움직이고 있었다. 쇼와 행사로 다져진 내 눈에도 사전에 잘 약속된 동선과 시간이 느껴졌다. 그 모든 움직임을 섬세하게 지휘하는 마에스트라가 노리짱이었다.

그날 방송 주제는 가을 꽁치 특집이었다. 한국인도 그렇지만 일본인의 제철음식 사랑은 유난스럽다. 제철에 처음 선보이는 맏물에 대한 그들의 사랑은 집착처럼 보일 정도다. 가을이 왔으니 당연히 제철 식재료인 꽁치가 방송 주제였다. 처음 올라오는 맏물 꽁치로 만들 수 있는 모든 요리를 차분하게 선보였다. 일본인에게 전형적인 일본의 가을 풍경을 골라보라고 하면, 우리와 마찬가지로 가장 먼저 나오는 건 단풍이다. 한국과 일본은 기후대가 비슷하고 산악이 많은 지형이니 당연하다. 그런데 그 다음으로 가면 양국이 확 달라진다.

일본에서 가을의 두 번째 이미지는 꽁치다. 그냥 꽁치가 아니라 풍로에 석쇠를 올리고 구워내는 꽁치구이다. 우리 식당에서 밑반찬으로 나오는 꽁치는 대개 팬에 기름을 둘러 지져내는 수준이다. 일본에서는 상상할 수 없는 일이다. 해질녘 주택가 골목에서 풍로 위에 꽁치를 굽는 모습은 일본인이 떠올리는 대표적인 가을 이미지다. 일본인에게 가을 꽁치란 풍로를 써서 구워야 한다. 풍로가 어렵다면 적어도 그릴 정도에는 넣어 꽁치를 직접 불에 닿게 해야 한다.

로프트의 가을맞이 계절상품 라인업 중 하나인 '풍로 꽁치구이' 입체엽서.

꽁치의 맛

등 푸른 생선이 모두 그렇지만 꽁치는 유독 기름이 많은 생선이다. 게다가 가을 꽁치는 기름이 한결 통통하게 올라 있어 구울 때 각별한 주의가 필요하다. 불에 직접 구우면 금세 꽁치 기름이 뚝뚝 떨어지며 검은 연기를 뿜어낸다. 연기만 피어오르면 다행인데 기름이 타서 생기는 연기엔 고약한 비린내가 따라온다. 게다가 연기에 오래 노출되면 될수록 비린 맛이 심해진다. 생선이니까 당연히 비린내가 있지만 이건 레벨이 다르다. DHA 캡슐을 잘못 씹어서 터트렸을 때 느끼는 비릿함이다. 그 세상 비릿한 맛과 냄새라니! 비린 맛에 내성이 있는 사람도 질색팔색할 그런 비린내다.

기름이 탄 연기는 더 큰 문제를 만든다. 연기가 풀풀 피어오르니 서투른 사람은 꽁치가 다 익었구나 생각한다. 생선 껍질이 석쇠에 눌러붙었으니까 착각할 만도 한다. 하지만 익었다고 생각했던 게 사실은 덜

익은 꽁치구이다. 껍질에서는 타는 냄새가 나는데 살을 발라보면 등뼈 주변에 핏물이 보일 정도로 설익었다. 냄새도 맛도 비리기 짝이 없다. 도저히 사람이 먹을 만한 음식이 아니다.

이런저런 이유로 생물 꽁치의 직화구이는 생각보다 더 어렵다. 불에 떨어지는 꽁치기름에서 잘 도망 다녔어도 조심할 게 또 있다. 직화구이의 복사열은 오븐처럼 일정하지 않다. 석쇠를 요령껏 움직여야 한다. 타지 않으면서도 속살까지 제대로 익는 타이밍을 잘 잡아야 한다.

제대로 구운 생물 꽁치는 향이 다르다. 팬 프라잉으로는 도저히 흉내 낼 수 없는 달큰한 냄새가 난다. 껍질은 바삭한데 속살은 수분을 촉촉이 머금고 있다. 젓가락을 대면 큰 힘을 들이지 않고 살점을 예쁘게 골라낼 수 있다. 솜씨 좋은 요리사는 구이를 하며 적당히 소금 간을 쳐놓았으니 그대로 먹어도 맛있다. 영귤이나 레몬을 뿌리고 산미를 더해도 좋다. 예쁘게 발라낸 살코기 위에 무즙을 올리고 간장을 살짝 뿌려먹으면 더 좋다. 이렇게 먹는 게 일본식 꽁치구이의 정수다.

생물 꽁치를 잘 구우면 내장까지 맛있어진다. 제아무리 냉동꽁치를 솜씨 좋게 구워도 내장은 씁쓸하고 비리기만 하다. 우리가 꽁치 내장을 먹지 않는 이유다. 제대로 잘 구운 꽁치 내장은 술안주로 딱이다. 씁쓰레하지만 적당히 고소한 생선 내장 특유의 맛이 난다. 그러면서도 불향을 입은 단맛도 일품이다. 맥주도 좋지만 역시 향이 강하지 않은 일본주가 제격이다. 꽁치 내장을 먹고 일본주를 마시면, 입안과 비강으로 일본주의 향과 꽁치향이 은은히 다시 퍼지는데 이게 또 끝내준다.

노리짱의 방송에서 먼저 등장한 꽁치요리는 사시미와 스시였다. 응?

꽁치처럼 비린 생선으로 초밥을 만든다고? 게다가 회를 뜬다고? 정말? 그게 맛있어? 맛있다! 냉동꽁치와 생물꽁치는 전혀 다른 식재료다. 생물로 만드는 사시미와 스시는 다르다. 등 푸른 생선이라도 생물은 비리지 않다. 꽁치보다 약간 덜 비린 고등어를 생각해보면 수긍할 수 있는 일이다. 한국도 제주도에서는 고등어로 회를 쳐먹고 초밥도 만든다. 그런데 꽁치라고 왜 회로 못 먹을까?

저기요, 생물 꽁치회를 드셔보셨나요? 비린내요? 아, 조금은 납니다. 아주 조금은요. 등 푸른 생선을 숙성시킨다고 냄새까지 완전히 빠지는 걸 기대하세요? 그런데 얼굴을 찌푸릴 비린내가 아니라, 은은한 감칠맛이 도는 비린내거든요. 이 정도 비린내조차 싫으시다고요? 네, 방법이 있습니다. 생선살을 다시마에 싸서 숙성시키는 곤부시메인데요. 이렇게 하면 생선살의 감칠맛에 다시마의 감칠맛이 더해져 믿을 수 없이 복잡한 감칠맛이 납니다. 숙성을 시켰으니 부드러워질대로 부드러워진 식감도 별미고요. 그래도 안 드실 건가요?

등 푸른 생선은 물론 비리다. 하지만 비린 것은 어디까지나 기름이 촉촉이 올라 있는 껍질과 내장 등 일부다. 살코기는 전혀 비리지 않다. 살코기를 먹고 비렸다면, 피를 제대로 빼내지 못했거나 비린 부위를 만진 손과 칼로 회를 떠냈을 확률이 높다. 결국 조리사의 역량에 따른 문제다.

꽁치는 사시미도 좋고, 굵은 소금에 살짝 절여 다시 식초에 잠시 담그듯 절이는 초절임도 좋다. 초절임이라고 냉동꽁치를 해동해서 만들 수 없으니 안심해도 좋다. 꽁치 초절임은 등 푸른 생선의 잡내는 제거

하고, 순수하게 살맛을 증폭시킨 꽤 영리한 조리법이다. 하지만 뭐니 뭐니 해도 가장 맛있는 꽁치 요리는 역시 직화구이다.

그래서 갔습니다, 다치노미야!

하지만 아무리 직화구이가 좋아도 생방송 중인 스튜디오에서 숯을 피운 풍로에 직접 꽁치를 구울 수는 없다. 스튜디오는 인화물질이 많은 곳이어서 생방송 중에 불이라도 나면 큰일이다. 노리짱의 선택은 현명했다. 앞선 VCR에서 유명 이자카야의 풍로 꽁치구이를 소개했다. 그리고 그곳에서 풍로에 구운 꽁치를 스튜디오로 모셔왔다. 그렇다고 식어 빠진 꽁치구이를 먹을 수는 없는 노릇이다. 스튜디오 한 구석에 놓인 전자레인지로 데운 꽁치가 어느새 MC 테이블 위에 올랐다. 일본 먹방 특유의 호들갑스러운 리액션이 바로 스튜디오를 가득 메웠다. 이 광경을 물끄러미 지켜보고 있다가 굳게 결심했다.

방송이 끝나면 노리짱에게 꽁치를 먹자고 해야지. 꽁치 사시미와 구이까지 풀코스로 먹자고 그래야지.

이런저런 꽁치 상상을 하는 도중 노리짱의 방송이 끝났다. 부조정실에서 내려온 노리짱을 보자마자 소리 질렀다.

"네짱~ 산마^{さんま/秋刀魚;꽁치} 먹으러 가요! 산마!"

골목도쿄

그런데 노리짱이 데려간 곳은 꽁치 전문점이 아니었다. 방송국 인근 역사 지하에 있는 다치노미야. 고급 백화점도 입점한 역 지하상가에 위치한 탓에 제법 분위기 있는 다치노미야였다.

응? 꽁치를 먹자는데, 무슨 다치노미야… 게다가 생방송을 스튜디오에서 견학하느라 두 시간도 넘게 서 있었는데, 기껏 데리고 온 곳이 서서 먹는 가게?

그런데 거기서 꽁치 사시미가 나왔다. 그것도 한 입 크기의 작은 접시로. 꽁치 정식 풀코스의 전채로 딱 어울리는 아이템. 이런 건 술이 술술 들어가는 아이템이다. 맥주도 좋지만 생선에는 역시 일본주가 좋다. 요령 좋은 노리짱은 어느새 일본주를 주문해 놓았다.
 첫 번째 사시미는 아무것도 찍지 않고 먹었다. 생선 살맛과 꽁치 고유의 향을 제대로 느껴보고 싶어서.

오오~ 비린 맛이 전혀 느껴지지 않아. 식감도 적당히 부드러워. 생선살에 끈기와 찰기는 있는데 거슬릴 정도는 아니야. 이빨에 붙기는 하는데 음미하는 걸 방해할 정도는 아니야.
 몇 번 씹을 새도 없이 사시미 한 점이 사라져버리는데? 넘어가는 목넘김도 좋아. 시원하고 부드러운데 촉촉한 감촉이 사랑스러워.

생선요리에는 확실히 일본주가 잘 어울린다. 우리는 일본주를 흔히 사케^酒라고 부르는데, 일본에서 사케라고 하면 모든 술 종류를 총괄하는 명사로 쓰인다. 우리가 말하는 흔히 사케, 쌀로 빚은 발효주를 정제한 술은 일본주다.

'사케'를 마시고 싶다면 일본주, 즉 니혼슈にほんしゅ;日本酒를 주문해야 한다. 잘 만든 니혼슈는 쌀 향이 진하다. 쌀로 만든 술에 무슨 향이 강할까 싶지만, 니혼슈를 만드는 쌀은 식용 쌀과 품종부터 다르다. 와인을 만드는 포도 품종이 생식용 포도와 다른 것과 마찬가지 이유다. 좋은 니혼슈에서는 좋은 포도로 만든 와인에서 느낄 수 있는 프루티한 향이 난다. 프루티하다고 했지만 과일 특유의 프루티는 아니다. 과일의 과육과 껍질에서 나는 향처럼 쌀도 쌀 특유의 프루티함이 있다는 얘기다. 이게 사시미와 상성이 정말 좋다. 특히 흰살 생선처럼 맛이 진하지 않은 사시미와 찰떡궁합이다. 사시미를 먹고 술을 마시면, 프루티한 쌀 향이 술을 머금었던 구강을 지나 비강으로 은은히 퍼져나간다. 잔향이 정말 굉장하다.

"네짱, 이거 굉장한데? 꽁치 사시미와 술 맛이 정말 잘 어울려!"
"후후 이제 꽁치구이집으로 옮겨야지?"

당연히 그 다치노미야에서 꽁치구이를 기대했다. 그런데 생각해보니 복합역사의 지하상가에서 꽁치를 구워 팔 리가 없었다. 그 연기에 냄새에⋯ 그랬다가는 주변의 다른 가게에 엄청난 민폐를 끼치겠지. 복합역사와 직결되어 있는 고급 백화점에서 모처럼 작은 사치라도 부리고 나온 손님은 인상을 더 찌푸리겠지.

노리짱과 나는 자연스레 자리를 옮겼다. 그런데 이번에도 다치노미야. 게다가 노렌에는 '호루몬야키ホルモン焼き;내장구이'라고만 쓰여 있다.

응? 내장구이 다치노미야 주제에 제철 꽁치를 취급한다고?

미심쩍은 것도 잠시였다. 노렌을 걷기도 전에 꽁치 굽는 냄새가 얼굴을 때렸다. 다치노미야를 비롯한 일본 이자카야의 장점은 유연함에 있다. 메뉴가 정해져 있지만, 제철에는 가능한 제철요리를 내려 노력한다. 단골이 많은 동네 술집은 손님이 요구하면 무엇이라도 내놓을 준비가 되어 있다. (그렇다고 '심야식당'처럼 정해진 메뉴는 없지만 손님이 원하면 가능한 뭐든 해낸다…까지는 아니다. 정말이다.)

내장구이 꼬치가 주종목인만큼 직화구이에 일가견이 있는 집이었다. 다만 풍로에 호젓하게 꽁치를 한두 마리씩 구워내는 풍류는 없었다. 모든 손님이 한꺼번에 직접 풍로에 꽁치를 굽는다면, 그것대로 또 재앙이겠지. 아쉽게도 가스 그릴에 굽는 직화구이였다. 하지만 구이집인 만큼 굽는 맛은 기대해도 좋았다. 가게 안의 손님도 내장구이파와 꽁치파로 팽팽하게 나눠진 상황이었다.

꽁치구이는 역시 시간이 걸린다. 술 한 잔으로 달래고 있는 동안 내장구이 냄새가 유혹을 싣고 슬그머니 다가왔다. 꽁치구이를 기다리는 동안 내장구이를 먹고 있으면 정말 행복할 것 같았다. 내장구이와 홉피는 딱 좋은 궁합이다. 하지만 내장구이를 먼저 먹었다가는 꽁치구이를 먹었을 때의 감흥이 사라질지도 몰랐다. 그냥 참기로 결심했다. 그리고 계속되는 유혹. 마침내 나온 꽁치구이!

일본식 꽁치구이를 맛있게 먹으려면 접시에 같이 딸려 나온 부재료를 잘 이용해야 한다. 먼저 스다치酢だち;영귤. 비린내가 좀 있는 생선구이에는 대개 반으로 잘린 스다치가 접시 한 구석에 올려 나온다. 이걸 레몬 짜듯 꽁치 위에 살포시 뿌린다. 과일 특유의 산미가 잘 구워진 생선 살맛을 한층 더 끌어올린다.

다음은 다이콘 오로시大根下ろし;무즙. 역시 일본식 생선구이에 절대 빠지지 않는 부재료다. 강판에 잘 갈아낸 다이콘 오로시에 간장을 살짝 뿌린다. 무즙의 안색이 살짝 변할 정도로만 뿌려야 한다. 간장으로 간을 할 생각이면 곤란하다. 이미 꽁치에 얼추 소금간이 되어 있기 때문이다. 스다치 즙이 살짝 묻어 있는 생선살 위에 간장으로 색을 낸 무즙을 얹어 먹는다. 잘 구운 생선의 살맛에 산미와 적당한 감칠맛이 더해진다. 그 맛에 감탄할 때쯤 무즙의 상쾌함이 피니쉬 블로우를 날린다.

단 하나 불만이라면 냄새다. 내장과 생선을 같이 구워대니 냄새가 정말 굉장히 굉장하고 대단하게 대단하다. 창문을 활짝 열고 문도 열었지만 연기는 좀처럼 가게를 떠날 생각이 없다. 이 가게에서 오랜 시간 머물렀다가 대중교통을 이용하면 시민의 코를 위협하는 테러리스트가 될 것만 같았다. 어쩐지 손님들도 거의 대중교통을 이용할 필요가 없는 동네 사람들 같다. 잠시 부러움이 몰려왔다.

숙소까지 걷기에는 조금 멀지만 뭐 어때. 꽁치구이를 실컷 즐기고 곱창구이까지 배터지게 먹고 운동 삼아 천천히 걸어가지 뭐.

숙소까지 가는 길은 생각보다 멀었고 맛있는 냄새는 날 떠나지 않았다. 아무리 맛있는 걸 먹었다고 해도 그 냄새를 계속 맡다보면 질리는 법이다. 가는 길 내내 라멘집과 꼬치구이집이 가득했다. 이건 정말 다행이었다. 돼지 뼈가 유화될 때 까지 푸욱 끓여내는 돈코츠라멘의 육수 냄새. 그리고 달달한 간장 양념 굽는 냄새. 게다가 간간이 카레집도 등장해 힘을 보탰다.

맹렬히 맛있는 냄새를 연주하는 3중주를 즐기며 걷는 골목길, 어느 모퉁이를 돌면 맹렬한 연주는 피아니시모로 잔잔해진다. 그러다 또 다른 골목을 만나면 어느새 다시 포르테시모! 맛있는 냄새는 끊어질 듯 이어졌다. 이미 배는 터지도록 불렀는데도 코는 냄새의 변화에 섬세하게 반응했다. 마침내 냄새로 시끄럽지 않은 조용한 골목이 나타나면 내게서 다시 시작하는 맛있는 멜로디. 강렬한 체험도 모자라 잔뜩 여운을 안겨주다니. 꽁치구이와 함께한 다치노미야 데뷔는 그야말로 성공적이었다. 그리고 소박한 소망이 생겼다.

맛있는 냄새의 멜로디를 즐기겠다면, 이왕이면 잔뜩 즐기고 싶다. 2중주나 3중주보단 풀 오케스트라로 즐기고 싶다. 냄새 같은 거 신경 쓰지 않고 즐겁게 마시며 떠들고 싶다. 가게 문을 나서자마자 또 그런 가게가 보였으면 좋겠다. 그런 가게들이 명절 고속도로 요금소 앞의 차량행렬처럼 모여 있으면 좋겠다. 그렇게 하루에 몇 군데의 가게를 돌며 조금씩 다른 냄새의 멜로디에 빠져들고 싶다. 이거야말로 소박하지만 멋진 여행 일정이 아닐까.

닮은 듯 다른 맛, 한식과 일식

일본요리에 대한 몇 가지 오해

스시는 전 세계적으로 일본을 대표하는 요리, 그것도 고급요리의 이미지다. 젓가락질에 서툰 비 동아시아인들도 스시 레스토랑에서만큼은 젓가락으로 먹는 것이 세련된 행위라고 생각할 정도다. 80년대만 하더라도 익히지 않은 날 생선을 먹는데 경기를 했던 사람들이, 이제는 스시 레스토랑에서 포크를 요구하는 손님을 촌뜨기로 취급할 정도가 되었다.

스시가 세계적 고급요리에 오른 이유에 대한 분석은 다양하다. 어떤 사람은 스시가 건강한 다이어트식이었기 때문이라고 한다. 생선은 물론 건강에 좋은 식재료다. 하지만 스시에 들어가는 탄수화물의 양은 결코 적지 않다. 건강식의 이미지 때문에 과식하기 쉽다. 게다가 밥은 식초와 설탕으로 간을 했다. 스시는 절대 다이어트 음식이 아니다.

어떤 음식이 고급문화로 인식되는 가장 강력한 힘은 그 음식이 가지고 있는 이미지에서 시작한다. 스시가 일본을 벗어나 고급요리로 자리잡은 배경에는 일본의 이미지가 강력하게 작용했고, 그 원천은 일본의 대단한 경제력이었다. 아시아에서 가장 빨리 서구 선진국과 어깨를 나란히 한 일본의 경제력, 이미 수십 년 전에 서구의 유수한 강대국 프랑스와 영국을 제치고 심지어 독일까지 앞섰던 그 놀라운 경제력 말이다.

세계인들에게는 벼락같은 일이었다. 일본의 경제력은 태평양전쟁 패망 후 얼마 지나지 않아 과거 수준을 회복하더니 곧 대부분의 선진국을 뛰어넘었다. 80년대의 미국인들은 경제만큼은 일본이 곧 미국을 추월해 세계 1위가 될지도 모른다는 공포감에 시달렸다. 그후 일본의 버블이 꺼지고 지금은 중국에게 밀려 한 계단 순위가 내려왔지만, 여전히 세계 3위의 강력한 경제력을 자랑하고 있다.

일본의 경제적 번영은 찬란한 식문화의 번성을 꽃피웠다. 어쩌면 식문화야말로 현대 일본이 자랑할 만한 최고의 대중문화일지도 모른다. 스시는 전 세계에서 고급요리로 자리 잡은 지 오래고, 아시아 국가는 말할 것도 없고 미국의 호텔 조식 뷔페에서도 일본식 된장국인 미소시루 정도는 쉽게 먹을 수 있다. 일식 요리는 잠시 붐을 타는 유행이 아닌 것 같다. 이건 우리도 마찬가지다. 홍대와 가로수길을 걷다보면 얼마나 많은 일식 레스토랑과 일식 주점이 있는지 새삼 놀라게 된다.

일본의 식문화는 근세에 해당하는 에도시대부터 지속된 평화를 바탕으로 발전했다. 전통 일식은 물론 서구의 제빵과 양식을 연구하고 발전시켜 온 역사가 일본의 근대화 이후 현재까지 130여 년을 넘게 지속된 셈이다. 그 결과 일본 전통요리는 물론 일본식 서양요리도 지금은 성숙할 대로 성숙했다. 그런데 우리는 그 일본요리를 몇 가지 편견을 가진 채 단단히 오해하고 있다.

짠맛이 아니라 농후한 맛

일식을 처음 접한 한국인은 일식을 너무 달다고 말한다. 일식의 다양한 요리에 실제 설탕이 다량 들어간다. 폭신폭신한 일본식 달걀말이가 달달한 맛이 나는 건 그 정도로 설탕을 사용했기 때문이다. 이건 우리도 마찬가지다. 한국을 대표하는 가장 대중적인 음식인 짜장면과 떡볶이에 들어가는 설탕의 양을 생각해보면 금방 알 수 있다. 단맛은 전 세계 어느 문화권에서도 거부감을 크게 느끼지 않는다. 대량의 설탕과 간장으로 단짠을 맞춘 우리식 불고기를 싫어하는 외국인도 별로 없지 않나.

일식에 대한 한국인의 불만은 단맛보다는 역시 짠맛이다. 많은 한국인이 일식을 먹고 짜다고 불평한다. 이건 조금 다르게 생각해볼 구석이 있다. 결론부터 말하자면, 일식은 짜지 않다. 실제로 요리에 사용하는 소금의 양을 보면 우리가 훨씬 많다. 우리 식문화에 중요한 역할을 하는 김치와 각종 찌개와 탕에는 엄청난 양의 소금이 사용된다. 배추라는 단맛을 가득 머금은 식재료와 국물의 양이 많기 때문에 짠맛을 직접 느끼지 못할 뿐이다.

그렇다면 일본 음식은 왜 짜다고 느낄까? 많은 경우 짠맛과 농후한 맛을 구분하지 못하기 때문이 아닐까 생각한다. 짠맛이라면 간을 지나치게 했다는 뜻인데, 농후한 맛은 해석이 조금 복잡하다. 농후한 맛이란 단지 요리의 농도가 짙다는 뜻이 아니다. 여러 가지 맛이 각각의 레이어를 이루어 만든 복합적인 맛을 가리키는 표현이 농후함이다.

농후한 맛을 만드는 포인트는 감칠맛에 있는데, 일본요리에는 세계 최초로 인공조미료를 발명한 나라답게 감칠맛 문화가 곳곳에 녹아 있다. 일본요리는 예외 없이 흔히 다시라고 부르는 밑국물을 사용한다. 미소시루나 전골 같은 국물요리는 물론이고, 나물무침, 달걀말이와 찜

요리에도 밑국물이 사용된다. 밑국물이 일본요리의 근간인 셈이다.

일식 밑국물을 만드는 재료는 모두 감칠맛의 대표선수들이다. 제일 먼저 등판하는 선수는 가츠오부시다. 우리는 가츠오부시를 각종 일본풍 요리에 올리는 토핑 정도로 생각하지만, 가츠오부시야말로 다시마와 함께 밑국물을 만드는 가장 중요한 재료다. 훈연해서 말린 가다랑어를 대패로 정성스럽게 깎아 만든 가츠오부시를 끓는 물에 듬뿍 넣고 재빨리 건져낸다. 그러면 밑국물에 은은한 감칠맛이 살짝 돈다. 이 자체로는 별 맛이 나지 않지만, 다른 요리의 베이스로는 이만한 게 없다. 한국에서는 좀처럼 좋은 국물용 가츠오부시를 찾기 어렵고, 찾아도 가격이 꽤 나간다. 그럴 때는 가츠오부시 대신에 말린 생선을 대용품으로 쓰는 것도 좋은 선택이다. 이 정도만 해도 된장찌개처럼 맛과 향이 강한 요리의 국물 맛도 놀라울 정도로 풍부해진다.

두 번째 등판하는 선수는 감칠맛계 전통의 강호 다시마다. 감칠맛을 중요하게 생각하는 일본요리에서 가츠오부시에 뒤지지 않을 정도로 널리 사용된다. 다시마를 밑국물로 사용할 때는 거품이 넘치기 전에 빼주는 편이 좋다. 감칠맛의 원투 펀치인 가츠오부시와 다시마를 사용한 밑국물은 슴슴하지만 기가 막히게 풍부한 감칠맛의 베이스가 된다. 이를 바탕으로 삼아 요리를 만들면 실패할 확률이 낮아진다.

좋은 요리는 여러 가지 감칠맛이 레이어를 이루고 있다. 여러 식재료가 주는 감칠맛이 단 하나의 맛으로 뭉뚱그려지는 것이 아니라 중층의 레이어를 이뤄 복잡한 맛을 낸다. 바로 이런 맛을 '농후한 맛'이라고 표현할 수 있다. 우리말의 '진한 맛'과 영어의 'rich flavor(풍부한 맛)'을 합친 느낌이다. 이렇게 말하니 복잡하기 짝이 없다. 대체 '농후'가 뭐길래, '진한 맛'과 '풍부한 맛'도 모자라 '중층의 레이어'까지 등장하냔 말이다.

서양인과 달리 한국인도 일본인처럼 감칠맛에 민감한 혀를 지녔다. 그런데 한국인은 감칠맛의 중층 레이어를 이룬 농후한 맛을 잘 구분하지 못하는 것처럼 보인다. 아니, 사실 한국인은 이 차이를 잘 구분한다. 단지 적당한 표현법을 찾을 적당한 요리를 일상에서 만나지 못하는 것뿐이다. 한국인에게 농후한 맛은 국물의 점성이 진하다거나, 몇 가지 특징적 조미료의 맛이 강조된 정도로 느껴진다. 그런데 농후함이란 결코 하나의 맛이 두드러진 맛이 아니다.

농후함의 첫 번째 조건은 여러 가지 맛이 별도의 레이어를 이룬 것이다. 맛을 보면 첫맛과 중간맛 그리고 끝맛까지 모두 미묘하게 다르게 느껴지는 맛이다. 조금만 생각해보면 한국인에게 정말 친숙한 맛이다. 한국인은 비빔밥을 먹으면서 간장과 고추장처럼 향이 강한 양념과 식재료에 밴 맛의 차이를 잘 구분해낸다. 게다가 참기름이라는 어마어마한 향미유의 장막을 희미하게 뚫고 나오는 다양한 나물의 향과 식감의 차이를 구별할 줄도 안다. 어렸을 때부터 훈련이 되지 않는다면 절대 알아채지 못할 다양한 맛과 식감의 차이다. 한국인에게 비빔밥이란 결코 하나의 맛으로 설명될 수 없는 음식이다. 비빔밥을 처음 접한 외국인이라면 비빔밥의 맛을 고추장 맛과 간장 맛 외에는 구별하기 어려울 것이다.

어쩌면 한국인은 일본 음식의 농후한 맛을 표현할 적당한 방법이 없어서, 단지 간이 세다는 의미로 짜다고 표현하는 것이 아닐까? 일본인에게 농후한 맛의 가장 대중적인 요리는 라멘이다. 한국인이 짜다고 말하는 대표적인 일본 음식도 라멘이다. 보통 라멘의 국물은 여러 층의 레이어로 이루어졌다. 그중 한국인도 즐겨 먹는 돈코츠라멘의 기본은 유화될 정도로 오랜 시간 끓여낸 돼지 뼈 육수다. 거기에 가게별로 기발한 재료를 섞는다. 닭 육수를 섞기도 하고, 각종 생선과 패주로 맛을 낸 해산물계 육수를 첨가하기도 한다. 그것도 모자라 각종 야채류를 사용한다. 여기에 가게별로 전승되는 비법의 양념장을 더한다. 한마디로 여러 재료의 맛끼리 서로 싸우고 경쟁하는 구도를 한 대접 안에 만들어낸 느낌이다.

한국인은 기본적으로 감칠맛 넘치는 재료들로만 이루어져 별도의 간을 더한 복잡한 맛을 딱히 학습해본 적이 없다. 한국인에게 돈코츠라멘에 비견될 만큼 대중적인 복잡한 맛은 부대찌개 정도다. 익숙하지 않은 맛을 접할 때, 사람은 본능적으로 기억 속의 맛을 더듬는다. 그리고 비슷한 카테고리를 찾고 그 안에 포함시킨다. 새로운 경험이 하나의 독립된 카테고리에 담기기 위해서는 오랜 학습과 시간이 필요하다. 그래서 친숙하지 않은 새로운 맛을 접하면, 기존에 먹었던 가장 비슷한 요리와 비교해, 그것보다 '짜다' '달다' '맵다' 혹은 '간이 세다' '간이 약하다' 등의 기본적 미각으로 해석할 확률이 높다.

농후한 맛은 영어로 'rich flavor', 깊은 맛으로 번역할 수 있는데, 깊은 맛을 잘 살리는 대표적 서양요리는 역시 프렌치다. 프렌치를 전공하고 한국에서 프렌치 파인 다이닝 '메종 드 기와'와 비스트로 '빌즈'를 직접 운영했던 김상범 셰프에게서, 농후한 맛에 대한 이해가 부족했을 때 이 강한 맛이 처음에는 짜게 느껴지더라는 경험담을 들었다. 유학시절에 선생님이 가르친 대로 소스를 만들다보면, 소스의 첫 맛에서 강한 짠맛밖에 느낄 수 없었다는 것이다. 그러다 혀 뒷부분으로 여러 번 맛을 보고나서야 짠맛을 넘어선 깊은 맛을 느꼈다고 한다. 소금으로만 간을 한 게 아니라 여러 재료가 조화롭게 섞여 오랜 시간 깊게 끓여낸 맛. 그런 맛이 '깊은 맛'임을 깨달은 것이다. 대부분의 프렌치는 깊고 농후한 맛을 잘 살리고 있다. 딥deep한 농후함이나.

슴슴한 냉면 맛을 어떻게 설명할까

한국인에게 잘 만든 한국 짬뽕은 매운맛 사이사이로 느껴지는 고기 육수와 해물 맛의 대향연이다. 이걸 일본인 같은 외국인이 먹어보면 어떤 느낌을 가질까? 단지 '빨갛고 매운 국수'로만 기억될 확률이 높다. 김치도 마찬가지다. 한국인에게 김치는 맵긴 해도 짠 음식으로 인식되지는 않는다. 하지만 처음 김치를 접하는 외국인만이 아니라, 김치에 어느 정도 익숙해진 외국인들도 김치를 맵고 짠 음식이라고 생각한다. 김치를 처음 먹는다면 맵고 짠맛만이 인상적일 것이다. 요리에 식견이 있는 사람이라면 절인 배추의 아삭한 식감 정도까지는 인정할지도 모르지. 사실은 그들이 맞다. 김치는 배추를 다량의 소금에 절인 매우 짠 음식이다. 그 짠맛을 고추의 매운맛과 젓갈과 액젓이 만들어낸 감칠맛으로 밸런스를 정교하게 맞춘 것일 뿐이다. 김치를 처음 먹는 외국인이 짠맛과 매운맛 사이로 느껴지는 감칠맛을 눈치 챌 수 있을까?

그런 비슷한 예들은 얼마든지 있다. 일본의 매실 절임인 우메보시梅干し를 처음 먹어보면 놀랄 만큼 짜고 시고 또 달다. 그런데 일본인에게 우메보시는 기분 좋은 신맛의 대표 음식이지 짜디짠 음식은 아니다. 일본 음식에 익숙해지기 전에 이 차이가 정말 신기했다. 이렇게 짠 음식을 일본인은 왜 그렇게 좋아할까. 그런데 지금은 우메보시를 떠올리기만 해도, 입안에 침이 고인다. 작은 우메보시 한 알이면 한 그릇 밥을 뚝딱할 수 있는 지경까지 왔다. 마치 맛있는 배추김치가 작은 접시로 하나 있어도 밥을 맛있게 먹을 수 있는 것과 마찬가지 느낌이다.

한국인에겐 맛의 레이어가 잘 느껴지는데 외국인은 좀처럼 느끼기 어려운 반대의 경우가 있다. 일본요리의 '농후함'을 한국인이 이해하기 어려운 것처럼, 한국요리의 '슴슴함'도 외국인에게는 어려운 개념이다. 우리의 담백함을 대표하는 음식은 냉면이다. 오해하지 말자. 고기집의 후식 냉면을 말하는 게 아니다. 찡한 맛으로 표현되는 진짜 냉면 이야기다. 냉면의 요체는 슴슴함으로 표현되는 극도의 담백함이다. 이 담백함은 농후함과는 다른 카테고리다. 농후함이 재료가 가진 최대의 감칠맛을 극대화하며 레이어를 쌓아 올린 복잡한 맛이라면, 냉면은 반대의 길을 걷는다. 냉면은 재료의 맛을 지워내며 담백함을 표현한다. 소고기, 돼지고기, 닭고기 육수에 동치미 국물로 신맛을 더하는 담백함. 메밀의 향을 죽이지 않는 범위 내에서 발현되는 은은한 육향 블렌딩. 이런 담백한 맛의 '슴슴함'에 갖가지 감칠맛의 레이어가 복잡하게 쌓여 있다. 그렇게 재료 본연의 맛을 최대한 죽이고 가려서 희미하게 감칠맛을 만드는 세련된 방식이 우리 냉면의 슴슴함이다.

이런 냉면의 슴슴한 맛 또는 쩡한 맛은 외국인이 납득하기 어렵다. 사실 냉면은 한국 내에서도 평가가 엇갈리는 편이다. 강한 젓갈과 양념에 입맛을 맞춘 사람들에게는 혹평을 받곤 한다. 이들은 "수돗물을 마시는 것 같다"며 냉면 육수를 박하게 평가한다. 대체 냉면의 슴슴하면서도 감칠맛이 듬뿍 배인 육수맛과 메밀향 감도는 부드러운 면발의 조화를 어떻게 설명할 수 있을까? 농후함에는 반드시 깊은^{deep} 맛만이 존재하는 게 아니라 담백한데도^{mild} 농후한 맛이 얼마든지 존재할 수 있다는 설명을 말이다.

불고기는 소고기 금기가 없다면, 어떤 문화권에서도 쉽게 사랑받을 수 있는 요리다. 삼계탕과 삼겹살은 어떨까? 타문화권 확산에 불고기보다는 시간이 오래 걸릴 것이다. 일본에서 삼계탕과 삼겹살은 꽤 시간을 거쳤지만 지금은 쉽게 먹을 수 있는 한식으로 받아들여졌다. 불고기의 뒤를 이어 삼계탕과 삼겹살도 곧 일본을 넘어 전 세계로 퍼져나갈 수 있을 것이다.

하지만 냉면은 아닐 것이다. 냉면의 핵심은 모양만 봐서는 맛을 짐작하기 힘든 슴슴하고 맑은 육수다. 국수 문화가 발달했고 우리와 비교적 같은 음식문화권인 일본이나 중국에서도 받아들여지기 어려울 것이다. 그렇다고 안타까워할 필요는 없다. 음식의 맛에 절대적인 기준은 존재할 수 없다. 문화적·역사적 배경에 따라 누구에게는 맛있는 음식이 다른 문화권에서는 혐오의 대상이 되는 일은 수없이 많다. 내국인에게도 호불호가 갈리는 슴슴함을 외국인에게 설명하거나 동의를 구하는 것은 어려운 일이다. 누군가는 맛있게 먹을 수 있지만, 그렇지 않을 수도 있다. 문화에 우열이 없듯 음식에도 우열은 없다. 단지 문화가 다를 뿐이다.

한국과 일본의 요리는 전 세계 문화권에서 상호 호환성이 가장 높은 편이다. 그럴 수밖에 없다. 두 나라는 기후나 지형이 비슷한 편이고 그에 따라 식재료가 상당히 비슷한 편이다. 두 나라 모두 기본적으로 간장과 된장을 음식에 빈번히 사용한다. 게다가 은은한 감칠맛을 얼마나 끌어올리느냐를 미식의 기준으로 평가하는 문화적 배경도 유사하다. 물론 완전히 같은 종류의 인공 조미료를 쓰고 있는 것은 말할 것도 없다.

조미료는 억울해

일본의 식당은 예외 없이 조미료를 쓴다. 이유는 간단하다. 감칠맛을 극대화하기 위해서다. 일본 요리는 밑국물 작업부터 시작한다. 다시마와 가츠오부시를 활용해 은은한 감칠맛 베이스를 먼저 만들어내고 그 위에 요리에 따라 표고버섯이나 말린 새우, 패주 등을 더해 밑국물을 한결 풍성하게 만든다. 감칠맛을 최대한 끌어올리기 위해서인데, 이렇게 하고도 마지막으로 조미료를 사용한다.

한때 어떤 방송에서 조미료를 쓰지 않는 식당을 '착한 식당'이라고 표현한 적이 있다. 가게 주인과 요리사가 자기 철학에 따라 조미료를 사용하지 않을 수는 있다. 그렇다고 조미료를 사용하는 식당을 죄다 '나쁜 식당'으로 몰아가는 건 곤란하다. 사실도 아닐 뿐더러 도덕적으로도 옳지 않다.

인공은 나쁘고 자연은 좋다는 믿음이 있다. 무엇이든 천연을 붙이면 가격이 뛰어 오른다. 정말 자연은 무엇이든 좋기만 할까? 천연과 자연을 앞세운 마케팅은 아닐까? 자연과 천연을 붙여 가격을 높이려는, 너무 속이 뻔히 보이는 마케팅 말이다. 그런데 우리는 '천연'과 '자연'에 자주 속는다. 천일염에 천연소금의 이미지를 씌우고, 공장 정제염은 먹어서는 안 될 화학적 부산물이 가득하다는 주장이 꽤 진지하게 돌던 적도 있었다. 사실은 천일염도 인공적으로 만든 소금이고, 진짜 천연소금이야말로 인체에 해로운 물질을 정제하기 전의 불안정한 상태다. 오히려 식품위생법의 엄격한 관리를 받고 있는 공장 정제염이 천연소금보다 안전한 식품일지도 모른다.

농업의 역사는 품종 개량을 통해 곡물의 수확량을 높이고 과일의 당도를 높이는 등 자연을 인간의 입맛에 맞게 개량해온 것이다. 자연 그대로의 곡물과 채소는 그다지 맛있지 않다. 당연히 농사에는 다량의 화학비료가 사용된다. 퇴비 같은 천연비료를 이용해도 좋을 테지만, 효율성이 떨어지고 기생충 감염 등의 부작용도 있다.

사람들은 음식에서 화학과 인공 그리고 공장이라는 말 대신, 천연과 자연 그리고 수제라는 말을 더 선호한다. '화학'이라는 말도 무서운데 '화학 가공물'이라면 더 무섭다. 하지만 실상은 어감이 무시무시한 것뿐이다. 요리는 섬세한 프로세싱의 화학 실험과도 같다. 음식이 맛있어지려면 반드시 화학적 변화를 거쳐야 한다. 고기를 굽는 행위는 단백질과 지방을 태우는 것이고. 고기를 숙성시키는 것도 단백질의 분해 등을 통한 화학적 변화과정이다. 한마디로 우리가 불을 사용해 가열하는 모든 종류의 요리는 화학적 변화를 거치고서야 맛있어진다.

이 모든 과정을 통해서도 감칠맛이 부족할 수 있다. 자연재료가 지닌 감칠맛에는 한계가 있기 때문이다. 이를 보정하기 위해 조미료를 사용해 부족한 감칠맛을 최대로 이끌어낸다. 화학조미료의 사용 없이도 감칠맛을 최대한 끌어내는 방법은 있다. 문제는 생산성이다. 재료 가격이 높아지고 조리시간은 늘어난다. 당연히 소비자가 평범하게 감당할 수 있는 이상으로 음식 가격이 높아질 것이다.

이 문제는 일정량의 화학조미료 사용으로 간단하게 해결된다. 화학조미료야말로 적당한 재료로 짧은 시간 동안 음식을 맛있게 만들 수 있게 만드는 마법의 재료다. 이렇게 맛있는 음식을 적당한 가격으로 만들어냈는데 조미료가 들어갔다는 이유로 소비자의 외면을 받는 일이 벌어졌다. 정말 안타깝다. 게다가 '착한 가게' 인증을 받을 수도 없다니 더 안타깝다. 조미료를 사용해 감칠맛이 듬뿍 넘치는 음식을 만든다. 소비자는 적당한 가격으로 사먹고 가게는 적정한 이윤을 남길 수 있다. 화학조미료를 전혀 사용하지 않았는데, 가격은 그대로 감칠맛까지 여전하다면 그건 기적이다. 현실에서 일어나지 않을 기적이다.

조미료만으로 음식 맛이 좋아지는 것은 분명 아니다. 조미료는 어디까지나 자연재료만으로 부족한 감칠맛을 채워주는 역할에 불과하다.

조미료에 대한 맹목적 신뢰는 없어져도 좋다. 똑같이 조미료에 대한 맹목적 불신도 없어져야 한다.

일본의 냄새는 간장의 맛

어떤 나라에 도착할 때, 우리는 냄새로도 그 나라와 만난다. 공항에서부터 각 나라만의 미묘한 차이가 확실히 느껴진다.

  치즈 하면 프랑스가 생각나지만 그들보다 치즈를 더 많이 먹는 사람들이 있으니 바로 북유럽, 덴마크나 노르웨이 사람들이다. 이 나라들에서는 공기 중에 확실히 유제품 냄새가 난다. 바이킹 후예들의 유제품 사랑은 유별나다. 슈퍼마켓에서 일상적으로 판매하는 치즈와 버터의 종류도 다양하지만, 양도 엄청나다. 우리 기준으로는 대형 음식점에서나 쓸 것 같은 큰 사이즈의 치즈와 버터를 일반 가정에서 소비한다. 우리 기준의 앙증맞고 귀여운 치즈 사이즈의 서너 배 크기를 생각하면 곤란하다. 치즈는 바이크의 타이어 사이즈, 버터는 빨래건조기의 물통만큼이나 크다. 음식점에서 사용하는 유제품의 양도 어마어마하다. 한식의 고추장과 마늘처럼 어떤 재료를 사용하든 마무리는 유제품을 쓴다. 그것도 어마어마한 양으로 마무리를 한다. 당연히 어디에서나, 심지어 화장실에서까지 유제품 냄새가 난다. 물론 향기로울 리는 없다.

  우리나라는 어떨까? 짐작할 수 있듯 마늘 냄새와 김치 냄새가 난다. 평소에 우리는 마늘과 김치 냄새를 그다지 강력하다고 느끼지 않는다.

대부분의 한국요리에 마늘이 빠지지 않고 들어가는데다, 한국요리 자체의 향이 그 어느 나라 못지않게 강하기 때문이다. 그러다 마늘을 별로 즐기지 않는 문화권에 다녀온 뒤 인천 공항에 도착하면, 뭔가 아련하고 그리운 냄새가 먼저 반긴다. 입국장을 벗어나 대중교통을 이용하면 정신이 다 얼얼할 정도로 냄새가 심하게 느껴진다. '아, 이게 우리나라 냄새지. 마늘 냄새, 고추 양념 냄새, 그리고 그것들이 어우러진 김치 냄새…' 정겨우면서도 강렬한 냄새다.

그러면 일본은 어떨까? 일본은 자주 다녀 친숙한 곳이다. 그런데도 일본 어디든 공항에 도착해 비행기 탑승교를 지나 공항 실내에 들어서는 순간, 일본 고유의 향을 확실히 느낀다. 들큰한 듯 시큼한 냄새, 설탕과 간장이 만들어내는 들척지근한 냄새다. 거의 모든 일본요리에는 간장과 설탕이 사용된다. 일본 간장은 오래 끓이면 오히려 맛이 없어지는 양조간장이라 간을 잘 맞추고 적당히 끓여내야 한다. 그러면 달달한 맛과 달큰한 향이 식욕을 자극한다. 이 간장은 우리 입맛에도 매우 친숙한 맛이다. 국간장을 제외하면 우리 모두가 아주 오래전부터 일본식 양조간장을 쓰고 있었다.

"일본요리는 눈으로도 먹는다"는 말처럼 일식은 유난히 모양을 중요하게 생각한다. 그리고 그만큼 중요하게 생각하는 게 향이다. 서양요리보다는 확실히 동양의 요리가 향이 더 강하다. 그만큼 재료가 다양하기도 하고, 자유자재로 향채소를 사용하기 때문이다. 서양요리를 극단적으로 평가절하하면 '온갖 재료를 모두 넣고 결국에는 치즈와 버터로 낸 맛'이라 할 수 있다. 그만큼 치즈와 버터의 향이 강해서 다른 재료의 향과 맛을 다 지운다. 중국이나 인도처럼 오래된 세계의 요리는 확실히 저마다 특색이 강한 향을 사용하는 요리가 많다. 이건 한국이나 일본도 마찬가지다. 한국이 마늘과 고추의 조합이라면 일본은 간장과 설탕의 조합이다.

일본공항에서 검역과 입국심사를 마치고 세관 검사 구역에 들어서면 향이 더 강해진다. 세관을 벗어나면 바로 야키도리집이나 가츠동집이 있을 것만 같은 착각이 든다. 그런데 정말 있다. 대개 공항 구내식당에는 달콤함 간장 양념을 사용하는 식당이 몇 개씩이나 있고, 여지없이 은은하게 간장과 설탕냄새를 풍긴다.

일식은 한식과 호환성이 높다. 대부분의 한국인은 일식에 거부감을 느끼지 않는다. 다른 지역의 외국인이라면 코를 싸쥐고 손사래를 칠 돈코츠라멘 냄새에도 한국인은 일본인처럼 식욕을 강하게 느낀다. 한국인에게도 친숙한 뼈 해장국이나 순댓국 냄새와 비슷하기 때문이다.

그런데 아주 가끔씩 일본 음식에서 냄새가 난다며 힘겨워하는 사람이 있긴 하다. 일본 출장 때 동행했던 스태프 한 명의 이야기다. 성격이 까탈스럽거나 식성이 예민한 친구는 아니다. 딱히 좋아하는 음식이 있는 것도 아니지만, 특별히 가리는 음식도 없는 평범한 식성의 젊은 스태프였다. 처음엔 잘못 조리된 음식을 먹었나 생각했다. 그런데 음식을 새 것으로 바꿔도, 아예 다른 음식으로 바꿔줘도 출장 내내 음식을 잘 먹지 못해 힘들어했다. 돈가스 덮밥도 소고기 덮밥도 라멘도 카레도 모두 냄새가 난다고 했다.

냄새가 덜한 일본 가정식을 시켰다. 이번에는 돼지고기를 넣은 일본식 된장국인 돈지루豚汁가 문제였다. 돈지루에는 돼지고기가 들어가니, 돼지고기 대신 바지락과 버섯이 들어간 미소시루로 바꿔줬다. 그런데도 냄새가 여전히 난다며 힘들어했다. 그는 사흘 정도를 편의점 삼각김밥과 우유로만 버텨야 했다. 결국 급히 한식당을 찾아 김치찌개와 제육볶음과 해물파전을 먹이고서야 겨우 진정됐다.

그에게 몇 번이고 어떤 냄새가 못 견디겠느냐고 물어봤었다. 그 역시 정확히 말하지 못했다. 어떤 식당을 가도 공기 중에 희미하게 떠도는 냄새가 묘하게 식욕을 떨어뜨린다는 이야기를 할 뿐이었다. 아직도 일본의 어떤 냄새가 그의 비위를 상하게 했는지는 정확히 알 수 없다. 다만 몇 달 뒤 그와 동행한 태국 출장에서 그 단초를 찾았다. 동남아시아 국가의 음식은 강한 향이 특징이다. 역사가 오래된 베트남과 태국음식의 주부재료는 모두 향이 강하다. 쌀국수에도 민트 같은 온갖 허브가 고명으로 쓰이는데, 그중에서도 고수는 기본 중 기본 재료다. 태국음식에서 고수를 사용하지 않는 요리는 찾아보기 힘들다.

고수는 동남아시아는 물론 중국과 남유럽, 중남미에서도 흔하게 쓰이는 식재료다. 식감이 뛰어나지 않지만 독특한 향을 앞세워 음식을 별미로 만든다. 그런데 이걸 못 먹는 사람에게는 마치 비누를 먹는 것처럼, 고수의 향이 역하게 느껴진다. 일본에서 음식냄새로 고생한 스태프는 이번에는 고수를 먹지 못했다. 고수뿐만 아니라 민트 같은 허브 종류 자체를 견디지 못했다. 태국에도 수많은 한식당이 있으니, 큰 문제는 아니었다. 사람이 밥을 먹어야 일을 할 수 있으니 어쩔 수 없었다.

그는 한마디로 익숙하지 않은 모든 향에 일단 거부감을 느꼈던 것 같다. 그렇다고 그를 탓할 수는 없다. 오히려 해외 출장에 더 이상 그 스태프와 동행하지 못하게 된 것이 안타까웠다. 안타깝다고 말했는데 정말 안타까웠다. 뭐든 씩씩하게 척척 일처리를 해내는 스태프가 없다는 것도 안타깝지만, 그가 전 세계의 절반이 넘는 음식을 맛있게 먹을 수 없다는 사실이 더 안타까웠다. 세상은 정말 넓고 맛있는 건 더 많은데 말이다.

좀처럼 익숙해지기 어려운 맛과 향

생각해보면 이런 일은 자주 일어난다. 해외출장이 일주일 이상을 넘기면 평소 외국음식에 큰 거부감을 느끼지 못했던 사람들도 쉽게 음식 향수병에 걸린다. 일본 각 지역을 다니는 취재 출장은 거의 예외 없이 그 지역의 향토 특선요리를 먹게 된다. 그 지역만의 고유한 진미를 먹게 되는 셈이다. 진미는 평소에 자주 먹을 수 없으니 진미다. 그런데 사람이 진미만을 계속 먹게 되면 질려버리고 만다. 아무래도 평소에 먹던 평범한 식사에 끌리게 된다. 이 사실은 오랜 경험으로 알고 있었다. 그래서 언제나 출장의 마지막 날은 스케줄 없이 스태프들에게 한식을 대접한다.

그러면 스태프들이 돌변한다. "오늘은 점심부터 한식이에요." 이 얘기를 듣는 순간부터 모두 반쯤 넋이 나간다. 그때까지 일본 음식이 맛있다며 엄지를 내세웠던 사람들이 말이다. 식당에 도착하기도 전에 자기들끼리 뭘 먹을 거냐는 둥, 자기는 뭐만 먹을 수 있으면 좋겠다는 둥

난리법석을 떤다. 한식당 저 멀리서부터 풍기는 마늘냄새와 김치냄새는 한국인을 미치게 만드는 것 같다. 식당이 보이자마자 중학교 야구부원처럼 전원 전력질주로 내달린다.

외국에서의 한식 메뉴는 소박한 것일수록 좋다. 김치찌개와 된장찌개 같은 한국인 소울푸드에 한국식 달걀말이와 멸치볶음, 고추장 돼지불고기 그리고 미역국 정도면 더할 나위 없이 훌륭하다. 정말 게걸스럽게도 밥을 비운다. 우리 스태프들이 저렇게 먹성이 좋았나 싶을 정도로 밥을 먹어댄다.

일본 한식당에서 먹은 거의 모든 음식에도 강한 향채소인 마늘이 들어가 있다. 한국 사람들은 마늘을 뿌리도 먹고 줄기도 먹는다. 마늘은 이탈리아나 일본요리에도 쓰이지만, 일본인이 마늘이 들어간 요리를 먹을 때는 그 다음날 약속이 없는 주말의 전날 정도다. 평소에 마늘을 거의 안 먹는 만큼, 약간의 마늘냄새만 나도 신경을 쓰는 게 일본인이다.

사실 한국인만큼 향채소를 즐기는 민족은 없다. 오죽하면 향이 강하기로 으뜸인 깻잎을 날로도 먹고 간장에 절여도 먹는다. 우리는 전혀 눈치 채지 못하지만 깻잎도 사실 엄청나게 향이 강한 채소다. 간장에 절여먹거나 동물성지방(삼겹살)에 고추장과 된장 등 엄청나게 강한 여러 양념을 섞은 쌈장과 곁들여 먹기 때문에 미처 깨닫지 못할 뿐이다.

외국인이 질겁하는 한식의 부재료 1위와 2위는 예외 없이 마늘과 깻잎이지만, 우리에겐 마늘도 깻잎도 정말 맛있는 식재료다. 마늘을 구워 먹으면 특유의 강한 향은 날아가고 은은한 단맛이 돈다. 단품으로 먹어도 좋고 무언가와 곁들여 먹어도 좋다. 마늘을 쪽 채 오븐에 잘 구워내면 냄새도 끝내주지만 맛은 더 끝내준다. 마늘을 또 간장식초에 담가 먹으면 얼마나 새콤해지는지, 적당히 삭은 마늘장아찌나 마늘종은 이런 밥도둑이 따로 없지 싶다.

깻잎은 홑쌈으로 먹어도 좋고, 상추와 겹쌈을 해도 좋지만 역시 청겨자잎이나 홍겨자잎 같은 향채소에 겹쌈을 만들어 먹으면 정말 근사하다. 여러 향채소가 만들어내는 다양한 식감과 향이, 겉을 살짝 태워 지방이 은근슬쩍 흘러내리는 두툼한 삼겹살과 어우러지면 입안에서 작은 천국을 만날 수 있다.

외국인들에게 삼겹살에 쌈장과 살짝 구운 마늘 슬라이스를 청겨자잎과 깻잎으로 겹쌈한 그 맛을 알려주고 싶다. 생각해보면 어려운 일이 아닐지도 모른다. 이미 어떤 나라에서 몇 천만의 사람들이 몇 십 년 넘게 맛있게 먹고 있었다. 냄새 같은 거 조금도 신경 쓰지 않으면서 말이다.

이런 맛있는 향채소를 외면하는 외국인이 많다니, 정말 안타깝다. 그리고 외국의 낯선 식재료의 향에 좀처럼 익숙해지지 못하는 한국인, 그들도 안타깝다.

젓가락이 편하니까

처음 일본에 간 한국인은 식당에서 숟가락을 주지 않는다는 사실에 종종 당황한다. 일본의 단품 식사에는 국이 포함되지 않는 경우가 많으니 그럴 수도 있다. 그런데 밥과 된장국(미소시루)이 포함된 정식을 주문해도 숟가락을 주지 않는 건 조금 충격이다. 대체 밥을 숟가락으로 떠먹지 않으면 뭐로 먹는단 말인가.

거의 모든 일본 음식은 젓가락으로만 먹을 수 있도록 설계되어 있다. 고기 요리는 젓가락으로 잡기 좋게 잘 잘라져 있고, 일식 돈가스는 손님상에 올리기 전에 먹기 좋은 크기로 잘라 놓는다. 일본은 국도 젓가락으로 먹는다. 건더기는 젓가락으로 건져 먹고, 국물은 국그릇을 든 채 입을 대고 마신다. 한국문화에서는 밥그릇이나 국그릇을 들고 먹는 게 예의 없어 보인다. 일본에서는 음식을 먹으려고 밥상에 머리를 숙이는 게 그렇게 보인다. 특별한 의미가 있는 건 아니다. 두 나라의 문화가 다를 뿐이다.

일본에서 국을 들고 마실 때는 작은 예법이 있다. 한손으로 들고 마시는 것보다 두 손으로 바지런히 들고 마시는 게 예의 있어 보인다. 물론 젓가락을 손가락에 끼운 채 마시는 건 곤란하다. 일본의 국문화는 한국에 비해 다양한 편은 아니다. 식탁 위에서 탕과 국이 밥과 대등한 지위를 갖는 한국과 달리, 일본의 국은 상대적으로 조연 역할에 충실한 편이다.

일본의 식기는 밥그릇이나 국그릇을 들고 먹기 좋게 최적화 되어 있다. 국을 들고 마시는 것처럼, 밥도 그릇을 손에 쥐고 먹는 게 일반적이다. 밥그릇을 식탁 위에 놓고 밥을 먹으면 뭔가 깨작대는 느낌이 난다. 그러니 일본 가정에 식사 초대를 받았다면 가능한 밥그릇을 들고 씩씩하게 먹어야 집주인이 안심할 것이다.

손으로 그릇을 들어야 하니 그릇은 모두 도자기나 칠기를 쓴다. 손바닥을 대도 뜨거운 밥과 국에 데지 않도록 바닥이 제법 높다. 한국 식당에서는 스테인리스 밥그릇을 쓰는데 사실 이건 불만이다. 게다가 주문을 받으면 밥을 따로 퍼주는 것도 아니다. 아침 일찍 대용량으로 밥을 지어 놓고 스테인리스 그릇에 꾹꾹 눌러 담는다. 이래서는 제아무리 좋은 쌀로 밥을 맛있게 지어도 소용이 없다. 밥알끼리 서로 눌러 붙지 않을 만큼 적당히 숨을 쉬어야 하는데, 밥을 주걱으로 꾹꾹 눌러 담으면 양은 넘쳐도 맛은 넘치지 않는다. 아무리 경제가 불황이라지만 이제는 우리도 가정과 식당에서 식기로 도자기를 쓸 정도의 여유는 있을 것이다. 과거처럼 도자기 식기가 터무니없이 비싸면 또 모를까. 충분히 저렴한 가격에 모양도 예쁘고 실용적인 공장제 도기도 얼마든지 찾을 수 있다.

일본의 젓가락 문화의 또 하나의 특징은 가급적 젓가락 받침을 쓴다는 건데, 이게 또 예쁜 게 정말 많다. 가격도 저렴한 게 듬뿍 있다. 오래 전부터 집에 놓고 쓰기 시작했는데, 위생적이고 무엇보다 편리하다. 밥을 먹다가 젓가락을 어디에 아슬아슬하게 걸쳐놓을 필요가 없으니, 무엇보다 편리하다. 위생적인 건 덤이다.

젓가락 문화가 아시아 보편인 것 같지만, 일상적으로 젓가락을 쓰는 문화권은 한국과 일본 그리고 중국 이렇게 세 문화권 정도다. 베트남이나 태국처럼 역사가 오래된 아시아 국가에서도 젓가락이 일상화되어 있는 건 아니다. 그 나라들에서 젓가락을 능숙하게 사용하는 사람은 중국계뿐이다.

젓가락질이 서툴다고 밥을 굶지는 않겠지만, 젓가락질을 능숙하게 하면 역시 품위가 있어 보인다. 특히 젓가락으로 생선살을 예쁘게 발라 낸 뒤 생선 모양을 최대한 흐트러트리지 않고 먹는 모습에는 작은 경외감마저 든다. 우리가 즐겨 쓰는 납작한 쇠젓가락으로 생선살을 고르게 발라먹기는 조금 힘들다. 조선시대 양반님네들은 둥근 원뿔 모양의 놋젓가락을 많이 썼을 텐데, 어찌된 일이지 지금은 납작한 쇠젓가락이 대세다. 아마도 한국전쟁 이후 대량생산으로 가격을 낮춘 제품을 만들었을 것이고, 가격이 싸고 튼튼하니 식당은 물론 가정에까지 침투한 듯하다. 그게 또 나름의 전통이 되어 지금도 사용하고 있는 것이겠지. 일본의 젓가락은 끝이 뾰족하고 얇은 원통형이다. 생선살을 발라 먹는데 특화된 젓가락이다. 납작하고 얇고 작은 쇠젓가락이 대세인 한국인에게 조금 어색한 모양이다.

식문화는 당연히 그 문화 고유의 식기를 만든다. 식문화가 강하게 퍼지면 퍼질수록 그 문화권 고유의 식기를 사용하게 된다. 우리 일식집과 일본식 이자카야는 거의 예외 없이 일본풍 도자기와 일본식 젓가락을 내놓는다. 아무도 그걸 어색해하지 않는다.

일본에도 한식이 붐을 넘어 문화로 자리를 잡아가고 있다. 과거에도 몇 번이고 한식 붐이 일었던 적이 있었다. 1988년 서울올림픽 때 잠시 김치 붐이 일었고, 2002년 한일월드컵을 기점으로 본격적으로 일본에 한국 김치가 선보이기 시작했다. 한국 막걸리 붐이 꽤 진지하게 일었던 시기도 있었다. 심지어 2~30대 젊은 여성들이 가장 선호하는 술로 막걸리가 뽑힌 적도 있다. 달콤해 먹기도 좋으면서 저알코올로 쉽게 취하지도 않아서 맛있고 건강한 술로 간주되었다. 거의 모든 이자카야에서 한국 직수입 막걸리를 팔기도 했고, 막걸리를 베이스로 한 다양한 칵테일도 꽤 인기를 끌었다.

지금 일본에서 한식은 붐을 넘어 하나의 문화현상으로 일상에서 자연스럽게 받아들이는 분위기다. 한국에서 먹을 수 있는 대부분의 한식이 일본의 골목까지 진출해 있다. 와중 일본 10대가 가장 선호하는 한식은 삼겹살과 한국식 치킨이다. 우리가 가장 익숙하게 생각하는 음식이 일본의 미래세대에게도 보편적 지지를 얻어가고 있는 중이다.

재미있는 건 숟가락을 쓰지 않는 일본인들이, 한국식당에서 제공되는 숟가락에 조금씩 익숙해져 간다는 것이다. 국을 먹을 때는 꼭 숟가락을 쓰고, 특히 비빔밥도 제법 능숙하게 숟가락으로 비벼 먹는다. 재미있지 않나. 이웃나라가 서로에게 영향을 주고, 서로의 문화를 차별 없이 받아들이는 점 말이다.

사시미와 회, 아라이와 물회

우리도 일본인도 회를 참 좋아한다. 그런데 양국의 회 문화는 조금 다르다. 우리의 '회'는 일본어의 '사시미刺身'로 번역하는데, 엄밀히 말하면 다른 요리다. 정확히 우리의 '활어회'와 일본의 사시미의 조리법이 다르다는 말이다.

일본에는 횟집이 없다. 그러니까 사시미만 별도로 취급하는 전문점이 따로 없다는 얘기다. 1인당 해산물 소비 세계 1위의 나라에 사시미 전문점이 없다고? 사실이다. 해산물 전문식당과 이자카야가 있긴 하지만 주력 메뉴가 사시미는 아니다. 일본의 해산물 전문식당은 다양한 해산물로 사시미는 물론 구이와 찜, 탕 등 다양한 요리를 내는 곳이다. 반드시 활어 수조가 있지 않다는 것도 우리 횟집 문화와의 큰 차이점이다.

우리에게 회는 반드시 횟집을 가야 먹을 수 있는 메뉴인데 비해, 일본의 사시미는 어지간한 동네식당과 이자카야에서도 먹을 수 있는 평범한 메뉴다. 학교나 회사의 급식에 사시미가 반찬으로 나올 정도로 대중적이다. 일반 가정의 저녁상에도 슈퍼마켓에서 판매하는 사시미가 자주 오른다. 우리의 회와는 다르게 사시미는 꽤 대중화 되어 있다.

우리는 회라고 하면 자동적으로 활어회를 떠올린다. 건강에 좋은 생선에 신선한 채소를 듬뿍 곁들여 먹는다는 이미지가 있다. 그런데 조금 다른 각도에서 보면 우리 회 문화는 생선이 주인공이긴 하지만 일종의 생선 샐러드 같은 느낌의 음식이라고 할 수 있다. 상추의 아삭한 식감을 베이스로 깻잎과 마늘 슬라이스 등 강한 향채소의 향과 식감을 더한다. 식성에 따라 어슷썰기한 고추를 더해 그 위로는 또 양념을 가득 넣어 먹는다. 고추장에 식초와 설탕을 더한 초고추장이나 된장과 고추장과 향채소를 적당히 버무린 쌈장처럼 지극히 한국적인 드레싱을 사용한다. 한국인의 성정에 맞는 호쾌하고 박력 넘치는 식문화다.

다만 생선살 특유의 향과 맛을 찾기는 어려운 것도 틀림없다. 대신 우리 식의 쌈 문화는 감칠맛과 식감의 조화를 추구한다. 개성 강한 재료들이 충돌하면서 빚어내는 감칠맛의 조화에 갖은 채소들이 생선살과 함께 씹히는 맛이 재미있는 식감을 만든다. 그래서 한국인은 갓 잡아 펄떡펄떡 뛰는 활어회를 선호한다. 여러 재료의 조화를 중시하기 때문에 어종마다 희미하게 차이나는 살맛과 향은 크게 중요치 않다. 쫀득한 식감이 있으면 그걸로 그만이다.

이 호쾌한 식문화는 일본인에게서는 좀처럼 동의를 얻기 힘들다. 일본인은 각 생선마다 고유한 살맛을 즐기기 때문이다. 일본인은 흰살 생선의 맛과 향에 민감하게 반응한다. 그래서 대부분의 한식을 좋아하면서도 한국식 회 문화에는 동의하지 않는다. 생선을 강한 향채소에 싸서 초고추장처럼 강한 양념과 함께 먹으면, 흰살 생선의 섬세한 살맛과 향을 즐길 수 없다고 말한다.

비슷한 식문화를 가진 두 나라가, 날 생선을 먹는 총론에서는 동의했는데 각론에서는 팽팽하게 맞서는 느낌이다. 어느 한 쪽이 정답은 아니다. 역시 문화의 차이일 뿐이다. 일본의 사시미는 일정 기간 숙성을 시킨 선어회다. 선어라고 하니까 대단한 것 같지만, 숙성 여부의 차이 정도다. 선어와 활어를 구분하는 방법은 기술적으로 물고기를 잡은 뒤 사후 경직 정도의 차이에서 시작한다. 물고기를 잡은 직후면 사후 경직도가 강해 쫀득하고 꼬들꼬들한 식감이 난다. 몇 시간에서 며칠까지 숙성시키면 단백질이 분해되면서 조직이 연해지니까 식감은 활어보다 더 부드러워진다.

당연히 선어 쪽이 생선의 살맛과 고유의 향이 증대된다. 조금만 훈련하면 어종마다 미세한 차이를 살맛과 향으로 구분해낼 수 있다. 사시미에는 향과 맛이 강하지 않은 조미료를 곁들여야 하고, 간장이야말로 여기 딱 어울리는 조미료다. 간장의 아미노산이 생선살의 이노신산의 감칠맛을 잘 이끌어내주기 때문이다.

일본에서는 사시미 전용 간장을 사용하는데, 일반 양조간장보다 짠맛이 적고 감칠맛이 상대적으로 높다. 그냥 찍어 먹어도 좋지만 와사비와 좋은 상성을 보인다. 선어회에 코를 톡 쏘는 와사비를 얹는 것도 중요한 포인트다. 와사비도 특유의 향이 강한 향채소니까 초고추장과 비슷한 역할을 할 것 같지만 전혀 다르다. 와사비의 매운맛은 휘발성이 강하다. 생선살에 와사비를 얹어 먹으면 입과 코 안에 남아 있던 음식 냄새를 순간 휘발시켜 주기 때문에, 오히려 코와 혀의 감각세포가 예민해진다. 그래서 지금 먹는 물고기의 살맛과 향을 더 깨끗하게 느낄 수 있다.

일본의 사시미 문화에도 생선살 고유의 맛은 그대로 놔두고 식감은 더욱 강조하는 조리법이 있다. 차가운 물이나 얼음물로 생선살을 씻는데, 온도차에 의한 수축으로 생선살이 순간 꼬들꼬들해진다. 이 조리법은 '씻다'는 뜻으로 '아라이洗い'라고 하는데, 식감을 강조한 여름철 별미 생선 조리법이다. 주로 더운 여름철에 농어나 도미를 아라이로 많이 먹는다. 도쿄 전통의 에도마에식 아라이를 먹고 싶다면 역시 농어 아라이가 좋다. 단 여름을 대표하는 생선이므로 아라이는 가급적 여름철에 주문하는 편이 더 맛있다. 아라이만을 취급하는 전문점이 따로 있는 건 아니다. 해산물을 취급하는 이자카야라면 빠지지 않고 등장하는 인기 메뉴다.

아라이의 재료에는 심지어 잉어까지 있다. 잘못 먹으면 비리고 흙냄새가 진한 민물 물고기인 잉어를 어떻게 날로 먹느냐 생각하겠지만, 막상 먹어보면 의외로 담백한 맛에 감탄하게 된다. 그 정도로 생선 조리법이 발달한 셈이다.

일본에 아라이가 있다면, 한국은 단연코 물회다. 물회도 생선살의 오독한 식감을 즐기기 위한 재미있는 요리다. 먹을 수 있는 온갖 종류의 생선을 잘게 썰어, 된장이나 초고추장을 푼 장국에 말아 먹는 여름철 최고의 별미다. 가끔씩 유명 피서지에서 여름철 뜨내기손님을 후리기 위해 만든 질 낮은 물회에 깊은 내상을 입는 건 불만이다.

생선 살맛과 향에 치중하고 싶다면 일본식 선어가, 여러 채소와 양념과의 조화로운 식감이 즐겁다면 한국식 활어가 답이다. 전 세계에서 날생선을 가장 즐기는 두 나라지만, 이렇게 다른 듯하면서도 묘한 동질감이 있다.

알고 먹으면
더 술술 넘어가는 술!

한국의 혼술 손님은 용기가 필요하지

드라마 〈고독한 미식가〉는 '요리 콘텐츠 장르'에 '혼밥'이라는 새로운 서브 장르를 추가한 듯한 느낌이다. 일본에서 요리를 주제나 소재로 삼은 문화 콘텐츠는 언제나 차고 넘쳤다. '요리 콘텐츠'가 독립된 하나의 장르로 어엿하게 성공한 셈이다. 장르화에 이를 정도로 성공하고 나면 언제나 다양한 파생형 서브 장르가 만들어진다. 드라마 〈고독한 미식가〉의 성공은 이 서브 장르에 '혼밥'이라는 파생형을 추가했다. 〈고독한 미식가〉의 성공 이후 나 홀로 밥을 먹고, 나 홀로 술 마시는 콘텐츠가 넘쳐난다.

일본에서 혼밥과 혼술은 전혀 어색한 풍경이 아니다. 오히려 너무 자연스럽다. 우리에게도 혼밥은 어느새 낯설지 않은 일상의 풍경이 되어가고 있다. 혼밥과 혼술을 내세운 콘텐츠들도 하나둘 등장해 대중의 감성을 자극한다. 하지만 감성은 감성, 현실은 현실. 혼밥 손님에게 아직도 현실은 녹록치 않다.

한국의 보통 식당에서 혼밥을 하려면 일단 눈치를 봐야 한다. 혼밥 손님을 곱게 바라보지 않는 시선은 둘째 치고, 식당의 실내 구조 자체가 혼밥 손님을 전혀 고려하지 않는다. 우리 식당은 2인 이상 손님의 접객이 디폴트값이다. 메뉴의 상당량도 2인 이상부터 주문이 가능하다. 1인 손님이 편하게 앉을 수 있는 카운터석 같은 건 아예 없는 곳이 대부분이다.

그렇다고 가게를 탓할 일도 아니다. 혼밥족이 늘어나고는 있지만 아직 보편적인 문화로 자리 잡은 건 아니다. 애초에 1인 손님이 적으니 그들을 위한 배려 자체가 불필요하다. 1인 손님이 매출에 영향을 줄 만큼 늘어난다면 누가 시키지 않아도 가게들은 판매 전략을 수정할 것이다. 식당이 이런데 술집은 더 말할 것도 없다. 혼밥까지는 어찌어찌 해결해도 혼술은 넘어야 할 장벽이 더 높다. 혼술은 정말 그렇게 어려운 걸까? 무엇이 혼술을 어렵게 만드는 걸까?

식당이 1인 손님을 홀대하는 수준이라면 술집은 1인 손님에게 종종 노골적인 적대감까지 표현한다. 특히 피크 시간대는 입장 자체가 힘들 정도다. 어찌어찌 입장해도 혼자 먹기에 적당한 메뉴 자체가 없다. 주문할 수 있는 안주는 혼자 먹기에는 양이 많고 비싸다. 혼술 손님의 입장에서는 요리의 양과 가격을 대폭 줄여 다양한 메뉴를 먹고 싶은데 말이다. 술도 마찬가지다. 애초에 혼술 손님은 취해서 쓰러질 때까지 마시고 싶은 기분으로 술집을 찾지 않는다.

피곤한 하루를 정리하는 기분으로.
갑자기 떠나버린 그녀 또는 그놈이 생각나서.
오늘도 기특했던 나에게 작은 상을 주고 싶어서.
오늘은 어쩐지 아무와도 말없이 한잔 하고 싶어서.
유튜브에 찜해 놓은 영상을 맛있는 안주와 술과 함께 즐기려고.

혼술 손님은 적당한 양을 적당히 기분 좋게 마시고 싶은 것뿐이다. 술이라면 무조건 취할 때까지 달리고 달려야 직성이 풀리는 술꾼들은 이해하기 힘들겠지. 혼술에 양이 정해져 있지는 않지만 그래도 어느 정도 라인이 있을 테다. 맥주 한 병 정도는 혼자서 마실 수 있어도, 혼자서 소주 한 병은 좀 그렇다. 소주는 맛이 없는데다 양도 좀 된다. 막걸리도 마찬가지다. 단 한 종류의 술을 홀로 비우는 건 힘들다. 혼술 손님은 다양한 술과 안주를 혼자서 즐기고 싶다. 생맥주 한잔에 이강주나 문배주 같은 전통소주 한잔을 더해 마지막으로 맑은 청주 한잔으로 피날레를 장식하고 싶다. 그러는 사이 작은 접시로 맛있는 안주 서너 종류는 먹고 싶다. 술도 한 잔씩 잔술로 팔았으면 좋겠고, 안주도 작은 접시로 팔았면 좋겠다. 정작 가게 입장에서 그렇게 영업을 했다가는 크게 손해를 볼 테니까 언감생심이다.

혼술 손님이 손해를 감수할 수도 있겠지. 에라 모르겠단 심정으로 가게에서 서너 개의 안주를 동시에 주문했다가는, 음식도 술도 절반 이상 남길 수 밖에 없다. 가게 입장에서는 손해 보는 일은 아니겠지만, 이렇게 음식을 남기는 건 지구에도 나쁜 일이고, 음식을 만든 사람에 대한 예의도 아니다. 최근 대표 메뉴들의 양을 줄여 3,000원대에 안주를 판매하는 가게가 작은 붐을 이루고 있긴 하다. 미안한 얘기지만 맛이 없다. 그리고 술 판매 방식은 다른 곳과 마찬가지다.

이런 날이 있다. 어쩐지 혼자 술을 마시고 싶다. 술도, 안주도 다양하게 먹고 싶다. 안주는 거창하고 비싼 요리가 아니라 소박하고 자극적이지 않은 다양한 음식들로.

마요네즈와 소금간이 적당한 감자 달걀 샐러드 약간,
　달걀말이 두 쪽, 맛있게 구운 삼겹살은 100g 정도만,

매콤하고 달달한 야채 듬뿍 낙지볶음과 절묘하게 삶아진 소면 조금, 마지막은 맑은 대구탕을 작은 그릇으로 맛보며 해장하고 싶은 그런 날 말이다.

이런 소박한 상상이 사치가 아닌 날이 왔으면 좋겠다. 그러면서도 술을 혼자서 마시러 왔다고 사람들에게 수군거림을 듣지 않아도 되는 아늑한 공간이면 더 좋겠다.

불사르니까, 소주

일본의 이자카야에서는 혼술 손님이 어색하지 않다. 어색하지 않을 정도로 혼술 손님 수가 꽤 된다 . 이자카야의 시스템도 혼술 손님을 편안하게 만든다. 안주는 대부분 양이 적고 가격이 저렴한데도 맛있다. 혼자서라도 입맛에 맞는 안주 서너 접시는 양과 가격 걱정 없이 충분히 즐길 수 있다.

여성 혼술 손님도 제법 된다. 특히 젊은 여성 직장인이 패밀리 레스토랑에서 가볍게 한잔 즐기는 모습은 저녁시간의 일상 풍경이 되어버렸을 정도다. 무엇보다 다양한 술을 조금씩 즐길 수 있다는 게 크게 한몫했다. 모든 술을 잔술로 주문할 수 있다. 물론 병째 시킬 수도 있다. 일본 소주나 일본주의 병 사이즈는 거의 대부분 720ml가 기준이다. 초엘리트 술꾼이 아니고서야 혼자서 다 비우는 건 좀처럼 무리다.

일본 소주燒酒는 알코올 도수가 25도 이상이고 일본주도 14도 이상이다. 만약 25도 소주로 720ml 한 병을 다 마신다면 한국 소주로 환산해 혼자서 세 병 반 이상을 마시는 셈이다. 이 정도를 앉은 자리에서 혼자 마신다면 이미 혼술러라 부르기 어려운 수준이겠지. 잔술 대신 병째 주문해 마신 후 남은 술은 가게에 키핑을 할 수 있다. 대신 보관비는 별도로 받고 보관기간도 엄격하게 정해져 있다. 공간이 충분하지 않은 가게라면 키핑이 안 될 수도 있다.

우리 문화에서는 대중음식점과 술집의 구분이 모호하다. 우리가 술집으로 여기는 대부분의 가게가 법률상으로는 대중음식점이다. 술집을 떠올릴 때 술보다는 오히려 요리가 주연처럼 먼저 떠오르는 경우가 더 많다. "저녁에 족발 콜?"이라는 말과 "술 한잔 할까?"라는 말은 사실상 같은 말로 들린다. 치킨을 먹자고 하면 당연히 맥주가 따라오는 것과 마찬가지겠지.

1인당 알코올 소비량 세계 2위에 빛나는 한국인데도 막상 술 자체는 주연이 아닌 셈이다. 곰곰이 생각해보면 당연하다. 대중적으로 편하게 마실 수 있는 술 종류 자체가 너무 적다. 어차피 술은 고를 수 없는 고정픽이다. 겨우 몇 개의 대기업이 일률적으로 찍어내는 소주와 맥주만으로 구성되어 있으니, 술보다는 음식이 술자리의 주역이 되는 게 차라리 당연하단 이야기다.

우리 맥주가 맛없는 건 아니다. 맥주 왕국인 일본에 비해도 맛 자체의 레벨이 크게 처지지 않는다. 오히려 한국 맥주 고유의 맛이 선명하다. 하지만 종류가 턱없이 부족하다. 이건 소주도 마찬가지다. 그나마 소주는 지역별로 특색 있는 제품이 나오긴 한다. 그런데 어느 기업이나 소주를 만드는 방법은 별 차이가 없다.

원래 소주는 증류주다. 쌀 등의 곡물로 발효주를 만들고, 그것을 거르고 걸러 맑은 술만 남긴다. 이것을 증류해 알코올 순도를 높인 것이 소주다. 증류에는 반드시 열처리가 필요니, 이름에 '불사를 소(燒)'를 써서 燒酒 즉 소주라고 부르는 것이다. 그런 의미에서 우리가 늘상 먹는 소주는 사실 소주가 아니다. 굳이 말하자면 화학식 희석주다. 비싼 곡물 대신 가장 값싼 녹말인 타피오카를 발효시켜 순도 90% 이상의 순수한 알코올인 주정을 만든다. 여기에 물을 넣어 희석시키고 각종 감미료를 넣어 맛과 향을 더해 만든 것이 우리가 일상적으로 소비하는 대기업 소주다.

소주 회사마다 이런저런 자기 소주의 특징을 이야기하지만 차이점이라곤 최종적으로 첨가하는 감미료의 종류 정도다. 그럼에도 그럭저럭 마실 만하다는 것과 다른 술에 비해 매우 저렴한 게 장점이긴 하다. 가성비 자체로는 전 세계에서 한국 소주를 따라올 자가 없다. 한국에 폭탄주 같은 독특한 음주문화가 생겨난 것은 소주 자체가 맛없기 때문이 아니었을까 하는 조심스런 추측도 해본다. 신기하게도 폭탄주를 잘 만들면 의외로 꽤 맛있는 술이 나오니 말이다.

제일 좋은 해결법은 증류를 거친 진짜 소주가 널리 보급되고 확산되는 것이다. 지역별로 개성만점의 전통 소주가 활발히 생산되었으면 좋겠다. 지금도 안동소주나 이강주 같은 진짜배기 소주를 어렵지 않게 즐길 수 있지만, 대량 생산이 되지 않으니 가격이 화학식 희석소주에 비해 턱없이 비싸다.

맥주도 지역별 또는 기간별로 차별된 콘셉트의 다양한 제품을 만들어내면 좋겠다. 소규모 양조장이 조금씩 기지개를 펴고 있는 등 과거에 비해 점점 선택의 폭이 넓어지고 있지만, 조금 더 광범위해져도 좋을 것 같다.

우리나라에서도 조만간 술을 선택할 때 다양한 옵션이 존재하는 그런 일이 일어날 것이다. 사회가 발전하고 문화가 성숙하면 반드시 음식문화의 세분화를 동반하게 마련이다. 지역 한정, 기간 한정의 다양한 소주나 맥주, 막걸리 또는 그 어떤 술이라도 다양하게 마실 수 있는 그런 날이 오면 우리에게 어떤 변화가 일어날까? 아마 틀림없이 안주를 고르는 것만큼 술을 고르는 일도 중요한 일이 될 것이다. 좋은 요리를 먹는 것만큼 좋은 술은 사람을 행복하게 만드니까 말이다. 결국 시간이 해결할 문제다.

폭탄주 기술자

일본의 음주문화가 우리와 가장 크게 다른 점은 주종의 다양성이다. 보통 이자카야는 비루ビール;맥주, 쇼추焼酎;소주, 니혼슈, 위스키 등의 기본 주종에 하이볼, 추하이, 사와 등 다양한 칵테일 류를 구비하고 있다. 적당한 규모의 이자카야라면 소주와 일본주에서만도 몇 십 종 이상의 다양한 제품군을 구비해 놓은 것이 보통이다.

그런데 맥주는 다르다. 해당 가게와 공급계약을 맺은 한 곳의 대기업 제품만 취급하는 게 일반적이다. 맘만 먹으면 몇 종이고 다른 브랜드의 소주와 일본주를 마실 수 있지만, 맥주만큼은 한 가게에서 한 개의 브랜드만 마실 수 있다. 일본 맥주 대기업의 독특한 영업방식 때문에 굳어진 일본식 관행이다. 종종 여러 브랜드의 맥주를 구비하는 경우도 있지만 흔한 것은 아니다.

일본 맥주는 역시 생맥주다. 일본 생맥주가 한국보다 더 맛있다는 건 이미 많은 사람들이 경험으로 잘 알고 있다. 생맥주는 효모가 살아있으니 냉장 유통과 냉장 보관이 철칙이다. 생맥주 맛을 돋우는 효모는 열에 약하기 때문에 상온에서 쉽게 죽는다. 일본은 생맥주 캐니스터 수송에 예외 없이 냉장 탑차를 사용한다. 공장에서 가게까지 냉장 운송이 기본이다.

생맥주 맛을 지키는 또 다른 철칙은 캐니스터의 보관기간이다. 엄격하게 냉장 보관 원칙을 지킨다 해도 효모가 무턱대고 장수하는 건 아니다. 그날 들어온 생맥주 캐니스터는 그날 내로 모두 소비하는 게 이상적이다. 그러기 위해서는 손님의 규모가 일정해야 하는데, 형편없이 손님이 적은 가게가 아니라면 이 정도는 문제없다.

한국도 공장에서 갓 만든 생맥주는 까무러칠 만큼 맛이 풍부하지만, 유통 과정에서 냉장차를 사용하는 빈도가 너무 낮다. 이건 스포츠로 말하면 예선 탈락이나 마찬가지다. 그러니 우리가 마시는 생맥주의 대부분이 닝닝하고 심심하다. 가게에 배달될 때까지 효모가 견뎌내질 못하는 것이다.

맥주는 시원하면 그만인 음주문화 그리고 '냉장' 없는 운송 시스템. 이 두 개의 차이점이 우리가 맛없는 생맥주를 먹게 되는 이유다. 최근에는 독립 양조장들이 생산하는 생맥주를 냉장 운송하는 사례가 늘어나고 있는데, 정말 반가운 일이다. 빠른 시일 내 대기업들도 과감한 투자로 냉장 운송 시스템을 지원했으면 좋겠다.

우리의 음주문화는 패턴이 단순하다. 회식이라면 폭탄주로 시작해 폭탄주로 끝나는 코스가 일반적이다. 회식자리에는 어디선가 반드시 혜성처럼 폭탄주 기술자가 등장한다. 폭탄주 기술자가 고려하는 조건은 의외로 세밀하다. 먼저 맥주와 소주 브랜드간의 상성과 맥주와 소주의 비율을 고려한다. 맥주에 소주를 단숨에 들이붓기만 해서는 기술자 칭호를 획득할 수 없다.

우선 소주를 계량한다. 소주잔으로 1/2선에서 2/5선이 적당하다. 맥주잔에 맥주도 한 번에 넣지 않는다. 먼저 맥주를 1/3, 그 위에 계량한 소주를 절반만, 다시 맥주를 1/3, 남은 소주를 마저 붓고, 높은 위치에서 1/3 남은 분량을 거품이 나도록 내리 꽂는다. 이 작업은 매우 섬세해야 한다. 단숨에 쏟아 부으면 곤란하다. 맥주줄기가 일정하도록 일직선을 만든 채, 맥주잔 바닥까지 휘저을 수 있는 기세를 유지한다. 그러면 맥주와 소주의 알코올 도수에 의한 비중차를 극복하고 맛있게 섞여진다. 폭탄주 기술자라면 이 정도는 척척해내야 한다.

젓가락을 잔에 꽂고 다른 젓가락으로 내리쳐 진동을 일으켜 술을 섞는 것은 사도다. 맥주잔에 소주잔을 빠뜨리는 건 위생적으로 문제 있는 제조법이다. 맥주잔에 휴지를 덮어 스냅을 돌린 후 젖은 휴지를 천장에 붙이는 건 보기에도 아름답지 않을 뿐더러, 가게 주인에게 큰 실례다. 뜻있는 폭탄주 기술자라면 응당 이런 사도를 거부하고 정도의 큰 길을 묵묵히 걸어야 한다.

폭탄주 기술자가 아무리 혼을 담아 제조해도 폭탄주를 거부하는 일행은 언제나 있게 마련이다. 이른바 순수파로 맥주나 소주를 스트레이트로만 즐기는 사람들이다. 이런 사람이 끼어 있으면, 폭탄주로 시작한 술자리가 맥주 스트레이트나 소주 스트레이트로 상당히 헤비하게 끝날 수밖에 없다.

한국식 폭탄주는 결국 대기업이 만든 몇 종 안 되는 맥주와 소주 사이를 무한 반복하면서 생긴 재미있는 음주문화일 뿐이다. 유일한 대안이래야 막걸리를 추가하는 정도다. 세상에 맛있는 술이 얼마나 많은데, 이건 좀 억울하지 않은가?

일본을 평정한 고구마 소주, 구로키리시마

일본의 술자리는 대개 맥주부터 시작한다. 생맥주로 먼저 산뜻하게 목을 축이는데, 생맥주가 음주 코스의 애피타이저 역할을 하는 셈이다. 맥주 다음으로는 곧장 메인 코스로 향하는데, 소주나 일본주로 직행하는 게 일반적이다. 식성에 따라 메인 코스를 적당히 반복하고 나면 마무리 입가심 코스로는 주로 탄산이 들어간 칵테일 류를 즐긴다. 가장 대중적인 주종인 하이볼(위스키+탄산수)이나 추하이(소주+과즙+탄산수)로 음주 코스가 마무리되는 경향이 강하다.

메인 코스에 해당하는 소주는 알코올 도수 20도 이상의 증류주가 일반적이다. 알코올 도수 25도 이상부터는 혼가쿠쇼추 즉 본격 소주本格燒酎로 구분된다. 라벨에 '本格燒酎'라고 표기되어 있다면 어떤 브랜드라도 일정 이상의 품질이 보장되니 안심하고 마셔도 좋다. 알코올 도수 25도는 체감이 제법 강하다. 그래서 일본에서 소주만 스트레이트로 마시는 사람은 별로 없다. 만일 소주만을 마시고 싶다면 자신 있게 스트레이트를 외치면 된다. 일본어로 레를 길게 발음하면서 "스또레-또"라고 말하면, 이자카야 스태프는 아주 살짝 표정이 변한 채 주문을 받게 될 것이다. 무슨 표정을 짓는 거냐고? '세상에! 소주를 스뜨레-또로 마신다고?' '대단한 술꾼이 납셨구먼…'이라는 뜻이다. 그리고 한국인의 감각으로 결코 작지 않은 잔에 소주만 절반 정도를 담아 가져올 테지.

가장 일반적인 주문법은 소주에 얼음을 가득 넣어서 마시는 스타일인 '로꾸ロック'다. 온 더 락스 on the rocks의 'rock'을 일본식 영어발음인 로꾸로 읽은 것이다. 여기에 마시기 더 편안하게 물까지 타서 희석하고

껍질을 살짝 구운 사시미와 함께 온 더 락스 '로꾸'로 뒤에서 소개할 아카키리시마 소주를 마시고 있는 모습.

얼음을 넣는 방법은 물을 넣었다는 뜻으로 '미즈와리水割り'로 부른다. 미즈와리는 일본인이 가장 편안하게 마실 수 있는 방법이다.

여기까지는 평범한 편인데, 특이하게도 찬 물이 아니라 더운 물을 넣는 경우도 있다. 우리 감각으로는 소주에 더운 물을 타는 게 선뜻 이해되지 않는다. 우리의 희석식 소주에 더운 물을 섞으면 맛이 없을 건 확실해 보인다. 그런데 알코올 도수 25도가 넘어가는 본격 소주에는 의외로 더운 물이 잘 어울린다. 더운 물을 넣는 만큼 분자 활동이 활발해져 소주 본연의 향이 잘 살아난다. 당연히 풍미도 증가한다. 이렇게 더운 물을 넣어 마시는 것을 '오유와리お湯割り'라고 하는데, '오유お湯' 즉 더운 물을 넣었다는 뜻이다.

오유와리는 쌀로 만든 소주보다는 풍미가 강한 보리나 고구마 소주 쪽이 좀 더 어울린다. 어쩐지 코 빨간 아저씨들이 술에 빨리 취하기 위해 억지로 만든 메뉴 같지만 꽤 역사가 깊은 방식이다. 오히려 얼음을 타먹는 로꾸가 일반인들도 얼음을 쉽게 구해 먹을 수 있을 정도로 냉장고가 보급된 이후에 탄생한 신메뉴다.

오유와리의 맛에 익숙해지면 의외로 부드럽고, 목넘김도 기분 좋다. 뼈까지 얼어붙는 겨울날의 첫 잔으로 좋은 선택이다. 코로 소주의 향을 먼저 음미하고, 후후 불어 한 모금 마시면 알코올과 뜨거운 물 듀엣이 만든 따뜻한 기운이 위장에 곧장 스며든다.

로꾸를 만드는 데는 별 기술이 필요하지 않은 반면, 오유와리 제조에는 나름의 다양한 기술이 존재한다. 물을 끓일 때 물 안의 기체가 모두 날아갈 정도로 팔팔 끓였다 60도 정도까지 천천히 식혀야 한다는 주장과, 온도만 맞는 따뜻한 물이라면 그것으로 충분하다 등의 주장이 팽팽하게 맞서고 있다. 잔에 소주를 먼저 붓고 더운 물을 타야 오유와리가 순해진다는 주장이 있는가 하면, 반대로 더운 물을 먼저 붓고 소주를 넣어야 부드러운 맛을 유지할 수 있다고 이야기하기도 한다. 이렇게 다양한 제조법이 있으니 한국의 폭탄주 기술자처럼, 일본에는 오유와리 장인도 있을 수 있겠지.

일본 소주는 주재료에 따라 종류를 나눈다. 소주를 만드는 주재료로는 쌀, 보리, 고구마, 흑설탕, 메밀, 밤, 감자 등이 사용된다. 일본 전역에서 소주를 만들지만 특히 규슈 지방에서 많이 만든다. 2016년 기준 소주 제조업체 상위 50개 회사의 총 판매액 2,804억엔 중 소재지별로 따져 규슈의 미야자키宮崎(857억엔), 가고시마(824억엔), 오이타(687억엔) 등 규슈 3현이 2,368억엔으로 전체의 85% 가까이를 차지한다. 미야자키와 가고시마에서 만드는 소주의 대부분은 고구마가 주재료이며, 오이타는 보리가 주재료이다. 사실상 일본 소주의 대부분을 고구마와 보리로 만들고 있는 것이다.

우리 전통 소주는 쌀을 빚어 청주를 만들고 그걸 증류해 소주를 만든다. 한국의 전통 소주라면 쌀 소주가 주류를 이루고, 한국인의 입맛에도 쌀로 만든 소주가 가장 무난하다. 무엇보다 익숙한 맛이다. 좋은 쌀 소주는 과육의 향기, 그러니까 쌀알의 향이 은은하게 입안에 펼쳐진다. 이른바 프루티한 향과 맛을 내는데, 역시 묵직한 바디감이나 복잡한 풍미를 기대하기는 어렵다.

이에 비해 일본에서는 소주의 독특한 풍미를 위해 보리나 고구마로 만든 것이 훨씬 인기가 좋다. 보리와 고구마는 바디감이 묵직하게 드러나고, 풍미는 복잡하면서도 쓴맛과 단맛이 잘 어울리는 소주를 만들기에 적합한 재료들이다.

일본은 동서로 또 남북으로 약 3,000km 정도로 길게 펼쳐져 있어, 홋카이도 북부의 냉대기후부터 오키나와의 아열대기후, 혹은 열대우림 기후에 이르기까지 기후와 지리의 차이가 크다. 그러다보니 지역마다 나는 재료가 다르고 따라서 먹는 음식도 서로 조금씩 달랐다. 술도 지역의 특성에 맞는 술들이 만들어지고 소비되었다. 맥주의 4대 브랜드(기린, 산토리, 삿포로, 아사히)나 일본주에서의 월계관 등 전국적인 브랜드가 있긴 하지만, 일본주나 소주는 지역 브랜드를 중심으로 발전했다(한 지역 안에서도 여러 개의 술 제조회사들이 경쟁하고 있다).

그런데 지난 10여 년 사이에 일본 소주 시장에 큰 변화가 일어났다. 한 지역에서 시작해 짧은 시간에 일본 전국을 제패한 소주가 탄생한 것이다. 남큐슈 미야자키현의 고구마 소주 구로키리시마黑霧島가 그 주인공이다. 일본의 주당들과 이자카야에선 '구로키리'라는 애칭으로 불린다.

기리시마霧島는 남큐슈의 가고시마현과 미야자키현에 걸쳐져 있는 활화산의 이름이다. 미야자키현의 미야코노조都城에 위치한 기리시마주조 회사는 1916년에 처음 영업을 시작한 이래 100년이 넘는 세월 동안 3대에 걸쳐 꾸준히 소주를 만들어 왔다. 1998년 6월 검은누룩을 사용한 본격 고구마 소주 구로키리시마를 미야자키현 지역 한정으로 발매했고, 이듬해인 1999년 5월 전국 발매를 개시했다. 검은누룩을 사용한 것은 이전에도 있었지만 본격적인 시도로서는 구로키리시마가 처음이었다.

1998년에 처음 선을 보인 구로키리시마는 2018년 발매 20주년을 맞았다. 기리시마주조회사의 홈페이지에 만들어진 20주년 기념 화면. '사르르/야무지개'의 캐치프레이즈가 큼직하게 걸려 있다. 20주년 기념 로고는 얼음을 넣어 로쿠로 마시며 즐겁게 건배하는 두 잔을 모티브로 만들었다. 잔에 든 얼음은 소주 만들기의 중요한 조건인 물을 공급해주는 기리시마산지를 표현하고 있다.

기리시마주조회사는 여러 개의 라인업을 보유하고 있는데 검은색 라벨의 구로키리시마가 가장 대중적이며, 붉은색 라벨의 아카키리시마赤霧島는 조금 더 귀한 대접을 받는다.

구로키리시마는 'トロット/キリット'를 캐치프레이즈로 내걸었다. 앞의 '토롯또'는 '사르르'라는 말이며, 뒤의 '기릿또'는 '야무진' 혹은 '단단히'나 '깔끔한' 등의 뜻을 가진 말이다. 서로 다른 느낌의 말을 캐치프레이즈로 내건 것에서 술의 성격을 짐작할 수 있다.

구로키리시마는 대단한 소주다. 첫맛부터 묵직한데, 지나치게 부담스럽지 않다. 첫인상이 강하면 금세 희미해지기 마련인데 목넘김까지 바디감에 일체 변화가 없다. 술의 바디감이 지나치게 강하고 무거우면

목넘김도 무거울 수 있다. 그런데 기리시마는 어이없을 정도로 편안한 목넘김을 자랑한다. 목을 넘긴 후 비강에 남은 향이 만들어내는 피니쉬 블로우도 짙고 달달하다. 그러면서도 고구마 특유의 달큰하고 구수한 향도 틀림없이 느낄 수 있다. 잘 만든 일본음식의 특징이 레이어가 많은 것이라 했는데, 간단해 보이는 고구마 소주인데도 맛과 향이 은근히 복잡하고 여러 풍미를 즐길 수 있다. 미야자키의 한 지방 소주 회사가 6년 연속 전국 No.1을 차지하고 일본 소주 업계를 제패하게 된 비밀이다.

일본이니까, 니혼슈

한국에서도 은근히 '사케' 붐이 시작되는 모양새다. 핫플레이스를 중심으로 크고 작은 '사케바'가 생겨나고 있다. 과거 와인의 AOC와 DOCG를 외우던 과장님들이 이제는 부장님 또는 이사님으로 출세하셔서, 준마이純米와 다이긴조大吟醸의 차이점을 논하며 사케 잔을 기울이는 광경도 심심찮게 볼 수 있다. 풍류 넘치게 술 좀 마신다는 얘기를 들으려면 '사케' 공부도 따로 해야 하는 세상이 된 걸까. 사케라고 해봐야 콧수염 달린 아빠 얼굴이 그려진 팩 사케 간바레 오또상がんばれ父ちゃん만 알고 있어도 좋았던 시절은 진작 끝난 모양이다.

알면 알수록 재밌는 게 여행이라지만, 음식도 술도 마찬가지다. 그런데 술자리마다 술에 대한 잡지식을 뽐내기 위해, 주변에 주류 단기속성

과외를 시켜주는 사람들이 있다. 아는 것 모르는 것 모두 긁어모아서 영혼의 한 방울까지 탈탈 털어내야 분이 풀리는 사람들이다.

"사케는 말이야…"
"좋은 사케라는 건 말이야…"
"사케에도 와인처럼 세밀한 등급이 있는데 말이야…"
"사케라는 걸 잘 만들려면 제일 중요한 건 쌀인데 말이야…"
"사케용 쌀은 따로 재배하는데 말이야. 이게 밥 짓는 밀과 어떻게 다르냐면 말이야…"

처음에는 솔깃하다가도 잘 들어보면 몰라도 되는 이야기가 대부분이다. 그런데 이 분들 표현 중에 묘하게 걸리는 게 있다. 우리가 흔히 '사케'라고 부르는 바로 그 '사케'라는 말이다.

우리는 일본식 청주를 '사케'라고 하는데, 일본어의 '사케'는 주류 전반을 일컫는 말이다. 일본에서 '사케'를 주문한다면, 원하는 '사케' 대신 "그러니까 어떤 술을 찾으시는데요?"라는 질문을 되받을 것이다. 쌀로 빚은 일본식 청주를 마시고 싶다면 '니혼슈' 즉 일본주를 주문해야 한다.

일본주는 마치 와인처럼 다양한 종류와 등급이 있다. 원산지와 쌀의 종류 그리고 쌀의 도정방법, 출시시기에 따른 분류가 다양하다. 와인의 AOC처럼 꽤나 방대한 등급 분류를 자랑한다. 이걸 다 외우는 건 어지간한 업계 전문가도 불가능할 만큼 방대하다. 그러니 스트레스를 받아가며 애써 외울 필요는 없다.

가장 대중적인 일본주 등급은 술을 빚을 때 순수한 알코올인 주정을 일부 사용하는 방식의 혼조조本醸造다. 혼조조는 가격이 저렴하다. 그렇다고 모든 혼조조를 가격이 저렴하다고 맛까지 싸구려로 생각하면 곤란하다. 양조기법의 발달로 상위 등급에 못지않은 화려한 향과 부드러운 목넘김을 자랑하는 혼조조도 얼마든지 만날 수 있다.

주정을 일체 사용하지 않고 쌀과 누룩만으로 빚는 일본주는 등급과 가격이 대폭 상승한다. 이 등급을 '준마이'라고 부르는데, 주정 없이 순쌀純米로만 빚었다는 뜻이다. 준마이 레벨이면 충분히 좋은 일본주다.

상위 등급의 일본주는 쌀의 도정율, 즉 쌀을 깎아내면서 얼마나 남겼느냐를 가지고 따진다. 예를 들어 도정율이 60%라는 말은 쌀의 심을 60%만 남겨두고 도정했다는 뜻이다. 도정율 40%는 쌀의 심을 40%만 남겨두었다는 것으로, 더 많이 쌀을 깎아낸 것이다. 많이 도정할수록, 즉 도정율이 낮을수록 등급이 높아지면서 고급 일본주를 만들 수 있다. 쌀의 심을 적게 남기고 도정할수록 쌀알 외부의 단백질은 사라지고 탄수화물만 남게 되기 때문이다. 탄수화물, 즉 전분의 비율이 높을수록 쌀의 잡미가 사라진다.

준마이보다 높은 등급인 '준마이 긴조純米吟醸'는 순 쌀로만 빚어야 붙일 수 있는 조건인 '준마이'의 조건을 지킨 채, '긴조吟醸'의 조건을 추가했다고 이해하면 된다. 긴조는 도정율 60% 이하를 지켰을 때 붙일 수 있는 말이다. 이 조건을 지킨 술이 준마이긴조 등급이 되는 것이다. '긴조吟醸'에 크다는 뜻의 '다이大'를 붙인 다이긴조의 도정율은 50%대로 떨어진다. 준마이 다이긴조는 일본주 중에서 최고급 레벨에 해당한다. 양조장에 따라 다이긴조를 만들기 위해 30%대까지 도정하기도 하는데, 이러면 도정에 걸리는 시간부터 대폭 늘어난다. 이 정도 다이긴조의 가격은 준마이의 몇 배 이상이다.

우리가 먹는 밥의 도정율은 일반적으로 90%를 넘기지 않는다. 이것과 비교하면 일본주를 만드는 작업 자체가 꽤나 호사스러운 일이란 걸 알 수 있다. 물론 일본주를 만드는 쌀은 식사용 쌀과 품종 자체가 다르니 직접 비교하는 것은 곤란하다.

일본에서 일본주를 주문하고 싶다면 두 가지만 기억하면 좋다. 일본주는 차갑게(또는 상온으로) 먹거나 아니면 따뜻하게 중탕으로 데워서 먹는 게 일반적이다. 한 홉들이 작은 병에 따로 덜어 중탕해서 데우는 방식이 '아츠캉熱燗', 차갑게 또는 상온 상태로 먹는 방식은 '오히야お冷や'라 한다. 주문방법은 "니혼슈, 아츠캉데" 또는 "니혼슈, 오히야데" 정도로 가볍게 해도 좋다. 조금 더 정중하게 주문하고 싶다면, "아츠캉데 구다사이" 정도면 좋다.

가끔 여름 한정으로 반 얼음 상태로 얼린 일본주를 팔기도 한다. 한때 일본은 물론 한국의 맥주 덕후들을 광분하게 만들었던 기린맥주의 얼음생맥주 프로즌 나마フローズン生를 상상해보면 이해가 쉽다. 사실 시원하긴 하지만 일본주 본연의 맛이 과장된 냉기에 묻히고, 일본주 아이스크림을 먹는 기분이 들긴 한다. 별미는 맞긴 한데 선택은 각자의 몫이다.

일본주도 위스키처럼 블렌딩이 유행이다. 준마이와 다이긴조를 블렌딩해서 만든 독특한 개성을 지닌 제품이 착착 출시되고 있다. 등급의

일본주를 아이스크림처럼 부드럽게 얼린 여름 한정 일본주.

가격과 품질이 소비자 만족도와 반드시 일치하는 것은 아니다. 하위 등급의 니혼슈가 희귀성 때문에 상위 등급보다 더 비싼 경우도 있고, 최고급의 비싼 일본주라고 반드시 그만큼 만족감이 높아지는 것도 아니다. 지역별로 양조장별로 다양하게 생산하는 브랜드 등에 대해 강박관념을 가질 필요는 없다.

준마이니 긴조니 복잡한 것 같지만, 사실 간단하다. 주정을 일체 사용하지 않고 온전히 쌀로만 술을 빚은 것이 준마이, 도정율이 60% 이하로 낮아지는 등급을 긴조라 한다. 여기에 도정율을 더 떨어뜨리면 다이긴조가 된다. 이 정도만 기억해도 일본주를 즐기는 데 충분하다.

술도 알면 알수록 맛의 이해가 높아지는 건 사실이지만, 어쨌든 술자리는 기분 좋게 마시면 그걸로 최고다. 그걸로 충분하다.

추~하이?

최근 호로요이ほろよい라는 달콤한 저알코올 일본 칵테일이 대인기다. 호로요이는 우리 마트에서도 쉽게 구할 수 있는데, 여기에도 일본 소주가 들어간다. 이렇게 알코올에 탄산음료를 섞은 칵테일을 '소다와리ソーダ割'라 부르는데, 청량음료를 뜻하는 영어 'soda'를 결합한 일본식 신조어 표현이다. 호로요이 같은 소다와리는 과일맛 탄산수에 소주를 약간만 섞었다. 소주처럼 무거운 술을 좋아하지 않는 사람들, 저알코올 음료를 좋아하는 사람들을 위한 메뉴다. 이자카야에서는 '소다와리'라는 딱딱한 말 대신 '추하이'라는 표현이 대중적으로 넓게 쓰인다. 호로요이도 결국 추하이의 일종인 셈이다.

골치 아프게 생각하지 말자. 소다와리는 잊어버리고, 추하이만 기억하면 된다. 추하이는 정말 편하게 마실 수 있는데 맛있고 상큼하고 가벼운 최고의 저알코올 칵테일이다. 추하이라는 이름부터 뭔가 상당히 발랄하면서도 가볍다. 추하이는 소주를 뜻하는 쇼추의 '추'와 서양식 칵테일의 일종인 하이볼의 '하이'가 결합된 일본식 신조어다. 추하이를 설명하다보니 헷갈리게 하이볼이라는 또 다른 이름이 등장했다.

하이볼의 일본식 발음은 '하이보루ハイボール'인데 독주에 소다수를 타는 서양식 칵테일인 하이볼에서 유래하면서도 스케일이나 맛에서 일

본 창작의 탄산 칵테일로 새롭게 태어났다. 추하이가 탄산수와 소주의 결합이라면, 하이볼은 소주 대신 위스키를 넣는다. 그걸 500ml 이상의 큰 잔에 호쾌하게 담아내는 게 일본식 하이보루다. 뭔가 좀 이상하게 보이지만 의외로 상성이 좋다. 위스키처럼 무거운 맛의 술을 가볍고 부드럽게 마실 수 있게 만든 일본식 어레인지라고 생각하면 좋다.

하이볼은 보통 술자리를 파할 때 마지막으로 마시는 느낌이지만, 눈꺼풀마저 녹아내릴 것처럼 뜨거운 여름날이라면 술자리의 첫 잔으로 주문해도 좋다. 생맥주와는 또 다른 청량감을 지니고 있어 시원함이 단박에 뱃속으로 스며드는 느낌이다. 단, 위스키를 사용한 만큼 알코올 도수가 높다는 점은 주의해야 한다.

위스키 베이스의 하이볼과 소주를 사용하는 추하이는 닮은 듯 보이지만 전혀 다른 주종이다. 혼동해서 주문하면 곤란하다. 맥주천국 일본은 또한 추하이의 천국이기도 하다.

추하이의 레시피는 간단하다. 소주 + 탄산음료 + 과즙 = 추하이! 가게마다 레시피가 다르다고 해봐야 추하이 맛을 가르는 결정적인 요소는 사용하는 과일의 차이 정도다. 주로 레몬이나 자몽 같은 시트러스 향 가득한 생과일을 정성스럽게 즙을 내서 사용하는 게 정석이다. 여기에 무설탕 탄산수를 첨가하면 딱 어른의 맛 추하이를 즐길 수 있다. 과즙의 상큼함에 탄산수의 청량감이 더해진 달지 않은 어른의 맛 추하이다. 어떤 가게는 단맛이 첨가된 탄산수를 사용하거나 설탕을 따로 첨가한다. 이러면 아주 달큰하고 톡 쏘는 추하이를 즐길 수 있다. 술을 잘 못 마시는 사람들이 즐기기 좋은 달달한 소주 칵테일인 셈이다.

생과일을 직접 사용하면 아무래도 단가가 올라간다. 대중적인 이자카야에서는 영업용 과즙 탄산수를 사용해 가격을 확 낮춘다. 슈퍼에서 파는 추하이 캔의 종류는 수백 종에 이를 만치 굉장히 다양하다. 레몬이나 자몽 같은 스테디셀러 캔 추하이부터 상상할 수 있는 모든 종류의 과일 맛 추하이가 이미 출시되었다. 멜론 맛, 수박 맛, 사과 맛은 기본 중 기본이고 최근에는 열대과일 믹스라든지 심지어 두리안 맛까지 출시되었다. 복숭아 맛 추하이처럼 자극적인 달달한 맛부터 토마토나 우메보시 추하이처럼 신맛을 전면에 내세운 것까지 입맛의 차이도 충분히 커버할 수 있다. 알코올 도수도 호로요이처럼 3%의 저알코올 추하이부터 9%대의 고알코올 추하이까지 여러 선택지가 가능하다.

그렇다고 본격 이자카야에서 시판용 추하이를 판매하는 것은 아니다. 각 가게만의 고유한 추하이 레시피가 존재하고, 그 안에서 단맛과 신맛 정도를 조절하는 것이 가능하다. 물론 추하이에 들어가는 소주의 종류를 고를 수도 있다. 한마디로 조합이 무궁무진하다. 어디서든 내 입맛에 딱 맞는 추하이를 주문할 수 있는 셈이다. 이것이야말로 추하이만이 가진 독특한 매력이다. 일본 맥주는 맛있다. 그렇다고 이자카야에서 맥주만 마시면 곤란하다. 추하이에 꼭 도전해보자.

멀지만 가까운
이웃나라

시부야가 홍대?

우리는 도쿄 또는 일본에 대해 극단적으로 다른 두 가지 방향의 인상을 지니고 있는 것 같다.

예쁘다		별 거 없네
깨끗하다	VS	우리와 똑 같네
세련되었다		띠고 틸기만 하네
맛있다		

두 가지 인상 모두 맞는 말이기도 틀린 말이기도 하다. 반대의 경우라면 어떨까? 일본인에게 한국 또는 서울에 대한 인상을 물어본다면 말이다. 일본인 지인들에게 직접적으로 물어본 적은 없다. "우리나라를 방문한 소감이 어떠세요?"라고 직접적으로 묻는 건 풍류가 없는데다, 친구들 사이에선 더 어색하기 짝이 없는 질문이다. 속마음은 일상에서 순간순간 묻어 나오는 작은 행동과 말투에서 짐작할 수 있는 것 같다. 직접적으로 말하지 않아도 돌이켜보면 어느 순간 깨닫게 되는 자연스러운 리액션 말이다.

다치노미야 데뷔를 시켜줬던 노리짱이 여름에 남편과 함께 서울로 휴가를 왔다. 노리짱과는 몇 년 만의 재회여서 꼭 하루는 같이 보내자며 의기투합했다. 노리짱은 서울에 네 번 정도 방문했다. 어머니를 모시고 모녀 여행을 온 적도 있었는데, 그때는 인천공항에서 픽업해서 첫

날부터 새벽까지 남대문 포장마차 투어와 찜질방 일정을 함께 했었다.

이미 노리짱에게 서울은 어느 정도 익숙한 도시였다. 이번에는 일본인에게 잘 알려진 명동, 홍대, 강남 대신에 인천 투어를 제안했다. 노리짱은 서울 외에 다른 곳은 가보지 않았으니까 서울과는 다른 매력이 있는 도시를 재밌어 할 게 틀림없다고 생각했다. 노리짱은 답변으로 손편지를 쓰고 사진을 찍어 보내왔다. 귀여운 일본 누님 같으니.

인천은 조선 최초의 개항장과 최초의 근대 시민공원, 최초의 철도역 등 풍부한 문화유산을 지닌 곳이다. 인천 신포동에는 50년 이상 된 노포가 즐비하다. 하나같이 타 지역에서 흔히 볼 수 없는 메뉴로 구성된 알찬 맛집들이다. 게다가 월미도에는 전 세계에서 가장 무서운 바이킹이 두 개씩이나 있다. 노리짱 부부도 월미도 바이킹을 체험했고, 탈 때

맞춤법은 조금 틀렸지만, 글자 하나씩 정성들여 쓴 마음씨가 너무 고맙다.

는 재밌어 했지만 탑승 후에는 진지하게 후회했다.

인천 투어는 송도국제도시의 대형 아울렛 인근에 숨어있는 맛집부터 시작했다. 삼계탕을 좋아하는 노리짱 부부에게 비전의 닭한마리 칼국수를 대접하고 싶었다. 오랜만에 만나 처음 함께 먹는 음식으로는 소박해 보이지만, 노리짱도 나도 이런 로컬 푸드를 좋아한다.

이후의 식사 계획은 제법 거창했다. 간식으로 차이나타운의 중국풍 월병과 신포동의 인천풍 카스테라와 한국의 자랑 팥빙수를, 저녁으로는 물텀벙을 거하게 먹을 생각이었다(아귀찜이 아니라 물텅벙, 인천을 대표하는 향토요리 중 하나인 그 물텀벙이다).

인천 시티투어의 첫 번째 코스로 송도를 골랐던 또 다른 이유는 전망대 때문이다. 송도에는 정말 특별한 전망대가 있다. 바다와 갯벌이 훤히 보이는 해안도로에 엉뚱하게 컨테이너 박스 몇 개를 엉터리로 마구 포갠 듯한 구조물이 있다. 무려 '오션스코프'라는 어마어마한 이름을 단 전망대다. 높이로 치면 2층 정도밖에 안 되는데도 해안도로 바로 옆에 위치해서 맑은 날이면 바다 한 가운데를 가로지르는 인천대교가 훤히 보이는 진짜 전망대다.

이 오션스코프 바로 건너편에 53층짜리 G타워라는 건물이 있다. G타워 최상층에 진짜 전망대가 있다. 입장료가 무료다. 게다가 휴일이면 주차료도 무료다. G타워 전망대에서는 송도국제도시를 한눈에 조망할 수 있다. 송도국제도시는 근-미래적 배경이 필요한 드라마나 광고에 흔히 등장한다. 고층건물이 많은데 하나같이 개성적이다. 그리고 바다 너머 인천대교와 인천의 옛 시가지까지 훤히 보인다.

노리짱 부부는 연신 일본인 특유의 리액션을 표하며 즐거워했다. 우선 고층 전망대의 입장료가 무료라는 것부터 일본에서는 좀처럼 상상하기 어려운 일이었다. 나에게 가장 인상적이었던 건, 노리짱 부부가 신나서 떠드는 대화였다.

"저기 인천대교 건너편이 인천공항인 거지? 우리가 내린 곳 말이야."
"그러게, 굉장한데! 바다까지 한 눈에 보여."
"여기는 빌딩들이 굉장히 높네. 게다가 비슷하게 보이는 건물도 없어."
"응응! 그리고 시카고와도 비슷한 것 같아."

송도국제도시가 시카고와 비슷하진 않다. 시카고 스카이라인의 높이는 뉴욕 도심에 못지않을 정도로 높다. 전 세계에서 '하늘에 닿을 정도로 높다'는 뜻의 '마천루摩天樓;skyscraper'라는 신조어가 가장 처음 생긴 곳이 시카고다. 송도국제도시에 고층건물이 많긴 하지만 높이에서 시카고와는 차이가 많이 난다. 그리고 시카고의 살벌하기 만한 빌딩 외관에 비하면 송도 쪽은 아름답고 개성 만점이다.

"시카고보다는 꼭 미나토미라이みなとみらい 같지 않아?"
"그것도 그러네. 거리도 예쁘고 빌딩들이 개성적이야."

미나토미라이는 요코하마의 해안 매립지에 건설한 신도시다. 송도국제도시의 규모에는 한참 미치지 못하지만, 고층건물들이 하나같이 개성적이고 미학적으로 훌륭하다. 송도처럼 미나토미라이는 일본의 근-미래적 공간을 대표하는 곳이다.

재미있는 점은 한국인이 미나토미라이를 찾으면 인천사람은 단박에 송도국제도시를, 부산사람은 해운대의 마린시티를 떠올린다는 것이다. 실제로 세 도시는 바다에 인접했다는 사실 외에는 전혀 닮지 않았다. 각 도시마다 개성이 너무도 뚜렷하다. 그런데도 한국인이나 일본인이나 타국에서 어느 도시의 어느 동네를 보면, 곧장 자기네 나라의 어느 지역, 틀림없이 자기가 잘 안다고 생각하는 지역을 떠올리는 모양이다. 인간의 인지능력은 새로운 것을 보면 어떻게든 가장 비슷한 기억을 떠올려 비교해 다시 저장하니까 말이다.

우리는 도쿄의 어느 지역을 설명할 때 종종 "우리의 어디에 해당된다"는 표현을 자주 사용한다. 잘 생각해보면 일본을 제외한 다른 나라의 설명에서는 잘 사용하지 않는 말이다. 뉴욕의 소호를 뉴욕의 대학로라고 부르지는 않는다. 런던의 슬론 스퀘어를 런던의 청담동이라고 하지는 않는다. 그런데 유독 도쿄를 설명할 때는 '서울의 어디'라는 표현이 자연스럽게 들린다. 시부야는 홍대, 지유가오카는 대학로, 오모테산도는 청담동… 이런 식의 비교에 익숙하다. 유독 일본 여행을 다녀온 사람에게는 "그래서 거기는 우리나라 어디 느낌이야?"라고 자주 질문하게 된다.

한국과 일본은 닮은 점이 많다. 그만큼 한국과 일본의 호환성이 생각보다 높다. 아시아에서 선진국이면서도 민주주의가 잘 뿌리 내린 나라는 한국과 일본이 유이하다. 선뜻 인정하기 어렵겠지만, 정서적으로도 호환성이 높다. 한국인도 일본인도 기본적으로 정이 넘친다. 염치와 수치에 민감하고 누구에게 폐를 끼치기 싫어한다. 은혜를 입었다면 어떻게든 갚으려 하는 것도 비슷하다. 생김새도 비슷하다. 패션과 메이크업을 제외하고 얼굴만 봐서는 한국인과 일본인을 구분하는 건 다른 외국인은 물론 양 국민에게도 어렵다.

한국어와 일본어는 완벽히 뿌리가 다른 독립어군에 속하면서도 유사성이 매우 강하다. 어순이 같고 격조사를 사용하며, 조사와 접미사의 변화로 미묘한 뉘앙스의 차이를 만들어낸다. 외국어는 어려운 게 당연하지만, 한국인과 일본인에게는 인도유럽어를 배우는 것보다 각각 한국어와 일본어를 배우는 편이 조금이라도 편하게 느껴진다. 같이 한자를 쓰는 문화권인데다 일본의 한자와 우리 한자는 90% 이상이 같다. 한자에 익숙한 사람이라면 일본어 공부가 한결 편해진다. 일본어를 알면 일본 여행이 편해지는 건 사실이다. 그런데 전혀 몰라도 여행하는데 별 불편함이 없는 곳이 또 일본이다.

몰라도 괜찮아요 일본어
-

일본어를 거의 못하던 십 수 년 전의 일이다. 일본의 매력 넘치는 중소도시와 일본의 지역문화에 심취해 있던 시절이다. 일본의 중소도시에는 도쿄와 오사카 같은 대도시의 규모가 주는 편리함과는 결이 다른 매력이 있다.

일본 열도 네 섬의 지붕에 해당하는 홋카이도는 꽤나 넓은 지역이다. 지금은 혼슈 최북단의 아오모리에서 홋카이도 최남단의 하코다테函館까지 신칸센이 개통되었지만, 그때만 해도 한국에서 홋카이도를 가려면 항공이 편하고 시간도 덜 걸렸다. 홋카이도 최대 도시인 삿포로에서 기차로 30분 정도 떨어진 신치토세국제공항이 홋카이도로 들어가는 하늘길의 관문이었다. 항공편 수도 제법 되고 항공사별로 선택할 수 있는 출도착 시간대의 폭도 넓다.

그때만 해도 피가 끓던 시절이었던 탓에 남들이 다 하는 평범한 여행 방법이 싫었다. 굳이 인아웃이 다른 코스를 찾아, 하코다테행 비행기로 들어가 기차와 버스를 타고 중간 마을을 하나씩 들러보고 나중에 삿포로로 향해서 그곳에서 돌아오는 여정을 만들었다. 시간과 돈이 더 들어가는 짓이었고 준비도 더 촘촘해야 했지만, 여행을 준비하는 동안 그만큼 설레는 시간도 길었다.

생전 처음 가본 하코다테공항은 국제선 정기편이 다니는 국제공항 치고는 아담하다 못해 시골 터미널처럼 정겨운 모습이었다. 실제로 당시 하코다테공항의 정기 국제선 노선이라곤 인천 왕복편이 유일했다(지금은 대만의 타이페이와 중국의 텐진, 한국 인천 등 동북아 3개국에 3개 노선을 운항하고 있다). 덕분에 입국 수속도 초스피드로 끝났다. 그렇다고 수하물까지 빨리 나온 건 아니었다. 딱 하나밖에 없던 캐러셀이 빙글빙글 돌아가는 모양을 꽤나 오래 강제 감상했던 기억이 생생하다.

공항에서 하코다테 여행의 출발지인 JR 하코다테역까지는 버스로 20

분 남짓 걸리는 짧은 거리였다. 버스 차창 너머로 하코다테 시내를 기웃거리며 대강의 지리를 익히기도 전에 JR 하코다테역에 도착했다. 하코다테역의 첫인상은 '응? 역이 공항보다 더 큰데?'였다. 물론 실제로 재보면 공항이 더 클테지만 느낌이 그랬다는 말이다.

하코다테의 명물은 역시 해산물이다. 하코다테 항구에서 우두커니 서 있으면, 건너편 혼슈 최북단의 오오마가 손앞에 잡힐 듯 가깝게 보인다. 하코다테와 오오마를 가르는 이 작은 해협이 쓰가루 해협인데, 이래 봬도 홋카이도와 혼슈를 나누는 장대한 해협이다. 동쪽으로는 태평양이 서쪽으로는 우리 동해 바다가 마주하는 곳이다. 대양과 바다가 만나는 곳답게 물살이 거칠기로 유명하다. 이곳에서 잡히는 참치가 일본 최고로 손꼽히는 오오마산 혼마구로다. 100kg이 넘는 참치는 도쿄 쓰키지 어시장에서 몇 천 만원에 거래가 될 정도로 고가인 그 혼마구로다.

오오마의 명물이 참치라면 하코다테의 명물은 오징어다. 이것으로 다양한 요리를 해먹는데, 그중 별미가 오징어 국수다. 국수에 고명으로 오징어를 넣거나, 오징어로 육수를 만드는 정도로 시시한 게 아니다. 오징어를 국수처럼 얇고 반듯하게 저며 국수처럼 후루룩 들이키는 음식이다. 오징어를 뜻하는 '이카'와 얇은 면을 뜻하는 '소멘素麵;소면'을 붙여 '이카소멘'이라고 부른다. 얇게 저민 오징어회를 간장과 생강, 와사비와 함께 비벼서 먹거나 일본식 국수장국인 츠유에 찍어서 먹는다.

오징어를 그다지 좋아하지도 않는 주제에, 역시 본고장의 이카소멘이라는 향토음식은 꼭 먹고 싶었다. 오징어회 코스에 딸려 나오는 품새 좋은 것보다는 시장가게 좌판에서 파는 이카소멘을 먹고 싶었다. 가이드북에는 활어 수조가 놓인 시장 좌판에서 바로 오징어를 잘라 소면을 만들어 먹는 사진이 실려 있었고 꼭 그대로 따라 해보고 싶었다.

수산시장까지는 찾기 쉬웠는데, 이카소멘을 파는 가게를 좀처럼 찾지 못했다. 하코다테에서는 시장이나 골목식당, 이자카야에서 흔하게 파는 메뉴라고 했는데도 말이다. 내 감각으로는 좀처럼 식당과 생선가게의 구분이 쉽지 않았다. 분명 식당이라고 생각하고 미닫이문을 열었는데 생선을 팔고 있었다. 나는 일본어를 못했고, 시장 상인들은 당연하게도 우리말도 영어도 하지 못했다.

나중에는 될 대로 되라는 심정으로 국수 먹는 시늉을 냈다. 친절한 시장상인들은 내 손을 잡고 식당으로 안내해줬다. 그런데 국수집이었다. 우동과 소바를 파는 평범한 국수집이었다. 당연하겠지. 얼뜨기 외국인이 생선가게에 와서 국수 먹는 시늉을 했으니 국수집에 데려다줬겠지. 오징어 흉내를 먼저 낸 다음 국수 먹는 시늉을 했으면 성공했을까? 그런데 오징어 흉내는 어떻게 냈어야 했던 걸까?

해는 점점 기울어가고 아무 것도 하지 못한 채, 여행 첫째 날이 저물어가고 있었다. 평생 볼 수산시장 풍경을 하루에 다 본 느낌이었다. 계획했던 여정이 틀어지면 억울해서 발을 동동 구르며 어떻게든 애초의 계획을 실행하려 애쓰는 부류가 있다. 반면 될 대로 되라며 마음을 내려놓고 발길 가는 대로 틀어버리는 부류가 있다. 나는 단연코 후자 쪽이다.

눈에 보이는 첫 번째 아무 가게에 들어가서 아무거나 먹어야지. 그깟 오징어가 뭐라고. 오징어 따위 안 먹어도 그만이야. 오징어로 소면을 만든다고 뭐 대단하겠어. 그래봐야 오징어 맛이겠지.

하코다테역에서 시작한 이카소멘 찾기 여정은 두 시간 만에 생전 처음 보는 엉뚱한 동네 골목길의 작디작은 교차로에서 끝났다. 정말 눈에 보이는 아무 가게나 들어갔다. 노렌을 걷고 미닫이문을 열었다. 이자카야였다. 한눈에 보기에도 단골로 보이는 아저씨 아줌마 손님들이 카운터와 테이블 두어 개에 죽치고 앉아 있었다.

가게 주인이 뭐라고 큰 소리로 말을 거는데 도무지 알아들을 수가 없었다. 아마도 "혼자 왔어? 맘에 드는데 앉아도 좋아. 술은 뭘로 할래? 오늘은 연어가 좋은데 구워라도 줄까?" 이런 말이었겠지. 일단 구석자리 테이블에 조신하게 앉았다. 그리고 할 수 있는 몇 안 되는 일본어를 신중하게 던졌다.

"비루 구다사이."
맥주 주세요!

골목길 이자카야답게 맥주는 병맥주였다. 식사 겸 안주로 뭔가를 먹긴 먹어야겠는데 메뉴판에 사진이 없었다. 그때까지 가봤던 도쿄 이자카야의 메뉴판에는 하나같이 친절하게도 큰 사진이 붙어 있는데, 하코다테의 동네식당은 그런 친절을 베풀지 않았다. 우물쭈물 주문도 제대로 못하고 맥주만 홀짝일 수밖에 없었다.

메뉴판을 한참 뚫어지게 보고서야 메뉴 표기에 물고기 변이 쓰인 한자 몇 개를 찾았고, 그 뒤에 소금 염자도 찾았다. 가격을 비교하고서 나름대로 결론을 내렸다. 생선이 이 가격이면 틀림없이 구이 아니면 탕이겠지. 굽거나 탕을 끓여도 소금은 들어가는 거잖아.

   메뉴판을 손가락으로 짚고, 우리말로 조분조분 주문했다.

"이거 하나 주세요."

   가게 주인이 또다시 빠르게 주문을 되받으려는 바로 그때, 옆 테이블에 있던 아저씨가 가게 주인에게 새로 주문을 했는데 한 단어가 확실히 귀에 들렸다.

"…이카소멘… 이카소멘…."

   제법 시간이 흐르고 내 자리로는 연어 소금구이가 도착했다. 잠시 후 옆자리 테이블의 아저씨에게는 이카소멘이 나왔다. 오후 내내 발바닥이 부르트도록 찾아 헤맸던 그 이카소멘이었다. 무엇에라도 홀린 것처럼, 마법의 주문을 외우듯 우렁차게 이카소멘을 두 번 외쳤다.

"이카소멘! 이카소멘!"

   가게 주인도 손님들도 모두 깜짝 놀랐다. 그리고 가게 안에 웃음이 터졌다. 곧 그토록 기다리고 기다렸던 이카소멘이 눈앞에 나타났다.

   이 작은 에피소드가 옆자리 아저씨에게는 꽤나 유쾌한 일이었던가 보다. 내가 일본어를 전혀 못한다는 걸 잘 알면서도 끊임없이 말을 걸어왔다. 얼뜨기 외국인이 아마도 짜디짠 연어 소금구이와 역시 짠맛 듬뿍 이카소멘만으로 맥주를 홀짝거리던 모습이 어지간히 안타까웠던 게 아니었을까. 말을 거는 것에 그치지 않고 자기가 마시던 일본주를 나눠줬다. 그리고 가게 주인에게 뭐라뭐라 말을 하더니, 모둠튀김 큰 접시가 나왔다. 아저씨는 오른손 검지로 모둠튀김 접시와 자신의 얼굴을 연신 번갈아 가리켰다.

한참 나중에야 알았지만, 일본인은 자기 자신이라는 표현을 할 때 검지로 자신의 얼굴을 가리킨다. 아저씨의 말이 무슨 말인지는 모르겠지만, 환하게 웃는 모습에 적의는 없어 보였다. 틀림없이 '내가 사는 거니까 걱정 말고 먹어둬'란 뜻이라는 것 정도는 알 수 있었다. 동방예의지국에서 온 손님으로서 낯선 이의 호의에 마땅히 답례를 해야 했다. 아저씨가 나눠준 일본주 잔과 내 얼굴과 아저씨 테이블을 번갈아 검지로 가리키며 가게 주인을 봤다. 가게 주인은 잠시 고개를 갸웃하더니, 웃으면서 새 유리잔에 일본주를 가득 담아 아저씨에게 건넸다. 아저씨는 나를 보고 손사래를 휘휘 저으면서도 함박웃음을 지었다. 이번에는 이 장면이 가게의 다른 손님들을 유쾌하게 만들었던 것 같다. 다시 한 번 가게 안에 웃음이 터졌다.

이 기묘한 주문방법은 금세 다른 손님들에게 퍼져나갔다. 정신을 차리고 보니 이카소멘 아저씨와 또 다른 낯선 아저씨 그리고 또 한 명의 낯선 아주머니와 같은 테이블에 앉아 있었다. 테이블은 순식간에 갖가지 안주와 술로 가득 차버렸다. 우리는 모두 유쾌하고 맹렬한 기세로 술과 안주를 먹어댔다. 가게 안의 손님들은 내게 말을 걸기도 했고 그들끼리 말을 나누기도 했다. 그들은 일본어로 말을 걸었고 나는 우리말로 대답했다. 무슨 말인지 정확히는 모르겠는데, 어쩐지 뉘앙스로는 알아들을 수 있었다.

"이봐 이봐, 어디서 온 외국인이야?"
"한국에서 왔어요."
"하코다테는 처음이야?"
"처음이에요. 조용하고 좋은 곳이네요."
"하코다테에는 왜 온 거야? 설마 이카소멘 먹으려고?"
"아 글쎄… 가이드북에 얼마나 맛있게 나왔는데요. 한참 찾아 헤맸다고요."
"겨우 이카소멘 따위를 먹으려 비행기를 탔다는 거야?"
"그런 건 아무 곳에서나 파는 건데 왜 못 찾았어?"
"끝까지 못 먹었으면 어쩔 셈이었어?"
"얼마나 먹고 싶었으면 그렇게 크게 외쳤겠어?"

서로 엉뚱한 오해를 하면서 엉뚱한 대화를 나눴을지도 모른다. 분명한 건 서로 말을 모르는 사람들끼리 각자의 말로 얼마든지 유쾌하게 대화할 수 있다는 사실이다. 정말 재미있는 건, 엉겁결에 마련된 한일 우호의 술자리가 파한 뒤에 일어난 일이다. 어느새 꽤나 친해져버린 이카소멘 아저씨는 사나이답게 2차를 제안했고, 한국 남자는 2차를 거절할 정도로 쩨쩨하지 않다. 그런데 아저씨를 따라가는 길이 예사롭지 않았다. 걸어도 걸어도 가게라고는 나올 것 같지 않은 주택가 깊숙한 곳으로 향했다.

설마… 납치라도 할 셈인가?
아니면 바가지라도 왕창 쓰는 가게에 데려갈 생각인가?
이미 숙소로 가는 길도 잃어버린 것 같은데… 따라가야 하는 걸까?

아저씨는 정말로 수상하게 생긴 2층 목조 가정집 앞에 멈춰 섰다. 힘차게 미닫이문을 열고 내게 들어오라는 손짓을 하며 웃었다.

어차피 오늘은 될 대로 되는 날이로구나. 그래 이것도 내 운명이라면 피하지 않고 맞아주겠어.

맙소사… 그곳은 아저씨의 진짜 집이었다. 게다가 아저씨는 자고 있던 아주머니까지 깨웠다. 그런데 나는 초대받지 않은 손님이었다. 외국인인데 술까지 잔뜩 취했다. 갑자기 기습을 당한 아주머니의 표정이 좋을 리 없었다. 생각해보면 당연하지 않은가. 술집에서 곤란해 보이는 외국인과 술을 나눠 마시고, 안주를 사주는 것도 모자라 집에까지 데려올 정도로 오지랖이 넓은 남편과 같이 사는 아주머니의 표정이 좋다면 그것도 이상한 일이었겠지.
아저씨는 반쯤 남은 일본주 됫병을 들고 엉거주춤 현관을 향해 돌아서는 내 팔목을 잡아챘다. '그래 까짓 거. 오늘은 이런 날이로구나.' 아저씨와 나는 거실의 덧문을 닫고 툇마루에 걸터앉았다. 서로 빈 잔에 술을 따라주며 각자 이야기를 했다. 물론 아저씨는 일본어로 나는 우리말로.

아저씨의 목소리는 의외로 차분했다. 지나온 인생을 이야기하는지 신세한탄을 하는지 알 수는 없었지만, 아저씨는 한참을 얘기했다. 가끔씩 밤하늘을 올려다보며 손을 흔들기도 했다. 나도 어쩐지 차분해졌다. 어쩌다 억지로 휴가를 만들어 굳이 어려운 여행 코스를 잡아서 왔는데, 첫날부터 너무 막막했다고 얘기했다. 그리고 아까는 정말 고마웠다고 진심을 담아 얘기했다.

그렇게 우리는 새벽까지 반쯤 남은 일본주 됫병을 마저 비웠다. 기절하듯 잠시 쓰러졌다 일어나니 아침이었다. 아주머니는 여전히 인상을 쓰면서도 아저씨와 내게 아침밥을 차려주셨다. 반찬은 연어 살코기가 들어있는 미소시루와 어젯밤 먹었던 연어 소금구이였다. 집밥 반찬은 가게만큼 맛있지는 않았다. 그래도 정말 감사했다. 캐리어를 뒤져 면세점에서 샀던 제법 고급의 샴푸 세트를 현관 신발장 아래 살며시 내려놓고 집을 나왔다. 물론 아저씨도 아주머니도 눈치채지 못했을 만큼 부드러운 동작이었다. 그런 동작을 부드럽게 해내는 내가, 그 순간만큼은 스스로 자랑스러웠다. 이카소멘을 찾아 나선 여정의 해피엔딩이자, 전체 여행의 해피 스타트가 시작된 아침이었다.

아… 그렇구나… 아저씨가 무사했어야 할 텐데….

추신: 아무리 친절한 일본에서라도 좀처럼 일어나지 않을 에피소드다. 혹시라도 누가 따라가자고 냉큼 따라가는 건 역시나 위험하다. 여행지에서 낯선 이

의 친절에는 반드시 대가가 따른다. 남성이고 여성이고 이 점은 반드시 주의해야 한다. 여행지에서는 어디까지나 겸손해야 한다.

참, 이카소멘은 별로 특별할 게 없었다. 더도 덜도 말고 딱 오징어 맛이었다. 맛있다 아니다 평가 자체가 의미 없는 딱 오징어 맛이었다. 그날 이후로 지금까지 이카소멘을 다시 먹어보지 못했다.

모자를 잃어버린 날
-

대부분의 일본인은 정말 친절하다. 최근에는 혐한이니 넷우익이니 하며 혐한 시위 뉴스를 자주 접하게 되는데, 생각해보면 우리도 거의 매주 광화문이나 서울시청 주변에서 태극기 집회가 열리고 있다. 양국의 극우 시위는 내용이 워낙 자극적이라 미디어의 주목을 많이 받지만, 실생활에 미치는 영향은 크지 않다. 혹시라도 일본에 갔는데 혐한 시위대를 만나 험한 꼴이라도 당하면 어쩌나 하는 고민보다는, 갑자기 아플 때를 대비해 출발 전에 미리 여행자 보험에 가입하는 쪽이 실용적이다.

여행지로서의 일본은 정말 안전한 곳이다. 법과 제도와 일본인 고유의 정이 만들어낸 안전이다. (물론 얼마나 안전한가를 실험하기 위해 새벽에 가부키초를 헤맬 필요는 없지만…) 생활안전 측면에서는 한국도 세계 최고 수준이다. 카페나 식당처럼 대중이 모이는 장소에서 테이블에 노트북이나 스마트폰 같은 고가의 물건을 그대로 두고 화장실에 다녀와도 별 문제가 없다. 심지어 야외 테라스에서도 태연하게 자신의 물건을 놓고 화장실에 가는 사람도 있다. 혹시나 싶어 옆자리의 누군가에게 물건을 봐달라고 부탁하면, 그 사람도 군말 없이 부탁을 들어준다. 서로 일면식도 없는데 말이다.

우리보다 시민의식이 높다는 서유럽이나 미국에서도 이런 건 불가능한 일이다. 심지어 미국이라면 길을 걸을 때도 누가 나를 쫓아오지는 않는지, 누가 내 가방이나 물건을 물끄러미 지켜보고 있는 건 아닌지 계속 신경을 써야 한다. 이른바 '스트리트 스마트'가 반드시 필요하고 미국인 누구나 일상생활에서 이를 체득하고 실감하며 살고 있다. 늦은 밤 어두운 골목도 아닌 백주대로에서도 말이다.

일본은 우리처럼 안심하고 다녀도 좋은 거의 유일한 나라다. 특히 분실물을 찾을 확률이 정말 높다. 호텔에서 물건을 놓고 체크아웃 했다면 다시 찾을 확률이 거의 100%다. 가게에서 지갑을 잃어버렸다고 해도 다시 찾을 확률이 정말 높다. 이것도 우리와 비슷하다. 사람들이 지나다니는 거리 한복판에 탐나 보이는 물건이 놓여 있어도 그걸 슬쩍하는 사람은 별로 없다. 손을 댄다고 해도 경찰에 신고하거나 하겠지. 일본은 이 지점에서 우리보다 한발 더 나갔다. 실제 체험한 일이다.

여행 최대의 적은 건망증이다. 건망증이 심한 사람은 여권처럼 절대 잃어버려서는 안 될 것을 분실하고 말로 다 할 수 없는 고생을 사서 한다. 몇 년 전의 일이다. 일본 공항 출국장에서 보안검색을 마치고 출국심사를 받으러 이동하던 중에 여권이 감쪽같이 사라진 걸 깨달았다. 보안검색장에 입장하기 전에 여권과 항공권 검사를 받으니까 분명히 그때까지는 있었을 것이 틀림없다. 그러면 핸드캐리 가방이나 재킷

어딘가에 대충 넣었겠지. 그런데 없었다. 주머니 하나하나 가방을 샅샅이 뒤지고, 재킷과 바지의 호주머니까지 뒤집어 가면서 세 번이나 뒤졌는데도 여권이 나타나지 않았다.

여행지에서 여권을 분실하면 정말 곤란하다. 당연히 출국을 할 수가 없다. 근처의 총영사관에서 임시 여권을 발급받으면 되지만 중간에 휴일이라도 끼어 있으면 가까운 일본에서도 일주일이 넘게 걸릴 수 있다. 추가되는 여행 경비 정도가 문제가 아니다. 그동안 중요한 일정이라도 있다면 그걸로 깔끔하게 망한 셈이다.

근처의 공항 경찰에게 사정을 설명하고 그와 함께 보안검색 코스를 되밟아 여권 수색에 나섰다. 공항 경찰은 별일 아니라는 표정으로 내 이동 경로를 상세하게 물어본 후, 바닥을 살피고 검색대 기계 주변을 뒤졌다. 나중에 경찰 한 명이 더 합류했지만 찾을 수 없었다.

이미 귀국편 비행기의 탑승시간은 지나갔다. 공항 경찰에게 포기를 선언했다. 국제공항 출국장에서 역주행은 불가능하다. 반드시 공항 경찰이나 출입국관리소 직원과 동행해야 다시 되짚어 나올 수 있다. 이후의 절차를 밟으러 공항 경찰 뒤를 따라 터덜터덜 보안검색장을 벗어났다.

혹시나 하는 마음으로 내가 들어왔던 출국장 입구로 갔다. 세상에⋯ 그곳 테이블 위에 거짓말처럼 여권이 놓여 있었다. 누군가 친절한 이가 발견을 하고, 소중한 물건이니 떨어진 장소에서 가장 가깝고 가장 잘 보이는 곳에 놓아둔 것이겠지⋯.

인생의 오랜 시간을 건망증과 치열한 싸움을 하며 살아왔다. 아침에 집에서 들고 나간 우산을 집에 돌아올 때는 다시 들고 오지 못했다. 멀쩡히 쓰고 나간 안경이 정신을 차리고 보면 어느새 사라졌다. 집에 버뮤다 삼각지대라도 있는 건지 매일매일 쓰는 물건들이 집안에서 감쪽같이 사라지곤 했다.

직장인이 되자 건망증도 덩달아 진화했다. 늦은 퇴근과 회식 덕분에 택시가 소중한 물건을 빨아들이는 인생의 진공청소기가 된 시절이었다. 취직을 축하한다며 여친이 사준 진짜 가죽가방이 그때 최고의 보물이었다. 그 가방만큼은 몇 년 동안 잘 간직했다. 언제나 보물 같은 가방 안에는 소소하면서도 값진 물건들이 가득했다.

어느 날 아침 시간에 쫓겨 택시를 타고 출근하는 길에 그 가방을 통째로 두고 내렸다. 전날 술을 마신 것도 아니었다. 출근이 늦기는 했지만 목숨을 내놓을 정도로 늦은 것도 아니고, 택시 기사님과 수다를 떠는 타입도 아니었다. 조용하게 목적지를 말하고 가방을 옆자리에 놓고 목적지에 도착한 것뿐이었다. 미리 손에 쥐고 있던 현금을 내밀고 거스름돈을 받고 그대로 내려버린 것뿐이었다.

그날따라 안 그래도 뭐가 많던 가방 안에 더 많은 물건들이 들어 있었다. 내야 하는 공과금과 프로그램 진행비가 가득 들어 있는 지갑, 구입한 지 일주일이 막 지난 최신형 핸드폰, 큰맘 먹고 구입했던 사과표 MP3플레이어, 당시 막 유행하던 초소형 디지털카메라 그리고 회사 자료실에서 빌려온 CD와 프로그램 자료로 쓸 희귀본 책 등으로 가방이 가득했었다.

인생이란 그런 것이다. 아무리 소중해도 결국 건망증에 패배하고 마는 게 인생이다. 어쩌면 건망증이 아니라 초능력이 있는 것인지도 모른다는 생각을 했었다. 물건을 순간 이동시키는 초능력 말이다. 문제는 내가 언제 어디로 이동시켰는지 기억을 못하는 것뿐. 심지어 차를 어디에 세워뒀는지 몰라 한참을 헤매는 건 롯데월드 지하주차장에서만이 아니었다. 멀쩡히 10년 넘게 살고 있던 아파트 주차장이나 회사 주차장에서도 흔히 있는 일이었다.

그런 나에게 모자는 마치 일회용품 같은 느낌이었다. 아무리 오래 가지고 있어도 채 한 달을 넘기지 못했다. 그런 주제에도 모자 욕심은 또 넘쳐나서, 예쁜 페도라를 보면 어김없이 지갑을 열었고, 또 한 달을 넘기지 못하고 순간 이동시켰다.

어느 날 이대로는 못 살겠다고 다짐했다. 아니 이렇게 살다가는 아무리 열심히 벌고 모아도 거지꼴을 면하지 못할 게 틀림없었다. 건망증에 무릎을 꿇어 왔던 장대한 세월을 마침내 끝내야만 했다. 건망증의 굴레에서 벗어나 행복한 삶의 길로 되돌아와야 했다. 역시 그 계기는 모자였고, 장소는 일본이었다.

다른 것도 그렇지만 모자 류도 일본 쪽이 디자인도 좋고 상품도 다양하다. 모자 전문점도 제법 많아서, 이리저리 다니다 모자 전문점을 만나면 발걸음을 멈추는 일도 자주 일어난다. 그날도 그렇게 오다가다 맘에 쏙 드는 페도라 득템에 성공했다. 모자를 좋아하는 주제에 머리카락은 얇고 힘이 없다. 언젠가 탈모인의 큰 길을 묵묵히 걸어갈 것이 틀림없는 유전자의 힘이다. 그래서 모자를 오랜 시간 쓰고 있지는 않는다. 적당히 쓰고 있다가 벗어놓고 또 길을 나설 때는 다시 쓰곤 했다. 예비

탈모인의 페도라 멋내기 무한루프였다.

정류장에서 버스를 기다리고 있던 중 무심코 모자를 벗었다. 모자를 벗으면 눈에 띄는 아무 곳에나 툭 던져 놓는다. 그리고 다짐한다. '응, 이번에는 여기에 벗어 놨지. 그러니까 잊어버리지 말아야지.' 그날 모자의 임시 거처는 버스 정류장 뒤의 낮은 담장이었다. 잠시 후 버스가 도착했고, 언제나 그랬듯 모자를 남겨 놓은 채 태연하게 버스에 올랐다.

그 사실을 깨달은 건 두어 시간이 지나서였다. 언젠가 헤어질 운명이었지만 구입한지 몇 시간 만에 헤어지는 건 득템한 페도라에 대한 예의가 아니었다. 혹시나 하는 마음으로 다시 그곳에 갔다. 큰 기대는 하지 않았다. 물건을 잃어버려 이미 금전적 손해를 입었는데 마음까지 아프면 더 손해니까 말이다. 그 버스 정류장은 인적 드문 곳이 아니었다. 하필 바람도 많이 부는 날이었다. 가져가는 사람이 없어도 바람이 틀림없이 모자를 날려버렸을 테지.

그런데 모자가 그 자리에 있었다. 분명 바람이 몇 번이고 모자를 날려버렸을 텐데, 어김없이 그 위치에 다시 있었다. 아마도 지나가던 사람들이 몇 번이고 다시 주워서 올려놓았나보다.

이 점은 시민의식만으로 설명할 수 없다. 누군가 길바닥에 떨어진 모자를 보고 생각했을 것이다. 바보 같은 사람이 모자를 놓고 갔고, 그 바보는 안타까워하고 있을 것이 분명하다고 생각했을 것이다. 한 명의 행인이 그런 생각을 하며 모자를 올려놓았겠지. 그리고 바람이 불자 모자는 다시 길바닥에 떨어졌을 것이다. 다른 행인이 떨어진 모자를 보며, 잠시 생각한 결과 앞서와 같은 결론을 내리고 또 그 자리에 올려놓았을 것이다. 몇 명인지 모를 행인들이 계속 같은 생각을 하고 친절하게도 같은 결론을 내렸을 것이다.

꽤 시간이 지나고 바보가 돌아왔다. 바보는 모자를 발견하고 그 몇 시간 동안 무슨 일이 벌어졌는지 상상했다. 마침내 바보는 몇 명인지 모를 친절한 행인들에게 깊이 감사하는 마음이 생겼다.

일본인이라면 이럴 때 감사의 마음을 어떻게 전할까? 아마도 텅 빈 길을 향해 머리를 숙였을지도 모른다. 어쩌면 길의 양방향을 보고 한 번씩 머리를 숙였을지도 모른다. 바보는 일본인이 아니니까 그렇게 하지 않았다. 감사한 마음이야 당연했지만, 적어도 누군가의 얼굴을 보며 환하게 웃으며 감사의 마음을 전하고 싶다고 바보는 생각했다. 얼굴도 이름도 모르는 사람들이 베풀어준 작은 친절, 그걸 어떻게든 되갚고 싶었다.

추신: 여권을 찾은 날은 정말 운이 좋았었다. 귀국편 비행기가 이미 출발했을 거라고 생각했었는데, 무려 1시간 반이나 출발이 늦춰지는 바람에 무사히 돌아올 수 있었다. 여행에 좀처럼 일어날 수 없는 행운의 연속이었다.

모자를 찾은 날부터 건망증과의 싸움을 본격적으로 벌여야겠다고 진지하게 생각했다. 더 이상은 친절한 다른 사람들에게도, 나에게도 폐를 끼치며 살고 싶지 않았다. 일상에서 가지고 다니는 모든 물건에 루틴을 만들었다. 지갑은 반드시 가방의 어느 위치에, 여권은 반드시 어느 주머니에, 핸드폰은 반드시 어느 쪽 주머니에 이런 식으로 말이다. 치열한 싸움의 결과 현재는 비교적 정상인으로 간주되는 범위에서만 물건을 잃어버리고 있다.

오모테나시 또는 정

호방함과 대범함을 미덕으로 여기는 한국인에게 일본인의 친절이 때로는 도를 지나칠 정도로 느껴질 때가 있다. 일본에서 길을 물어보면 질문에 답해주는 정도로 그치지 않는다. 낯선 여행객의 눈을 마주친 채 질문을 꼼꼼하게 듣고 나서, 일일이 짚어가며 설명해준다. 마치 5성급 호텔의 콘시어지 서비스를 받는 기분이다. 그런 나머지 자신도 모르게 감사 인사를 빼먹기도 할 정도다.

이런 건 일본인의 감각으로는 확실히 실례다. 일본인은 이런 경우에 '섬세함이 부족하다'고 생각한다. 이른바 '데리카시 나시 デリカシー なし'다. 섬세함을 뜻하는 영어 'delicacy'의 일본식 발음 '데리카시'에 없음을 뜻하는 접미사 '나시'를 결합한 단어다.

그렇다고 한국인이 감사 인사도 제대로 못하는 무뢰한은 절대 아니다. 작은 일에도 일일이 감사를 받는 게 겸연쩍은 특유의 성정이 발현된 것뿐이다. 한국인이 길에서 누군가를 가볍게 도와주고서 기대 이상의 감사 표현을 받는다면 그건 그것대로 겸연쩍다고 생각하는 게 당연하다. 상대가 감사를 표하기도 전에 등을 돌리고 떠나는 게 보통이다. 이른바 한국인 고유의 호방함이라고나 할까 쿨함이라고나 할까.

하지만 외국에서는 그 나라의 감각을 따르는 편이 좋다. 일본인은 작아도 무언가 호의를 받았으면, 마음에서 우러나오지 않아도 형식적으로라도 감사의 뜻을 표하는 게 당연하다고 느낀다. 역시 한국과 일본의 문화는 닮은 듯 또 미묘하게 다르다.

일본 특유의 손님접대 또는 환대를 오모테나시^{おもてなし}라는 말로 자주 표현하다. 설명하기 어려운 개념이지만, 오모테나시라는 말을 '정情'이라는 말로 바꿔보면 쉽게 이해된다. 우리말의 "정 때문에" "정이 있으니까" "정 없게 왜 그래?" "정 떨어진다"라는 표현에서 '정'을 '오모테나시'로 바꿔보는 것이다. 그리고 보면 중국에도 '정'이라는 한자가 있지만, 그 글자 '정'을 단독으로 사용하는 건 우리와 일본뿐이다.

오모테나시는 심지어 2020년 도쿄 올림픽의 슬로건처럼 사용될 정도다. 아시아 최초로 두 번째 올림픽을 개최하고, 세계인의 마음에 큰 울림을 주겠다고 꺼내든 비장의 아이템이 일본 전통의 '오모테나시'다. 오모테나시는 멋지고 상냥한 개념이다. '타인에게 폐를 끼치면 곤란하다'는 일본 특유의 정서가 만들어낸 오모테나시. 지금에 이르러서는 과거보다 더 적극적인 환대의 개념으로 확장되었다. 외국인이 일본에서 길을 잃었을 때에도, 또 아무 가게나 들어가서도 이 일본 특유의 오모테나시를 느낄 수 있다.

일본에서는 좁은 공간을 이웃과 나눠 써야 한다. 그렇기 때문에 없던 예절이라도 일부러 만들어야 서로의 불편함을 최소화할 수 있다. 타인에게 불편함을 끼치지 않겠다는 마음가짐이 오모테나시라는 좋은 문화를 만들었다. 우리가 '정'이라고 부르는 것을 일본식으로 근사하게 재해석한 문화가 아닐까 생각한다. 그런데 단지 이 상냥함을 맛보는 게 즐거워 일본을 찾게 되는 건 아닌 것 같다.

아베 정부가 2020년 도쿄 올림픽까지 연간 해외 관광객 4,000만 명을 유치하겠다고 발표했을 때, 우리를 포함한 주변 국가들은 물론 일본 내에서도 실현가능한 정책적 목표라기보다 일종의 슬로건처럼 생각했다. 발표가 있던 2012년만 해도 일본을 찾는 여행객이 1,500만 명, 한국을 찾는 여행객이 1,700만 명으로 오히려 우리가 일본을 뛰어넘는 수준이었다. 물론 당시 일본은 전년도의 동일본 대지진과 후쿠시마 원발 사고로 잠시 주춤한 무렵이긴 했지만, 어쨌든 금세 이전 수준을 회복했다. 2017년에 이르러서는 일본이 3,000만 명, 우리는 2,200만 명으로 역전되었다.

2018년 9월 아베가 다시 일본 총리에 선임되었다. 이대로는 일본 역대 최장수 총리가 될 것이 분명해 보인다. 아베 정부는 의외로 일본인에게 지지받고 있는 모양이다. 동계 올림픽을 개최하는 이웃 나라에 초청돼서, 그것도 차기 올림픽 개최국 대표의 자격으로 초청됐는데도, 개최국 선수단이 합동으로 입장할 때 박수는커녕 미소조차 짓지 않았던 그 아베가 말이다. 적어도 해외 경험이 어느 정도 있는 일본인은 아베와 일본 우익의 고립주의에 상당한 불만을 가지고 있다. 상식적인 수준에서 국제 감각을 갖춘 일본인들은 일본의 가장 가까운 이웃나라인 한국과 중국 등에서 아베 정부를 어떻게 평가하고 있는지 잘 알고 걱정하고 있다.

그럼에도 불구하고 아베 내각은 나름대로 폭넓은 일본 국민의 지지를 받고 있다. 먼저 과감한 관광부흥정책을 그 첫 번째 이유로 들 수 있다. 아베 내각은 외국인 여행객에게 소비세 면제 범위를 대폭 늘렸다. 일본의 소비세는 5%에서 현재 8%를 거쳐 곧 10%까지 오른다. 어떤 물건을 사든 음식을 먹든 10%의 세금이 별도로 붙는 건 체감상으로 상당히 버거운 일이다. 맘먹고 일본을 찾은 여행객 입장에서 쉽게 지갑을 열기 어려워진다. 이런 사정을 고려해 소비세가 5%에 불과하던 시절에도 일부 매장에서 외국인 여행객에게 소비세를 면제해주었다. 하지만 고급 백화점이나 일부 대형매장에서 한번에 1만엔(10만원)이상을 구입해야 겨우 적용받을 수 있을 만큼 범위가 작았다. 아베 내각은 이를 과감하게 확대했다. 적용 금액을 1만엔에서 5천엔으로 절반이나 낮췄다. 이것만해도 충분히 매력적인데, 동네의 슈퍼마켓과 드럭스토어와 잡화점까지 면세점 적용 범위를 대폭 확대했다.

단순히 친절하다고 외국인이 구름처럼 몰려드는 건 아니다. 단기간 내 일본을 찾는 관광객이 폭발적으로 증가한 것에는 우리가 잘 모르고 있는 사실 하나가 큰 역할을 했다. 바로 일본의 물가가 상대적으로 저렴하다는 것이다. 물론 일본의 부동산 가격과 교통비는 세계 최고 수준이다. 반면 공산품과 식비는 생각보다 저렴하다. 적어도 일정 수준 이상의 경제력을 지닌 나라에 사는 사람들의 체감상으로는 자국보다 비싸지 않을 정도의 레벨이다.

한국과 일본은 10년 넘게 상대국을 가장 많이 방문하는 최대의 관광 상호 수혜국이었다. 메르스 사태나 동일본 대지진처럼 국가적 재난에 신음했을 때를 제외하고는, 매년 양국을 찾는 여행객이 각각 200만 명이 넘었다. 상호 수혜국이면서도 가장 치열하게 경쟁하던 두 나라의 승부는 2016년이 넘자 급격하게 일본으로 승부의 추가 기울었다.

2017년 해외로 출국한 한국인의 수는 2,500만 명이었다. 전 국민의 절반이 해외여행을 했다는 이야기는 아니다. 이 숫자에는 중복 출국자가 포함되어 있다. 그중 700만 명 이상이 일본을 찾았다. 2회 이상 방문하는 리피터와 5회 이상의 헤비 리피터가 없다면 도달하기 어려운 숫자다. 한국을 찾는 일본 여행객은 여전히 200만 명 수준에 머물고 있다. 현재 일본인의 감각에서 한국은 여행물가가 꽤나 높은 나라가 되었고, 한국인의 감각으로 일본의 물가는 결코 한국보다 비싸지 않다. 오히려 싸다고 깜짝 놀랄 수 있다.

만원에 12캔

2017년 혜성처럼 등장해 청년층의 환호를 받았던 맥주(는 아니지만)가 있다. 가장 놀라웠던 건 "놀랍지만 만원에 12캔"이라는 카피였다. 맥주처럼 생겼고 맥주 맛이 제법 나는데 기존 맥주 가격의 1/3 정도에 불과하다니. 단박에 청년층에게 대인기를 끌었다. 각종 MT 등의 모임에 빠져서는 안 될 필수템으로 인정받았다.

사실 이 음료는 맥주가 아니라 발포주다. 발포주는 맥아의 비율이 맥주보다 낮다. 맥주 고유의 향을 만드는 값비싼 재료인 호프를 사용하지 않거나 사용해도 소량만 사용한다. 당연히 맥주의 제조원가보다 저렴하다. 게다가 주세법상으로도 맥주에 붙는 세금보다 훨씬 적은 세금을 부과한다. 그런데 맛은 또 그럭저럭 먹을 만하다. 맛있다고 먹을 만큼은 아니지만 적당히 달착지근해 부담 없이 마실 만하다. 무엇보다 가격이 정말 착하다.

맥주천국 일본은 발포주 천국이기도 하다. 대기업이 만들어내는 발포주의 종류만 수백 종에 달한다. 그중 맥주 못지않은 인기를 얻은 제품도 있고, 맥주보다 맛있다고 평가받는 명품 발포주도 있다. 맥주 대기업은 매년 새로운 제품을 부지런히 출시하고 있다.

일본 여행 초심자는 편의점에서 맥주 값이 생각보다 저렴한 것을 발견하고 작은 충격을 받는다. 맥주와 비슷하게 생긴 발포주는 캔 하나당 120~150엔(1,200원~1,500원)정도에 불과하다. 우리 편의점과 비교하면 절로 억울한 생각이 다 들 정도다. 일본의 슈퍼마켓이나 대형마트에서는 맥주와 발포주의 가격이 더 떨어진다. 맥주는 비싸도 200엔(2,000원)을 넘지 않는 제품이 주력군이고, 발포주는 캔 하나당 8%의 소비세를 포함해도 88엔에서 90엔 정도다. 캔 하나에 우리 돈 천 원이 안 되는 셈이다. 그러니 일본에서 만원(1,000엔)에 10~12캔의 발포주를 사는 건 매우 "놀랍지도" 않은 일이다. 이게 일본의 일상이다. 편의점 다른 품목들을 비교해도 마찬가지다. 특별히 우리가 싼 게 별로 없고, 오히려 많은 물품들이 일본이 더 싼 편이다.

일본은 쇼핑 천국이다. 취향의 다양함, 물품 종류의 방대함, 품질과 디자인의 완성도 등등도 그렇지만, 무엇보다 가격 경쟁력이 높다. 일본이라고 하면 먼저 비싼 물가를 떠올릴 텐데, 택시비와 대중교통의 기본요금을 제외하면 공산품과 음식의 평균 가격은 우리보다 저렴하거나 비슷하다. 체감 물가를 고려해도 적어도 비싸다는 생각은 좀처럼 들지 않는다.

1990년대에 일본은 우리 기준에 견줄 수 없는 생활수준에 도달한 선진국이었다. 체감 물가 차이도 엄청났다. 한때 미국을 넘어 세계 제1의 경제대국을 바라볼 정도로 버블 경제의 최전성기였다. 그랬던 버블 경제가 단숨에 붕괴되어 버렸다. 소득도 소비도 투자도 줄어드는 스태그플레이션이 20년 넘게 지속되었다. 소득이 오르지 않으니 상품의 가격은 동결되거나 오히려 떨어지기 시작했다. 가격이 저렴하면 품질도 덩달아 떨어지는 게 당연한데, 일본은 20년 넘게 버블 붕괴 시대를 견뎌내며 작지만 의미 있는 기적을 만들어냈다. 품질 수준을 유지한 채 가격 상승을 억제하는 데 성공한 것이다. 오히려 감성 품질을 높이면서 체감 물가를 떨어뜨렸다. 이 기간 일본은 가격은 떨어뜨리며 품질을 유지하는 기술에 전 국민이 매달린 느낌이었다. 이것이 현재 일본을 관광 대국으로 만든 저력의 시작이었다.

이 기간의 물가 상승률은 사실상 제로에 가깝다. 20년 전 도쿄 JR 야마노테선의 최저 요금이 130엔이었는데, 지금은 140엔이다. 20년 동안 단 10엔이 올랐을 뿐이다. 우리는 생활수준에서는 일본과 큰 차이 없는 수준까지 도달했지만, 물가도 꾸준하게 상승했다. 그 결과 공산품은 일본 쪽이 오히려 저렴해졌다.

일본은 비싼 것은 비싼 것대로 확실한 경쟁력이 있다. 그러면서도 저렴한 제품은 또 저렴한 가격을 뛰어넘을 만큼의 품질을 자랑한다. 저렴하다고 품질까지 엉망은 아니다. 저렴한 제품도 가격 대비 감성 품질에서만큼은 비싼 제품에 뒤지지 않는다. 한국에서라면 가격이 비싼 물건의 품질이 좋은 건 당연한 상식이지만, 저렴한 물건에 큰 기대를 해서는 안 된다는 공감대가 있다. 일본이라면 그렇지 않다. 고급 백화점에 입점한 브랜드의 품질이라면 사실 따질 것이 없고, 100엔샵의 물건도 나름대로의 확실한 품질을 자랑한다. 중저가와 중고가 가격대로 분류되는 상품들도 확실히 가격 이상의 품질이 보장된다. 유니클로와 H&M만으로 꾸민 멋쟁이들이 거리에 넘쳐나는 이유다.

다른 공산품이나 음식도 마찬가지다. 한때 전 세계를 주름잡던 전자제품군은 일본식 갈라파고스라는 비판을 받으며 경쟁국에 추월당했지만, 생활용품만큼은 여전히 전 세계 최고의 가격 경쟁력과 품질 그리고 일본만의 멋진 디자인을 자랑하고 있다. 경제적 성장이 정체된 '잃어버린 20년' 동안 세련된 디자인과 기능을 동시에 추구하는 일본인의 취향은 전혀 후퇴하지 않았다. 그런 일본인에게 '메이드 인 재팬'을 고민 없이 살 수 있게 하려면 품질과 디자인은 높이면서, 가격은 예전 수준으로 유지해야 했다. 이런 말도 안 되는 혁신이 필요했고, 일본은 멋지게 성공했다.

일본이 우리보다 확실히 비싼 건 교통요금, 정확히는 택시요금 정도다. 우리 전철과 버스의 기본요금이 1,250원인 데 비해, 일본은 지역마다 차이는 있지만 시작 요금이 대개 1,500원(150엔) 정도다. 일본의 사철(민영화 노선) 요금은 확실히 우리보다 비싸지만, 지자체가 운영하는 공공노선(시영이나 도영 교통체계)은 대중교통 환승 할인을 적용하면 우리와 큰 차이가 없는 편이다. 아, 우리가 하나 자랑스럽게 생각해도 좋을 일. 전 세계에 걸쳐 우리처럼 폭넓게 대중교통 환승할인을 적용하는 나라는 없다. 이건 일본이 부족하다기보다 우리가 세계에 얼마든지 자랑해도 좋을 일이다.

다만, 택시는 정말 비싸다. 도쿄 택시의 기본요금은 770엔, 지방도시의 저렴한 소형택시도 550엔으로 우리로서는 상상하기 어려운 수준이다. 대신 비싼 만큼 안전하고 친절하다. 택시가 출발하고 바로 미터기를 올리는 일본 기사는 없다. 손님이 조금이라도 득을 보는 기분이 들수 있도록, 출발하고 어느 정도 지난 후에야 미터기를 올린다. 이를테면 출발 후 첫 번째 신호등에 정차했을 때 미터기를 올리고, 목적지에 도착하기 전에 신호에 걸리면 바로 미터기를 멈추는 식이다. 그렇다고 한국에서 택시에 타고 목적지를 말하기도 전에 미터기를 올리는 기사님을 보고 욱해서는 곤란하다. 일본 택시가 친절할 수 있는 건 그만큼 요금이 비싸기 때문이다. 택시요금이 비싸다고 일본의 택시기사님들이 떼돈을 버는 건 아니다. 그건 또 한일 모두 공통이다. 신기한 일이다.

일본,
우리의 오래된 미래

한국인의 에너지와 일본인의 안정감

현대의 일본은 정말 보수적인 나라다. 일본인의 보수 성향을 반드시 정치적 관점으로 생각해서는 곤란하다. 일본인의 보수는 '기존의 질서를 견고하게 유지하려는 마음'으로 해석하는 편이 부드럽다. 일본인은 급격한 변화에 대한 강한 반감이 있다. 규칙이 존재하고, 규칙을 지키는 것이 가장 중요한 덕목이다. 규칙을 누가 만들었는지 누구에게 유리한지는 크게 생각하지 않는다. 다만 규식을 지키는 자체가 중요할 뿐이다.

안정 지향적 보수주의 관점은 집단의 생존에 반드시 필요하지만, 보수적 관점이 극에 치달으면 일체의 변화를 거부하는 수구가 된다. 변화 자체를 거부하는 태도는 생존에 중요한 장애가 된다.

현대의 한국은 그리고 한국인은 외국인이 보기에는 지나칠 정도로 에너지가 넘친다. 현대 한국의 놀라운 변화는 한국인의 넘치는 에너지로 가능했다. 변화가 언제나 더 아름답고 정의롭고 편리한 것은 아니다. 변화는 언제나 성가시고 많은 에너지를 소비하게 만든다. 또 변화는 언제나 누군가의 반대와 저항에 부딪치게 된다. 때로는 변화 자체가 목적이 될 만큼 강박관념에 사로잡히기도 쉽다. 변화를 꿈꾸는 사람이라면 이상주의자면서 지독한 현실주의자가 되어야 한다. 한국인은 이 어려운 일을 온갖 고난을 겪으면서도 척척 해내고 있다.

한국과 일본은 지리적으로 가까운 이웃이면서도 경제, 문화, 기술 모든 분야에서 경쟁하고 있다. 어느 한 쪽도 완벽하지 못하고 어느 한 쪽도 절대적 우위를 자랑하지 못하고 있다. 이제는 서로가 서로에게 강력한 경쟁자이면서도 서로에게 도움을 주는 좋은 이웃이 되어야 평화롭고 행복하게 살 수 있는 세상이 되었다. 한일 간의 상호협력이 절실하게 필요한 지점이 바로 이것 아닐까? 변화를 두려워하지 않는 에너지로 넘치는 한국과 견고하고 안정적인 관리 유지의 달인인 일본. 현대의 한국과 일본은 서로에게 부족한 것이 서로에게 넘쳐나고 있다.

한국과 일본 간 민간부문의 교류는 역사상 유래가 없을 정도로 활발하다. 매년 한국을 찾는 일본인은 200만 명, 일본을 찾는 한국인은 700만 명이 넘었다. 양국은 서로에게 가장 가까운 외국인데 서로 상대국에 대해 음식이 맛있고 쇼핑하기 좋다고 생각한다. 이 추세는 늘어나면 늘어났지 줄어들 것 같지 않다. 물론 두 나라 사이에 역사적 갈등 그리고 정부 간의 갈등이 존재하는 것도 사실이다. 그리고 갈등이 사실인 만큼 민간부문의 교류가 해마다 성장하고 있다는 것도 사실이다.

일본을 알면 알수록 우리나라에 대한 이해도가 높아진다. 한국사를 제대로 이해하려면 동아시아의 근현대사 특히 일본의 근현대사를 알아야 한다. 그런데 우리는 동아시아 역사에 대해 무지할 뿐 아니라, 심지어 지금의 우리와 더 긴밀하게 연결되어 있는 근현대사에 대해서는 더욱 별 생각이 없다. 일본이나 중국은 말할 것도 없고, 같은 민족인 북한의 근현대사도 잘 모른다. 21세기의 한국은 마치 20세기 후반에 하늘에서 툭하고 떨어졌다는 생각이 들 때가 있다. 우리는 같은 민족인 북한과의 친밀감보다는 서방세계와의 친밀감이 훨씬 높은 편이다. 특히 중국과 일본을 제외한 아시아 국가들에 대해서는 아예 관심이 없는

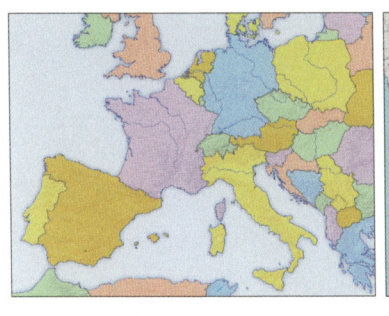 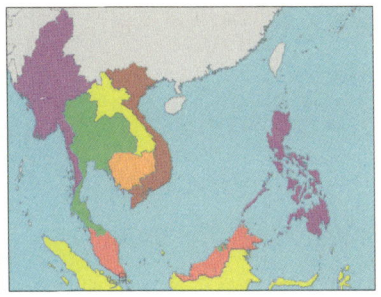

것처럼 보인다.

 영국, 프랑스, 독일, 스페인, 이탈리아, 오스트리아 등 서유럽 국가들이 한 눈에 보이는 지도를 상상해 보자. 이 지도에 국경선은 잘 그려져 있지만, 국가명은 표기되어 있지 않다. 그래도 대부분의 한국인은 큰 어려움 없이 영국, 프랑스, 독일, 스페인, 이탈리아, 오스트리아 등의 정확한 위치를 짚어낼 것이다.

 이 지도를 아시아의 동남쪽으로 옮겨보자. 베트남, 캄보디아, 라오스, 태국, 미얀마, 말레이시아, 인도네시아, 필리핀 등 동남아시아 여러 나라가 한눈에 보이는 지도인데, 역시 국명은 표기하지 않는다. 보통의 한국인들이 여기서 몇 나라나 정확히 맞출 수 있을까? 이건 정말 이상하다. 한국인이 일본과 중국 다음으로 많이 찾는 나라가 태국, 베트남 등 동남아시아 국가들이다. 이 나라를 실제 방문했던 한국인이 몇 백 만 명이 넘는데, 우리는 그 나라의 정확한 위치조차 잘 모르고 있다. 그러면서도 조금도 이상하게 생각하지 않고 살고 있다. 우리 역시 같은 동아시아에 살고 있는데도 말이다.

일본을 볼수록 더 잘 보이는 한국

21세기의 한국인은 동시대적으로도 역사적으로도 고립되어 있다는 생각이 든다. 동시대를 살아가는 이웃국가에 대한 친밀감을 거의 느끼지 못하고 있다. 사실 국경을 마주하는 이웃나라들이 하나같이 강대국들이었고, 역사적으로 오랜 침탈을 경험해서 그런 경향이 자연스럽기도 하다. 하지만 이웃 나라의 역사와 어지럽게 얽혀 있는 동아시아사는 물론 한국의 근현대사에도 큰 관심이 없는 건 정말 이상하다.

일본도 마찬가지다. 자국의 근현대사는 물론 일본의 이웃인 동아시아에도 큰 관심이 없다. 중국의 G2 대두를 두려워하고 K-pop을 비롯한 한국의 문화적 영향력에 경계를 하면서도, 중국과 한국의 역사는 물론 다른 이웃 국가에 큰 관심이 없다. 두 나라의 이런 모습은 우연의 일치라고 하기에는 정말 이상하다.

우리는 시민의 힘으로 경제발전과 민주화를 이루었지만, 여기서 더 행복한 세상을 만들기 위해 우리가 살고 싶은 세상의 모습을 조금 더 명확히 그려야 한다. 그것을 위해 나와 내 이웃에 대해 공부부터 시작해야 한다는 생각이 든다. 지금의 나와 이웃이 왜 이런 모습이 되었는지 생각해보고, 서로 동의하지 않는 부분에 대한 솔직한 대화를 해야 한다. 어제 저질렀던 실수를 미래에 반복하지 않기 위해 어떻게 하면 좋을지 서로 대화를 해야 한다.

우리는 여전히 거울에 비친 스스로의 모습을 그대로 인정하지 못한다. 편견은 이웃나라를 있는 그대로 생각하는 것도 방해한다. 일본인과 일본을 찾는 한국인에게 가끔 밑도 끝도 없는 방사능 공격으로 저주에 가까운 비난을 퍼붓는 사람들이 있다. 우리는 가까운 이웃나라의 천재지변과 비극을 쉽게 웃음거리로 소비한다. 우리에게 필요한 건 이웃의 비극을 희화화하거나, 일본을 방문하는 한국인 여행객을 비웃는 게 아니다. 가까운 이웃나라의 비극을 우리가 되풀이하지 않도록 핵발전소 숫자를 줄이고, 빠른 시일 내 핵발전소를 멈춰도 편리하게 전력을 사용할 수 있는 안전한 나라를 만드는 것뿐이다.

도무지 이뤄지지 않을 것 같은 꿈을 꿔본다. 아시아에서도 EU처럼 국가 간 솅겐조약을 맺고 국경을 개방하는 그런 게 가능할까? 현재로서는 도저히 불가능해 보이는 꿈이다. 아시아 전체로는 너무 광대하니까, 동아시아로만 좁힌대도 동아시아판 솅겐조약조차 절대 불가능해 보인다. 동아시아의 최대 강국인 중국과 일본의 반목, 한국과 일본의 역사적 갈등은 해결 방법이 없어 보일만큼 깊다.

우리가 먼저 한반도에서 평화의 성공모델을 만들어낸다면 어떨까? 같은 민족이지만 세상에 다시없을 만큼 적대했던 남북이 평화의 새로운 모델을 만들어 아시아의 이웃들에게 보여준다면 말이다. 누구도 생각하지 못했던 평화의 정착이 실제 번영으로 이어지는 걸 보여주는 것만으로도 큰 영향을 줄 수 있지 않을까? 그렇게 모든 이웃국가와 평화롭게 살아가는 날을 꿈꿔본다.

좋은 나라 이웃나라

-

일본은 우리에게 상대적으로 친숙하면서도 낯섦이 가득한 공간이다. 너그러운 마음으로 보면 볼 것 즐길 것투성이지만, 삐딱하게 보면 우리와 별 차이 없어 보이기도 한다. 그런 일본을 많이도 여행했다. 횟수만 200번이 넘는다. 200번까지 세어 보고 더 이상의 카운트가 의미 없음을 깨달은 게 몇 년 전이다. 매년 거의 10회 정도 찾아갔다. 출장이 대부분이었지만, 어떤 때는 장을 보기 위해 1박2일 일정으로 다녀오기도 했다. 한국에서는 좀처럼 구하기 힘든 소소한 생필품을 사기 위해서였다.

개중에는 체류 시간이 총 14시간도 안 되는 짧은 일정도 꽤 있다. 오후 늦은 비행기로 도착해 후딱 장을 보고 다음날 아침 첫 비행기로 돌아온다. 안 믿기는 사람도 있겠지만, 일본의 물가는 대체로 우리보다 저렴하다. 항공편과 숙소도 저가로 구하려면 얼마든지 구할 수 있다. 여기에 특별한 지식이나 기술이 필요한 건 아니다. 서너 개의 사이트를 며칠에 한 번씩 체크하면 그만이다.

일본은 다니면 다닐수록 심리적으로 너무도 먼 외국 같다. 사실 외국이다. 또 어느 때는 한국에서 살고 있는 동네보다 더 친숙하다. 일본은 이런 양가적 감정을 무한 반복해 제공하는 곳이다. 서울의 지하철 노선도 잘 못 외우는 주제에, 도쿄의 전철 노선은 꽤나 잘 꿰고 있다. 자주 가는 몇몇 공항은 지하 빵집의 일일 한정수량 판매시간도 잘 알고 있다. 공항의 몇 층 화장실 몇 번째 칸에 옷을 갈아입을 수 있는 공간이 마련되어 있는지도 머릿속에 지도로 그려져 있다. 뜻하지 않게 공항에서 노숙을 해보면 몸으로 체득할 수 있는 정보들이다. 그러면서 느끼는 일본에 대한 감정은 '역시 외국은 외국이고 일본은 일본이구나!'이다.

　일본을 지나치게 좋아하거나 턱없이 무시하거나, 이런 단계는 졸업했다. 해를 거듭할수록 있는 그대로의 일본을 보려 노력한달까. 재미있는 건 일본에 대해 정보와 지식이 쌓이면 쌓일수록 우리나라에 대한 이해도 같이 증가한다는 것이다.

　일본을 잘 보면 볼수록 한국이 더 잘 보인다. 가끔씩 일본이 한국의 오래된 미래처럼 보일 때가 있다. 그것도 이미 시작한 지 오래된 미래 말이다. 일본을 잘 알고 있고, 그래서 편하고 익숙하다. 자주 가는 도시의 몇몇 동네에는 방문할 때마다 살갑게 안부를 물어주는 단골집이 몇 집이나 있다. 내가 곤란할 때 대가없이 도와준 일본인 친구들이 일본 전국에 있다. 가까운 이웃나라 일본은 전 세계 어느 나라보다 안전하고 일본인은 친절하다. 외국인에게 바가지를 씌워보려는 상인은 거의 없고, 일본인은 내가 만난 그 어느 나라 사람들보다 정직한 사람들이다. 적어도 일본을 여행하며 소매치기를 걱정하거나 여행지에서의 소소한 사기 따위에 잔신경을 기울일 일은 없었다.

　이제 누가 내게 "일본이 그렇게 좋아?"라고 물으면 이렇게 대답하고 싶다.

　"응! 짱 좋아! 일본은 좋은 이웃나라니까!"

닫는글

추신: 우리가 여행을 하는 이유

여행, 선택의 연속
-

인생에는 수많은 선택의 시간이 있습니다. 여행은 가장 많은 선택이 단기간에 집중된 이벤트입니다. 일상에서의 루틴이 모두 무너지는 시간이죠. 여행을 갈망하는 사람은 낯선 공간을 열망합니다. 어느 것 하나 친숙한 것 없는 신세계. 여행의 시공간이 일상에서 조금이라도 멀어지기를 기대하죠. 대부분의 여행자는 이런 유형입니다.

생활습관마저 일상과 정반대가 되기도 합니다. 제 시간 출근은 버거워하면서 여행지에서는 아침 6시만 되면 누가 깨우지 않아도 눈을 번쩍 뜨기도 하니까요. 회사일은 힘들어 골골대면서도 여행지에서는 하루에 15km 이상을 걸어도 쌩쌩합니다. 낯선 환경이 주는 매력이 이토록 강력한가 봅니다.

그 반면 낯선 시공간에서 기를 쓰고 익숙함을 만드는 것도 인간의 본성이죠. 여권에 스탬프 좀 찍어본 여행 덕후들은 여행지가 달라져도 저마다의 확실한 루틴이 있습니다. 제 경우에는 정리에 대한 루틴이 있습니다. 여권, 지갑, 핸드폰 같이 중요한 물건은 물론 여행노트, 이어폰, 동전지갑 등 소소한 물건도 언제나 같은 자리에서 들고 나오게 됩니다. 숙소가 바뀌더라도 캐리어, 핸드백, 배낭 등 무엇이든 정리하는 위치에 언제나 루틴을 만듭니다. 생각해보면 재미있습니다. 기를 쓰고 낯선 공간을 찾아 헤매면서도 그 공간에서 어떻게든 친숙함을 만들려 하니까요.

낯설음과 친숙함 사이에서의 균형 찾기.

이것이 우리가 여행을 좋아하는 이유일지 모릅니다.

최고의 여행
-

최고의 여행이란 존재하지 않습니다. 취향에 따라 평가 기준이 다르다는 뻔한 이야기가 아닙니다. 최고의 취향이 존재할 수 없듯, 최고의 여행도 존재하지 않는다고 말씀드리는 것뿐입니다.

여행을 떠난다고 꼬일 대로 꼬인 심사가, 또는 인생이 풀리는 건 아닐 겁니다. 들리는 여행지마다 점프 샷을 남길 필요는 없습니다. 인생 샷을 건져보겠다고 먹는 음식마다 인증 샷을 남발한다면, 인생 샷을 얻을지는 몰라도 식어빠진 음식을 피할 수 없습니다.

'SNS 표지를 장식할 인생 샷' VS '낯선 시공간에서만 즐길 수 있는 요리'

어떤 것이 중요한지를 결정하는 건 결국 취향의 문제입니다.

'여행이란 결국 일상을 벗어난 작은 일탈'
'다시 고단한 일상으로 되돌아오는 힘'을 주는 것'

이런 정의도 식상합니다. 여행이 고단한 일상을 견디기 위해서만 존재한다면, 여행도 일상도 모두 너무 시시하지 않습니까. 인생의 목적 자체가 여행인 것노 크게 달갑지 않습니다. 여행은 종종 큰 깨달음을 줍니다. 그렇다고 여행 자체가 깨달음은 아닐 겁니다. 내 안에 잠재해 있던 무언가에 대한 열망이, 여행 후 깨달음으로 발현된 것이라 생각합니다. 여행을 떠나기 전의 일상과 여행에서의 일상은 당연히 다르지만 그 둘은 상호작용합니다.

여행은 비일상적 체험의 연속입니다. 반면 여행자에게 최고의 비일상은 여행지에 사는 사람들에게는 너무도 친숙한 일상입니다. 결국 여행은 타인의 일상을, 그것도 지극히 평범한 타인의 일상 속으로 떠나는 것이 아닐까요. 지금까지의 취향에 없었던 취향을 더해 그 둘이 충돌하고 융합하면서 어제와 다른 나를 만드는 재료가 되는 것이 아닐까요.

타인의 평가에 내 축을 흔들리게 두지 않는 것.
'좋아요'와 '공감해요'의 숫자로부터 자유로워지는 것.

취향이란 결국 유행에서 자유로워지는 것이라고 생각합니다.

취향을 기르는 법

누가 어떤 사람인지 아는 건, 그 사람의 스타일을 알고 있다는 이야기입니다. 스타일은 취향으로 해석할 수 있죠. 취향을 안다는 건, 그 사람을 구성하고 있는 다양한 요소에 대한 해석이라고 할 수 있습니다. 취향을 굳이 세련된 삶을 위한 문화적 자산으로 확대해석 하지는 말아주세요. 좋은 취향이나 나쁜 취향은 없습니다. 어디까지나 취향의 문제일 뿐이니까요.

취향 역시 근육이나 실력처럼 키우고 가꿀 수 있습니다. 조금 젠체하자면, 인생이란 결국 다양성을 지닌 부품들이 만들어낸 취향의 총합이라고 생각합니다.

여행은 그 사람의 다양한 취향을 모두 끌어내는 단기 이벤트라고 생각합니다. 어느 누구도 단 한 가지의 취향만을 가지고 있을 리 없으니까요. 모든 여행자는 단 한 번의 여행에서 이런 취향도 만족시키고, 저런 취향도 충족되기를 바랍니다. 하지만 언제나 자원은 제한적이죠. 막상 자원이 무제한이라고 우리 안의 다양한 취향이 그대로 만족되는 것도 아닐 겁니다. 제한이 있으니까 그 안에서 최대의 만족을 얻으려 노력합니다.

여행은 성취보다는 거기까지 도달하는 과정이 더 재미있을지도 모릅니다. 취향이 있다면 확실히 고민을 줄일 수 있습니다.

훌쩍 떠나도 좋아
—

일 때문에 72시간 동안, 30분 이상 잠을 자지 못하는 날이 종종 있습니다. 잠이라고 해봐야 편집실 의자에 몸을 조금 길게 한 채 머리를 떨어뜨리는 것뿐입니다만, 사흘 정도라면 어떻게든 버틸 만합니다. 그런데 이게 나흘을 넘어가면 정말 괴롭습니다. 이 정도 노동 강도라면 수면욕구나 번듯한 식사를 한 끼라도 하고 싶다는 마음보다, 제대로 씻고 싶다는 욕구가 커집니다. '아… 머리라도 감았으면 좋겠는데…'라는 마음이죠. 개노가다광랩을 찍어본 사람이라면, 씻지 못하는 게 얼마나 큰 고통이라는 걸 잘 알고 있겠죠.

그런데 일이 진정으로 힘들다 느낄 때는 밤샘 작업이 연이을 때가 아닙니다. 며칠 밤을 새더라도 분명히 끝은 보이는 법입니다. 갈 방향을 분명히 알고 있다면 가는 길이 힘해도 어떻게든 버틸 만합니다.

정말 힘들 때는 길을 잃을 때입니다. 그것보다 더 힘들 때는 무조건 달리라는 채찍질을 당할 때죠. 심지어 채찍질하는 사람도 방향을 모르는 것 같은데 말입니다. 말도 마부도 길을 모른다면, 잠시 멈춰 길을 찾는 편이 옳습니다. 무조건 열심히만 하면 좋은 시절은 이미 끝났으니까요.

마음이 무너지는 소리를 듣는 날이 있습니다. 날카로운 비명은 아닙니다. 그렇다고 온몸 세포를 관통하는 묵직한 저주파도 아닙니다. '푸슉' 또는 '트듭' 하는 정도의 일상적인 소리. 마치 오래 입은 구스다운 재킷에서 바람이 빠지는 것 같은 소리. 또는 한껏 멋을 낸 수트의 앞여밈 단추가 뜯겨나가는 소리. 뭐 설명하자면 그런 소리입니다.

응? 뭔가 끊어졌는데?
그런데 소중한 것 아니었나…
그런 자각도 함께 듭니다.

물론, 마음이 무너지기를 바라는 사람은 없습니다. 정신승리라고 해도 좋으니까, 어떻게든 하루하루 한 시간 또 한 시간을 견딘다는 마음으로 버티는 거죠. 하지만, 끝내 건디지 못하고 마음이 무너질 때가 있습니다.

이럴 때는 잠시 떠나 있는 것도 좋은 답입니다. 여러분이 제 아무리 유능하다 해도, 단 며칠간의 부재로 삐걱거릴 회사나 조직이라면 그대로 망하게 두는 편이 좋습니다. 여러분이 착착 효율적으로 추진하던 프로젝트가 며칠간 표류할 수 있겠지만, 적어도 그런 현상은 여러분의 존재가치를 증명하는 최소한의 부작용 정도로 생각하면 될 일입니다.

휴가에 과도한 기대와 의미를 부여할 필요는 없습니다. 휴가는 소중한 것이지만, 단 한 차례의 휴가로 삶의 모든 만족감을 끌어낼 수는 없으니까요. 휴가란, 그저 마음에 쉼표 하나를 찍는다는 기분으로 떠나면 좋지 아닐까요?

돌아오는 길에서 마주하는 작은 안도감

여행을 마치고 돌아와서 짐을 풀기는커녕 채 몇 시간 자지도 못한 채 출근하는 일정도 곤란하겠죠. 휴가의 정수는 정작 여행지에서보다는, 출발 전의 설렘을 즐기는 시간과 돌아와서 휴가지의 추억을 음미하는 시간의 결합에서 찾을 수 있기도 하니까요.

저는 일본에 자주 가는 만큼, 가는 시간보다 집으로 돌아오는 길 위에서의 기대감도 제법 큽니다. 어느 순간부터 여행에서 느낄 수 있는 가장 큰 재미는 돌아오는 길에서 고대하는 집에서의 안락함이었죠. 짧은 여행도 피로합니다. 얼른 집에 도착해 익숙한 공간에서 안락함의 포만감을 느껴야지라고 생각하면, 여행 출발 전의 설렘만큼 가슴이 콩닥거립니다.

금세라도 다시 떠날 듯이 후다닥 짐을 정리하고 침대 위에서 뒹굴링하면서 지난 여정을 복기하며 키득거리는 느낌이 좋습니다. 그게 지금 제가 여행을, 그것도 일본 여행을 좋아하는 이유라고 말씀드리고 싶네요. 그래서 아마도 (집으로 돌아오기에) 너무 멀리 떠나는 것과, 너무 오랜만에 (단 하나의 여행에 1년 치 영혼을 걸어야 하는) 여행을 떠나는 것을 싫어하는 것 같습니다. 그만큼 손만 뻗치면 닿을 수 있는 곳인 일본으로 더 자주 더 많이 떠나게 되는 셈이지요.

아직 떠나지 못했다면, 이제 과감히 휴가 신청서를 작성해 보는 건 어떨까요? 휴가 사유요? '휴가'에 대체 무슨 사유가 필요합니까? 제아무리 악명 높은 상사라도 휴가 신청서를 내미는 직원의 손을 뿌리치려면 상상할 수 없을 정도의 극악한 마음이 필요한 법입니다. 사실 이제는 제가 휴가 결재를 하는 사람이 되었죠. 이 글을 읽는 모든 분이 이 점을 잊지 말고 부디 작은 용기를 내보시는 건 어떨까요?

일본으로 여행을 떠날 때마다 작은 다이어리를 지참합니다. 한권을 다 쓰면 또 같은 디자인의 다이어리를 구입합니다. 그리고 매 권의 첫 장에는 이렇게 써 놓습니다. 제가 여행을 가는 이유이자 목적 또는 그렇게 되기를 원하는 주문 같은 것이죠.

우리 모두 사람이 되자.
따뜻한 사람이 못되더라도,
그냥 사람은 되자.

나보다 조금 더 슬프고 힘든 이웃 옆에
털썩 주저앉을 수 있는
그런 사람이.

부록:
공피디 따라
도쿄 골목 탐험

골든가

新宿ゴールデン街

골든가는 가부키초에 있다. 드라마 〈심야식당〉의 오프닝 신에 등장하는 붉은색 네온 입간판이 강렬한 곳이 바로 가부키초 1번지(가부키초 잇초메)다. 가부키초 1번지 입간판을 왼쪽에 놓고 하나조노 신사花園神社;하나조노 진자 방향으로 도보 5분 정도면 골든가 초입에 도착한다. 이렇게 말하니 꽤나 찾기 쉽게 들린다. 문제는 가부키초가 있는 신주쿠가 도쿄 최대의 부도심이라는 점.

신주쿠역은 20개 가까운 노선이 교차한다. 일본을 넘어 세계 최대의 환승역이다. 1일 이용객이 2017년 기준으로 350만 명이 넘을 정도다. 부산의 전체 인구가 하루 종일 이 역에 모이고 흩어지기를 반복하는 셈이다. 신주쿠역의 출입구의 숫자도 지상과 지하를 통틀어 수십 곳이 넘는다. 확실한 출구정보 없이 방향만 잡고 역을 빠져나가려는 생각은 위험하다. 역과 직결된 호텔과 백화점 등 대규모 복합 쇼핑몰이 몇 개나 몰려 있는 곳이다. 지하도와 지하상가의 규모도 상상을 초월하기 때문에 역 안에서 길을 잃기 십상이다.

초심자라면 두 개의 메인 출입구를 기억하는 편이 좋다. 동쪽 출구東口와 서쪽 출구西口. 골든가를 쉽게 찾는 방법은 신주쿠역 동쪽출구新宿駅東口;히가시구치로 나와 신주쿠 구청 본청新宿区役所 本庁舎; 신주쿠 규약쇼 혼쵸샤을 찾는 편이 가장 빠르고 편하다. 다만 심야식당의 오프닝 신에 등장한 낭만을 느끼고 싶다면, 신주쿠 서쪽 출구로 나와서 가부키초 일번가歌舞伎町一番街; 가부키초 이치방가이를 찾고 거기서 하나조노 신사를 찾아가면 된다. 하나조노 신사 바로 앞이 골든가의 입구다.

닌교초 나카야마
人形町 中山

닌교초人形町역은 도쿄메트로 아사쿠사선浅草線과 히비야선日比谷線으로 갈 수 있다. 긴자 쪽에서 찾아간다면 긴자 4번가에서 동쪽에 위치한 히가시 긴자東銀座역에서 아사쿠사선 아사쿠사浅草 방면 열차에 승차하면 쉽게 닌교초에 도착할 수 있다. 닌교초역은 히가시 긴자에서 세 번째 역으로 정말 가깝다. 닌교초역 a1, a2 출구에서 도보 3분. 스마트폰 지도 어플에 일본어 주소를 입력해서 찾아가면 쉽다.

11시가 되기 전에 도착하는 편이 좋다. 11시30분이 넘으면 어김없이 행렬이 생긴다. 가게가 좁기 때문에 꽤 기다려야 할지도 모른다. 운이 좋아 금방 가게 안으로 들어가도 합석하게 될 수도 있다. 민망하겠지만 인기 가게만의 작은 불편함이라고 이해하고, 맞은편 낯선 손님에게 가벼운 목례 정도를 잊지 않는다면 매너 만점의 손님으로 기억될 것이다.

주소: 東京都中央区日本橋人形町1丁目10-8

영업시간: 11:15~13:00, 17:30~21:00(토 · 일요일 휴무)

전화번호: 03-3661-4538

닌교초 고하루켄

人形町 小春軒

고하루켄은 닌교초역 a2 출구로 나와서 오른쪽으로 걷는다. 약 35m 앞에 작은 사거리가 있고, 그 사거리를 바라보고 오른쪽에 보이는 패밀리 마트를 지나면 바로 고하루켄이 보인다. 역시 점심에 가장 붐비고, 저녁 6시 반을 넘어가면 한산해진다.

주소: 東京都中央区日本橋人形町 1 丁目 7 −9

영업시간: 11:00~14:00, 17:00~20:00(일요 휴무)

전화번호: 03-3661-8830

니혼바시

日本橋

니혼바시역은 도쿄메트로 아사쿠사선, 도자이선東西線, 긴자선銀座線 등 3개 노선이 교차하는 부도심의 중심지역이다. 니혼바시역에 내려 B11 또는 B12 출구로 나가면 50여 미터 앞에 니혼바시가 떡하니 보인다. 다만 유서 깊은 문화재인 니혼바시보다는 니혼바시

위를 거대하게도 가로지르고 있는 수도고속도로 고가도로가 먼저 보인다. 도시의 고가도로는 근대화의 상징이면서도 도시 경관을 답답하게 만드는 흉물이기도 하다. 실제로 니혼바시강의 상당 부분이 수도고속도로에 가려져 있어, 니혼바시강과 강변을 가로막고 있다.

니혼바시 요시노스시
日本橋 吉野鮨本店

요시노스시를 찾아가는 길은 다카시마야 高島屋 백화점을 찾는 게 가장 편하고 빠르다. 다카시마야 스토어는 니혼바시역에서 지하 통로로 연결되어 있는데, B1 또는 B2 출구와 직결되어 있다. 다카시마야 스토어를 끼고 왼쪽으로 돌아가면 나오는 첫 번째 작은 사거리에서 오른쪽으로 돌면 요시노스시가 보인다.

주소: 東京都中央区日本橋3丁目8-11

영업시간: 11:00~14:00, 16:30~21:30 (일요 휴무)

전화번호 03-3274-3001

니혼바시 츠지한

日本橋 海鮮丼 つじ半

츠지한으로 가는 가장 가까운 출구는 니혼바시역 B3로 도보로 2분 남짓이면 도착할 수 있다. B3 출구는 마루젠 빌딩에 연결되어 있는데, 오른쪽으로 걷다가 나오는 두 번째 골목의 40m 앞쪽에 츠지한이 있다. 간판이 크지 않아 무심코 지나치기 좋다. 다만 점심 피크타임에 가면 서너 줄로 늘어선 손님 행렬이 있으니, 이걸 이정표 삼으면 된다.

츠지한은 일본 식당치고는 드물게 브레이크 타임이 짧은 편이다. 일요일은 아예 브레이크 타임 없이 아침부터 밤까지 영업한다. 고맙게도 정기휴일이 없다. 그만큼 손님이 많다는 뜻이기도 하니, 언제 찾아가도 줄을 서야 하는 각오를 해야 한다. 그 정도 수고로움은 맛있는 음식을 먹기 위한 작은 대가라고 생각하자.

주소: 東京都中央区日本橋3丁目1-15 久栄ビル1F

영업시간: 11:00~16:00, 17:00~21:00(일요일은 11:00~21:00)

전화번호 03-6262-0823

오모이데 요코초
新宿思い出横丁

지하 던전의 미로 같은 신주쿠역 지하세계에서 오모이데 요코초를 찾는 가장 빠른 출구가 있다. D3 출구, 여기를 나가면 바로 오모이데 요코초의 한쪽 끝이다. 유니클로 신주쿠 니시구치점^{ユニクロ 新宿西口店} 입구인 D1 출구로 나와도 좋다. 이곳도 오모이데 요코초의 반대쪽 시작점이다. 신주쿠 인근 지리에 익숙한 사람이라면 서쪽 출구 방향의 지상 출입구 어느 쪽으로 나와도 쉽게 찾을 수 있다.

주소: 東京都新宿区西新宿 1 丁目 2
영업시간: 가게마다 다르다. 오모이데 요코초 홈페이지 참조(www.shinjuku-omoide.com)

논베 요코초
渋谷のんべい横丁

시부야역 역시 8개의 노선이 교차하는 교통의 요지다. 도쿄를 찾

는 한국인에게 가장 친숙한 JR야마노테선이나 도쿄 메트로 긴자선, 한조몬선半蔵門線이 가장 익숙하고 대중적인 노선이다. 어느 노선으로 시부야역에 도착하든 먼저 찾아야 할 출구는 JR 하치코 출구JRハチ公口다. 하치코는 그 유명한 강아지 동상이다. JR 하치코 출구로 나와 왼쪽으로 보이는 굴다리를 지나자마자 오른쪽 골목이 논베 요코초 입구다. 입구에는 수상해 보이는 파칭코 건물과 좁은 골목만 보인다. 대체 이런 곳에 무슨 술꾼 골목이 있을까 싶지만, 조금만 참고 몇 십 미터만 전진해 보자. 반짝이는 홍등과 백등이 반겨줄 것이다. 7a나 6-2 출구로 나와도 매우 가깝다.

주소: 東京都渋谷区渋谷１丁目２５

영업시간: 24시간 영업하는 가게도 있음. 역시 논베 요코초 홈페이지 참조(www.nonbei.tokyo)

유락초, 신바시역
有楽町 新橋

JR 신바시역 또는 유락초역 아무 곳에서나 내려도 좋다. 신바시역에서 내리면 유락초역 방향으로, 유락초역이라면 신바시역 방향으로 걸어가면 길쭉하게 늘어서 있는 고가철로 아래 가게들을 만날 수 있다.

다치노미야

서서 마시는 술집인 다치노미야는 도쿄에만 수 천 곳이 영업 중일 것이다. 그중 본문에 소개한 곳 중 하나만 소개한다. 가게 이름은 카야바초역에 있다는 뜻의 '뉴 카야바ニューカヤバ'인데 정작 단골들 중에도 가게 이름을 정확히 아는 사람은 거의 없다. 동네 사람들과 단골들은 그냥 '카야바초역의 다치노미야'라고만 부른다.
카야바초茅場町 역은 도쿄메트로 히비야선과 도자이선으로 갈 수 있다. 카야바초역 3번 출구로 나와 직직하다 강을 지나는 다리 초입에서 오른쪽으로 약 50m 가면 꼭 가정집 창고 같은 곳이 보인다. 영업전이라면 가정집의 차고처럼 보일 정도다. 바로 이곳이 뉴 카야바. 정작 아무도 이 이름으로 가게를 부르지 않는다. 그러니 혹시 길을 잃고 동네 사람들에게 뉴 카야바를 물어봐도 아무도 모를 확률이 높다.

오후 5시에 문을 여는데 5시에 가면 이미 가게에 절반 넘게 술꾼들로 가득하다. 적어도 10분 전에 가는 편이 다치노미야의 풍류를 즐기기에 좋다. 6시 정도가 되면, 가게는 초만원이 된다. 같이 간 일행 수가 적다면 역시 합석이 기본이다. 그런 주제에 가게는 또 밤 9시에 문을 닫는다. 이 점도 기억해야 한다.

주소: 東京都中央区日本橋茅場町２丁目１７－１１
영업시간: 17:00~21:00(토 · 일 휴무)

골목 도쿄
공PD의 아주 깊숙한 일본 이야기

초판 1쇄 발행
2019년 1월 16일

지은이	공태희
펴낸이	최용범
편집	진용주
마케팅	김소망
디자인	별을 잡는 그물, 이병구
관리	강은선
펴낸곳	페이퍼로드
출판등록	제10-2427호(2002년 8월 7일)
주소	서울시 동작구 보라매로5가길 7 1322호
이메일	book@paperroad.net
포스트	https://post.naver.com/paperroad
페이스북	www.facebook.com/paperroadbook
전화	(02)326-0328
팩스	(02)335-0334
ISBN	979-11-88982-75-2(03910)

· 이 책은 저작권법에 따라 보호받는 저작물이므로 무단 전재와 무단 복제를 금합니다.
· 잘못 만들어진 책은 구입하신 서점에서 교환해드립니다.
· 책값은 뒤표지에 있습니다.